华为定价法

符志刚 著

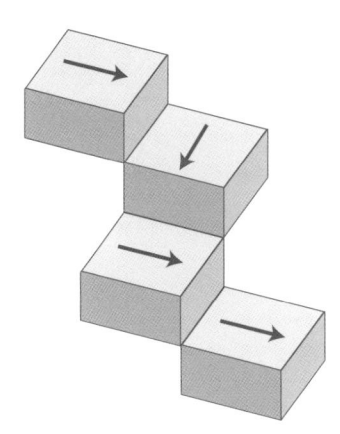

中国人民大学出版社
·北京·

推荐序一

定价实战：从策略到执行

李文博

西蒙顾和管理咨询中国区（上海办公室）合伙人

我和志刚是在一场"交易"中相识的，在这场交易中，我最大的收获就是与他建立了长期的友谊。志刚长期专注于定价和商业模式的思考与探索，他的热情和专业具有很强的感染力和启发性。在越来越频繁的交流和分享中，我们常常碰撞出新的灵感，我们谈论的话题覆盖了各个相关行业的发展趋势和未来的可能性。他的洞见与创想，让我在拍案之余，也意犹未尽，并时常替他想：能不能把这些见解整理成书，供人一观其定价思想的全貌，大饱眼福？因此，当得知他的新书即将出版时，我也如得偿所愿，兴奋之余，欣然而荣幸地接下了推荐此书的重任。

定价，是一个耳熟能详却并未被完全消化的话题，它既代表了企业的竞争定位、价值认同，也承载了企业的运营、造血能力。正如志刚在书中所说，"定价是企业经营管理者绕不开的一个话题"，无论是从管理学角度还是从投资学角度，定价策略都是衡量一家企业优质与否的核心维度。

和欧美市场不同，中国市场突出一个字——"卷"：卷人才，卷细分，卷产品，更卷价格。这样一个竞争激烈的环境，让很多企业对于价格讳莫如深。久而久之，这些企业就更没有能力制定合理的定价策略，随波逐流的结果就是把企业自身的成长、盈利交给市场大环境。在过去这几年中，我们见证了太多的企业倒下，缺乏企业内部定价体系是它们失去经济韧性的一个重要原因。在这本书中，作者引用了大量的实战案例，分析了华为在定价过程中的成功经验和失败教训，有因有果，更有过程和思考，很容易引起读者的共鸣。我真心希望，本书中的案例能为更多的企业带来正视定价的勇气和信念，因为定价并不是西方市场才能谈论的经济学话题。

我在工作中接触了很多国内外的企业，也和华为团队有过不少协作和交流；华为是一家很值得尊敬的企业，我对华为的敬意不仅仅来自其卓越的商业成就，而且源自其对知识的重视。很多客户也曾开玩笑说："文博，你们在中国的最大竞争对手其实是华为。"的确，华为公司构建了很多内部知识体系，其定价体系也是很多企业学习的标杆。通读本书，我对华为创新的思维模式、持续学习的态度、坚韧的企业精神有了新的认知，其在社会责任方面的担当和贡献让人印象更为深刻。在感同身受的同时，志刚笔下华为的故事也给了我很多新的思考，从企业需求、制度变革到定价转型、市场匹配等方面来说，本书的实用性都极强。我确信广大读者在这方面会和我产生强烈的共鸣。

定价策略并不是单纯地确定价格高低，而是对于公司战略、价值创造及价值交流的全盘规划，是一门艺术，更是一门科学。除介绍大量的案例外，本书还提供了很多实用的定价方法和工具，以帮助读者更好地理解、消化定价技巧并加以实践；本书并没有使用炫技式的、过于专业的术语和复杂的句式，而是在讲解过程中穿插了很多图表、数据等辅助材料，使用简洁明了的语言来表达复杂的概念和理论，增强内容的可读性，进而鼓励读者进行思考，并举一反三。

作为一名深耕定价领域多年的咨询顾问，我一直怀着一种紧迫感，想通过自己和同行的努力，让中国的企业家、企业骨干更清晰、更深刻地理解定价的重要性，把定价策略变成企业精细化管理链条中的重要纽带，真正认识到每一个定价环节的突破都可以为企业带来持续的能力提升。更重要的是，只有这样，我们才能一起促进市场竞争的健康发展，对于价值交付做出更好的承诺。

我真诚地推荐本书给希望深入了解定价策略、提高商业洞察力、改善公司盈利能力的朋友们阅读。无论您从事的是企业战略制定、产品管理、市场营销还是财务等工作，都可以从中获益。我深深希望，本书能为您带来思维方式的转变，从卓越价值管理的角度助力您和企业的发展。

推荐序二

定价促经营

刘志娟

华为原电信云与数据中心事业部 CFO

当下企业处于复杂多变的百年未有之大变局中，如何在不确定性中找到确定性、如何在不确定性中求得生存与发展、如何利用管理来应对外部环境的不确定性，提高企业的韧性，是企业经营管理人员需要探讨的问题。

为了有效应对当前多变的经营环境，企业需要不断提升经营能力，而定价是重要的经营抓手。使用好定价这个抓手，能够进一步提升销量，降低成本，进而改善企业经营的利润和现金流。

有人说定价是一门艺术，也有人说定价是一门科学。华为是将定价艺术和科学完美结合的标杆之一。华为从一个"小作坊"成长为全球 500 强企业，成为 ICT 行业的"领头羊"，中间的经历和成功的经验被很多业界专家、学者从不同的角度总结过，但是从定价角度来总结华为成功背后的方法论，《华为定价法》一书则是一次积极的尝试。

这本《华为定价法》是符老师结合自身实践总结形成的定价管理体系，不仅提供了丰富的实践案例，而且从华为过往的发展中提炼出了体系化的定价方法论，对于想要提升企业定价经营水平的管理人员而言，具有重要的参考价值。基于此，我向关心定价管理体系的读者强力推荐本书！

《华为定价法》一书从华为在各发展阶段的定价策略助力业务发展入手，介绍了华为通过模式转型、价位调整、定价创新等方式持续获得成长，在这个过程中逐渐形成了定价管理体系，并且在组织、流程和 IT 方面形成了保障机制等内容。接着围绕产品定价、上市定价、交易定价和经营定价展开，讲述了华为在价值创造、价值传递、价值实现、价值分配等环节的定价方法。最后围绕学习华为定价管理体系的相关注意事项展开，阐述了不同规模、不同类型的企业如何学习华为定价法。这些内容的实用性强，可以帮助企业提升定价管理水平，改善经营状况。

接下来，我谈谈我对《华为定价法》这本书的几点看法。

首先，本书避开了传统定价只关注价格的弊端，而是关注模式、价位、价格三个维度。这不仅可以解决企业当下价格竞争力的问题，也能够让企业明确如何在更长的周期中实现盈利和保持良好的经营现金流。无论是商业模式还是定价模式，企业在设计产品时都要考虑到现金流的流向和流速，这样在价值变现时才能够把握住经营的关键。

其次，本书启发企业将商务和风险管理细化到最小的交易单元项目、合同、订单之中，嵌入LTC（Leads to Cash，从线索到回款）流程中，充分考虑项目、合同、订单的盈利性、现金流及风险。本书提供了一套"6421"法及项目概算和交易谈判的工具，使得一线能够主动提升合同交易的质量，确保符合"合理的利润、正的现金流、风险可控、客户满意"的经营要求，最终提高企业整体交易水平，提升利润，改善现金流，降低交易风险，提高投资收益率。

最后，针对企业内部的经营定价，作者讲述了华为通过产品结算定价牵引代表处"多打粮食，增强土地肥力"、通过合法合规的关联交易活动实现"整体税额降低"、通过合同拆分定价实现产品线或BG（Business Group，业务集团）之间的利益分配。

企业经营的结果是可以管理的，华为多年来通过主动定价与经营管理，实现了业务的持续有效增长，即便在美国制裁的背景下，也依然保持着稳健的现金流和较高的利润率，不得不说，这是华为强大的管理体系在发挥作用！

希望本书能够给企业定价工作的决策者和执行者带来启发和借鉴意义！

前　言

定价即经营

定价的重要性不言而喻。麦肯锡统计全球 1 200 家企业 5 年的平均经济指标后发现：当其他因素保持不变时，价格提升或降低 1％，利润将增加或减少 8.7％，所以价格是盈利最大的影响因素，它对盈利的影响大于变动成本、销量和固定成本。

定价是企业经营管理者绕不开的一个话题，企业只要开展经营活动，就需要对其所提供的产品和服务进行定价。定价的"定"有制定、规定、决定的意思。因此，定价是决定商品或服务的销售价格的过程，是研究商品或服务的价格制定和变更的策略，是与企业经营密切相关的一项活动。

然而，很多企业对定价不够重视。在认知层面，企业定价只关注价格本身，视角单一，缺乏与战略、商业模式、经营体系的有效协同；在行动层面，企业定价主要还是靠拍脑袋、凭感觉，缺乏数据支撑，这种定价方式很难适应企业的发展需要。

在经济不景气的背景下，企业处于经济下行周期，更应该通过定价牵引经营结果改善，倒逼企业内部优化成本、提升效率，进而提升利润、优化现金流，确保企业的生存安全、经营稳健。近年来，华为、京东、阿里巴巴、小米等业界标杆企业纷纷发出危机预警，并做了大量经营管理调整。

2022 年 8 月 22 日，华为内部论坛上线了一篇任正非的文章——《整个公司的经营方针要从追求规模转向追求利润和现金流》，其中有几点与经营有关的要求，传递出强烈的危机信号：

（1）华为要先想办法度过三年（2022—2025 年）艰难时期，生存基点要调整到以现金流和真实利润为中心，不能再仅以销售收入为目标。

（2）除为了生存而进行的连续性投资以及能够满足盈利这一主要目标的业务外，未来几年内不能产生价值和利润的业务应该缩减或关闭。

（3）夯实责任，奖金、升职、升级与经营结果挂钩，让"寒气"传递到每个人身上。在考核中要提升现金流和利润的权重，宁可使销售收入下滑一些，也要让利润和现金流保持增长。经营性利润增长对应的奖金甚至要多一点，以激励大家去争抢利润。

任正非的讲话充满了忧患意识，这在企业界引起了热烈的反响，大家纷纷意识到经营环境"寒气逼人"，大量企业开始做"过冬"的准备。还有一些后知后觉的企业没有准备好"过冬棉衣"就已经提前倒下了，让人唏嘘不已。

面对全球复杂、多变的经营环境，华为在进行定价时会考虑模式、价位、价格三者的关系，确保企业既有短期市场的竞争力，又有长期经营的盈利能力。

再看国内电商行业，几个"后起之秀"纷纷利用"价格战"这一竞争利器，无论是拼多多的"砍一刀""百亿补贴""优惠券""超级满减"等促销活动，还是抖音、快手通过电商直播发起的"全网最低价"活动，这几年都取得了亮眼的成绩。

2022年11月，刘强东在一次内部经营管理培训会上痛批管理团队迷失了方向，"高管们谈花里胡哨的故事太多，但谈成本、效率、体验太少"，并用一句话指明了京东未来的战略，"低价是我们过去成功最重要的武器，以后也是唯一的基础性武器"。之后不久，京东就开启了百亿补贴活动。

2023年5月，马云在阿里巴巴内部座谈会上为淘天集团指出了三个发展方向：回归淘宝、回归用户、回归互联网。由此可以看出，阿里巴巴准备重拾低价策略，回归淘宝本质。

我们可以看到，两家电商巨头释放了重回价格主导模式的信号，并且在未来相当长一段时间内，电商行业的主流趋势是价格战、成本战、体验战。

2023年7月，小米在内部宣布成立集团降本增效专项组。专项组主要负责统筹管理业务战略、规划、预算、执行及日常业务等事项，向集团经营管理委员会汇报。实际上，小米在2023年年初就宣布了"规模与利润并重"的新经营策略，意图优化内部管理结构、提升运营效率。

2024年开年，以比亚迪为代表的众多新能源汽车厂商为了促进销售，抢占市场份额，纷纷加入"价格战"的阵营。此番"价格战"的形式也发生了变化：厂商不再局限于直接降价、打折、现金优惠，还赠送权益、赠送配置、保值回购、给予置换补贴、实行低首付等。

在"价格战"的背景下，新能源汽车厂商盈利的关键依然是控制成本，车企需要通过优化生产流程、提高生产效率、降低原材料成本等方式来降低成本。而降低单车成本的关键是提升销量，提升销量最直接的手段就是降价。

凡此种种，不一而足。利用定价策略调整来改变经营目的的企业还有很多，这样的事情每天都在发生，但真正用好定价这个抓手并且能够利用定价来牵引经营结果改善的企业却不多，笔者认为华为算得上这里面的佼佼者。

本书是笔者在对华为30多年发展历程中所形成的定价方法进行系统性研究后所做的总结。希望通过系统的梳理与回顾，可以让读者对华为的定价体系有一个清晰的认识与理解，进而在企业的定价工作中加以运用，帮助企业改善经营结果。

本书第一部分是华为定价概览，包括三章。第一章介绍华为在不同发展阶段的定价策略。第二章概括华为定价管理体系的核心。第三章介绍华为定价管理体系的配套机制，包括组织、流程和IT系统如何支撑定价业务等内容。

第二部分是对华为定价法的具体介绍，包括四章。第四章讲述产品定价的方法，包括产品定价要素、原则与方法、步骤等。第五章讲述上市定价与销售授权，重点是讲述如何通过场景化定价实现价值传递。第六章讲述交易定价，重点是讲述如何通过交易实现价值变现，并提供了合同评审、项目概算、谈判等管理工具来实现交易质量的提升。第七章讲述经营定价，重点讲述企业内部的产品结算定价、关联交易定价、合同拆分定价等内容。

第三部分介绍如何学习华为定价法，包括两章。第八章介绍具有不同规模和业务类别的企业在学习华为定价法时应该注意的事项。第九章介绍企业在学习华为定价法时需要从理念学习出发，落地到体系中，做到知行合一。

在本书的写作过程中，笔者查阅了大量的网络公开资料及相关文献，并与多位前华为人士、业内定价专家进行了深入交流，他们毫不吝啬的分享让笔者对华为定价体系及定价工作有了更完整的认知和更深入的理解，在此表示由衷的感谢！写书是一项繁杂且耗时的工作，由于个人能力及资料所限，本书相关内容及案例难免有不足之处，如发现有疏漏之处，还恳请读者批评指正，联系方式为：微信：270114162。

希望各位读者对华为定价法进行系统学习后能改变对定价的认知，并能够在日常工作和生活中有效加以运用，收获更多惊喜！祝愿大家在探索定价的过程中，能够发现价格的更多奥秘与意义。

符志刚

2024 年 8 月于深圳

目　录

第一部分　华为定价概览 / 1

第一章　华为在不同发展阶段的定价策略 / 3

1.1　初创阶段的定价策略 / 4

1.2　国内发展阶段的定价策略 / 6

1.3　全球扩张阶段的定价策略 / 9

1.4　业务转型阶段的定价策略 / 15

1.5　业务突围阶段的定价策略 / 24

本章小结 / 27

第二章　华为的定价管理体系 / 28

2.1　定价与经营的关系 / 28

2.2　定价三部曲：模式、价位、价格 / 31

本章小结 / 45

第三章　华为定价的配套机制 / 46

3.1　定价组织：责权匹配 / 47

3.2　定价流程：闭环拉通 / 60

3.3　定价系统：及时高效 / 68

本章小结 / 75

第二部分　华为定价方法论 / 77

第四章　产品定价 / 79

4.1　产品定价要素 / 80

4.2 产品定价的原则与方法 / 94

4.3 产品价值分析 / 98

4.4 产品定价 8 步 / 104

4.5 产品组合定价 / 111

4.6 产品打包 / 114

4.7 产品生命周期定价 / 122

本章小结 / 130

第五章 上市定价与销售授权 / 132

5.1 上市定价 / 133

5.2 折扣与优惠 / 140

5.3 销售授权 / 153

本章小结 / 169

第六章 交易定价 / 170

6.1 交易定价 4 要素 / 171

6.2 交易定价原则与方法 / 179

6.3 交易定价 8 步 / 185

6.4 "6421" 法 / 194

6.5 合同评审与项目概算 / 203

6.6 交易与谈判 / 212

本章小结 / 223

第七章 经营定价 / 224

7.1 产品结算定价 / 225

7.2 关联交易定价 / 231

7.3 合同拆分定价 / 242

本章小结 / 245

第三部分　如何学习华为定价法 / 247

第八章　华为定价法的运用 / 249

8.1　根据规模调整 / 249

8.2　根据业务类别适配 / 251

本章小结 / 256

第九章　学习华为定价法需要知行合一 / 258

9.1　理念学习：从竞争定价走向价值定价 / 259

9.2　体系落地：将定价能力构筑在组织、流程与系统中 / 262

本章小结 / 266

参考文献 / 267

后　记 / 269

第一部分
华为定价概览

这一部分将概括华为发展背后的定价逻辑,简要说明华为在各个发展阶段中是如何找到定价创新的切入点,如何通过定价助力业务发展,最终形成独具特色的华为定价管理体系,并提供定价的组织、流程、信息技术(Information Technology,IT)系统配套机制,确保这一套定价体系能够高效运转的。

在华为的五个发展阶段中,产品从单一的小型交换机发展到综合的通信解决方案,市场从国内农村发展到海外发达国家,客户从运营商发展到企业和消费者,无论如何变化,华为都始终聚焦通信这一核心业务,在定价策略上始终聚焦如何帮助其实现经营战略和市场目标。

在定价管理体系中,华为从短期经营和中长期经营的视角来看待定价策略,从价格这一个维度上升为模式、价位和价格三个维度。这种立体的思维方式不仅让华为保持了短期价格的竞争力,同时也满足了长期盈利诉求。

为了确保华为定价管理体系落地,华为在组织、流程和IT系统三个层面制定管理措施并提供管理工具,实现定价组织中的各个责任方责权匹配,并通过端到端的流程和及时、高效的IT系统实现定价业务的闭环管理。

第一章　华为在不同发展阶段的定价策略

从华为30多年的发展历程来看，其发展脉络可以分为五个阶段：初创阶段、国内发展阶段、全球扩张阶段、业务转型阶段、业务突围阶段。在初创阶段，华为主动进行商业模式转型，从销售代理模式转向自主研发模式。在国内发展阶段，华为成立专业的定价组织，制定进攻性的定价策略抢占市场。在全球扩张阶段，华为选择从中低端市场切入海外新兴市场，在海外成熟市场主动进行定价模式创新，实现"农村包围城市"的战略目标。在业务转型阶段，华为将业务拓展到企业客户和消费者市场，并及时调整定价策略以适应业务转型。在业务突围阶段，华为进一步关注利润和现金流，加强对高端市场的聚焦经营，加大研发投入，实现关键技术的突破，获取定价权，进而获得更大的定价空间。

总结起来，在这五个阶段中，华为的产品从单一发展到多元；市场从农村拓展到城市，再从国内拓展到海外；客户从运营商客户扩大到企业客户和消费者。

在业务扩张的背后，华为的定价策略非常灵活，支撑了华为公司经营战略的实施和市场目标的实现，帮助华为实现了短期的竞争力提高诉求和长期的盈利保证诉求。华为定价策略对业务发展的重要意义主要体现在以下三个方面：一是抢占市场份额；二是打击竞争对手；三是驱动降本增效。由于企业发展具有惯性，因此很多策略都有一定的延续性。当市场发生变化时，需要对定价策略进行调整，华为就是在这个过程中形成了系统性的定价管理。

显而易见的是，华为的定价策略是跟随业务的变化而变化的，但每次变化背后的逻辑是不同的。下面结合华为定价策略在各个发展阶段中发挥的关键作用展开论述。

1.1 初创阶段的定价策略

在初创阶段，华为的主要目标是生存。彼时，华为在定价上的专业积累较少，全靠自身摸索，其定价策略以促进业务增长和改善经营现金流为主要目标；当业务模式不能满足客户需求的时候，又倒逼商业模式及时调整。在初创阶段，华为的商业模式快速迭代升级，大致经历了代理、自组装、自研发、研发升级四个阶段。

众所周知，华为是靠代理香港鸿年公司的 HAX 程控交换机产品起家的。1988 年，华为作为初创企业资金有限，香港鸿年公司给予华为高额度的授信，允许其先提货，待卖出商品拿到货款后再付款。这种赊账式的交易模式持续了两年，相当于香港鸿年公司给华为公司提供了一笔数额巨大的无息贷款。

当时恰逢全国人民对电话通信有巨大需求，华为靠通信设备代理业务，在短短几年间就完成了原始资金的积累，并在全国建立起近 10 个销售办事处。从当时来看，代理销售就是一种凭关系、价格、服务而非凭自身技术实现差异化的业务，这种业务的主要商业模式就是通过低价买入、高价卖出赚取产品价差。

随着用户小交换机市场的爆发式发展，华为代理的产品供不应求，香港的原厂经常供货不足。产品出了问题，原厂也无法及时修理，甚至不向代理商提供备板、备件等，这使得华为在为客户服务时非常被动。当时的任正非深深感受到产品、客户、订单、公司的现金流甚至公司的命运都掌握在别人手上的痛苦。

在代理模式下，华为无法控制货源，这时华为只能赚取产品价差，难以真正掌控公司的命运。任正非意识到这一模式的局限性：由于没有自己的产品、没有自主研发，因此"为客户提供优质服务"就是一句空话。

在这个关键节点，任正非凭借其敏锐的洞察力，果断选择走自建品牌、自主生产的道路。当时国内通信市场上大部分是进口产品，报价普遍较高。考虑到华为当时没有足够的技术来研发和生产高端交换机，华为没有选择与跨国公司直接竞争，而选择从低端产品切入，这样面临的风险相对较小。

1989年，华为推出24门的小型交换机BH01，采取了全新的定价策略。这款交换机由华为从国有企业采购散件，自行组装，制作说明书并包装，然后打上华为品牌向市场出售。这种模式的利润更高。用散件组装产品除了可以降低成本之外，还可以自己控制设备的备件，大幅提升对客户的技术响应度和服务质量。这种贴上华为品牌标志（logo）的组装交换机本身并无多少差异，主要靠良好的服务形成差异化价值。

针对BH01这款自组装的低端产品，华为的定价策略比较激进，产品定价极为便宜。由于市场上这种类型的小交换机需求太大，而且提供散件的厂家也开始销售整机，因而华为采购不到散件，于是大量已经交了订金的订单无货可发，这差点把华为逼入绝境。

为了不让华为信誉破产，同时也为了彻底打开小交换机的市场，任正非在1990年年底下定决心走自主研发之路。这样不仅能节省代理费，而且不用提前支付产品定金，还能向自己的代理商收取代理费，甚至可以提前半年收取定金以缓解资金压力，再凭借优质服务扩大市场。华为当时不仅将所有利润用来投资新产品的研发，还把客户预订小交换机的资金也都投了进去。如果1991年这款产品不能供应市场，华为就会破产。

功夫不负有心人。1991年12月底，被命名为BH03的24门交换机通过了邮电部的验收，取得了入网许可证。这时候，华为的账户上实际上已经没有什么资金了。在这种急迫的形势下，这款完全由华为设计、研发的交换机第一批卖出8台，市场售价为每台100万元，华为很快发货并完成回款，成功避免了破产。这款交换机不仅成功获得了市场，而且受到了高度认可，这大大激发了任正非和华为投入新产品自主研发和生产的积极性。这一次破釜沉舟、背水一战的胜利，成为华为创业崛起之路上关键的一步。

BH03只是一台能带24门分机的小总机，产品性能单一，与国外交换机相比有较大的差距，而利润更高、更具竞争力的设备是能带更多门分机的大型交换机。华为意识到要想在电信行业进一步发展壮大，就需要不断提升研发水平。

于是，华为决定对产品进行研发和升级，其在1992年开发了能带48门分机的HJD48交换机，这也让华为成为国内为数不多的用户交换机生产企业。华为自研的 HJD48 集成度高、质优价廉，迅速获得了大量的采购订单。这一年，华为终于熬过了创业的"生死线"，年产值达 1.2 亿元，利润超过千万元，员工大约有 100 人。

1.2 国内发展阶段的定价策略

国内发展阶段可分为两个时期。第一个时期是 1993—1997 年，华为进入国内农村市场。随着 C&C08 的研发成功，华为开始进入农村交换机市场，进而沿着县城网络、地市网络、省会城市网络、国家骨干网络市场路线，步步为营，逐渐发展成为国内主要通信设备供应商。华为在固网获得成功后，开始探索无线市场。

1995 年年底，华为看到了蜂窝通信的巨大机遇，开始研发 GSM（Global System for Mobile Communications，全球移动通信系统）。彼时，西方强大的竞争对手在 2G（第二代移动通信技术）领域已经深耕多年，并已启动 3G（第三代移动通信技术）研究。当时国内 GSM 从基站到手机，主要是爱立信、诺基亚、摩托罗拉、西门子、阿尔卡特等国际巨头的天下。不管是价格还是服务，这些公司都高高在上。

1997 年，历经艰难困苦，华为推出了拥有自主知识产权的商用 GSM。华为 GSM 结合本土特点，在功能、维护上独具特色，且在价格上有相当大的优势。华为 GSM 成功研发并上市的第一个结果是外商在 1998 年主动大幅降低 GSM 售价。

在这一时期，华为研发出了 C&C08 数字程控交换机、SDH[①]（Synchronous Digital Hierarchy，同步数字体系）光传输系统、C&C08 STP[②]、GSM、HONET（Home Optical Network，综合业务接入网）、ViewPoint 会议电视系统、通信电源、会议终端等众多产品。为了加强对产品价格的有效管理，华为不仅成立了定

---

① SDH 是一种用于传输数字信号和数字信号处理的同步光传输设备。
② STP 是信令转接点，专门负责转发设备之间的信令消息，是通信网络的"神经系统"。

价委员会，还成立了专业能力中心（Center of Excellence，COE）——定价中心。该中心负责对产品定价方案进行专业化评审与支持，以适应各种不同的市场环境。在专业化的定价组织的加持下，一方面，华为制定了统一的价格体系，以避免价格冲突，同时加大了对一线组织的价格授权，让一线组织能够及时响应客户的商务诉求及进行风险管理。另一方面，华为制定了灵活的定价策略，使用价格作为市场竞争中重要的"作战武器"，这里以 C&C08 的定价策略为例加以说明。

1993 年，在 JK1000 交换机陷入市场不利局面的情况下，华为将全部资金投入 C&C08 数字程控交换机的开发上。为了避免重蹈覆辙，华为专门组织优秀的研发骨干成立相应的部门，时刻追踪最新的技术发展并据此做产品规划，还采取了类似于国外公司的策略进行"拉动式"市场推广：宣传 3G 产品是为了卖 2G 产品。

历经数次研发和市场的告败，由近 300 名研发人员研发的 C&C08 数字程控交换机，于 1993 年 10 月首次在浙江义乌成功开局。这是华为首次掌握高端数字技术，在华为的历史上有着非凡的意义。为了帮助 C&C08 产品获得长期竞争优势，华为邀请德国的优秀设计师设计机架、机柜，解决了外观问题；在 C&C08 的后续版本中陆续实现了支持远端用户的功能。

在提升 C&C08 产品竞争力的同时，如何对 C&C08 产品进行定价以便快速抢占市场则是当时华为市场营销团队的头等大事。

当时，华为 C&C08 产品的主要竞争对手是上海贝尔的 S1240 交换机。然而，由于 S1240 交换机早已建立牢不可破的市场优势，因此华为始终无法直接在数字程控交换机市场战胜上海贝尔。于是，华为采取了避实就虚的策略——攻占农村市场以及东北、西北、西南地区的欠发达省市。在这些市场上，华为采取价格"攻势"，利用来自通信电源销售的丰厚盈利对 C&C08 数字程控交换机的销售进行补贴，当时 C&C08 产品的价格约比国外同类产品低三分之二。

华为以低价策略挑起数字程控交换机市场的降价竞争，用意非常明确：一方面限制上海贝尔进入农话市场，另一方面挤压其利润空间。以四川市场为例，1999 年华为进入四川时，上海贝尔在四川的市场份额是 90%。刚开始，华为主动将自己的接入网免费给客户使用，借此在四川各本地网中都布上了点。而当时的对手忽略了华为的这个小动作。随后，华为又将接入网的新增点抢了过来，逐渐把点连成了面。网上运行的华为设备数量有了突破性进展后，华为又伺机将接入网的优势顺理成章地延伸到了交换机，最后将华为的交换机变成和上海贝尔的交换机并存的第二种制式，跻身主流机型。

随着华为 C&C08 数字程控交换机在市场上的大规模应用，国内数字程控交换机的价格急剧下降，从最初的 300 美元/线～500 美元/线下降到 50 美元/线，结束了跨国公司赚取高额利润的历史。从此电话初次安装免费而且不用排队，老百姓真正享受到了质优价廉的通信服务。

C&C08 数字程控交换机自 1993 年面世以来，以高品质、高可靠性和超高的性价比赢得了广大客户的信赖和支持。C&C08 数字程控交换机不仅技术定位高，在产品设计上实现了超大规模集成电路、光电一体化交换网、软件工程化、开放性，而且在附属功能上满足了当时中国电信部门在话务统计、终端操作、计费等方面的特殊要求。这也是 C&C08 数字程控交换机当时深受中国农村市场欢迎的主要原因。

C&C08 数字程控交换机持续畅销多年，并成为华为后续很多产品发展的平台，累计为华为创造了上千亿元的商业价值。笔者认为，这是华为发展历史上最重要的一个里程碑，是华为公司突破"S 曲线"的破局点，是华为走上高速发展之路的起点，奠定了华为后续发展的基石。其意义堪比红军长征中"强渡大渡河"这关键一战。在这场决定企业"生死"的关键一战中，华为将士团结奋战，终于"杀"出一条"血路"，从此走上了快速发展的征程。

第二个时期是 1998—2000 年，华为进入国内城市市场。由于华为刚推出无线设备时，其产品竞争力不足，因此华为无线设备只能进入中国中小型城市的郊区等市场，但华为依靠贴身服务、产品快速迭代和针对性定制开发三大招，逐渐打开了城市市场。

随着市场规模的扩大，价格竞争愈发激烈，华为在管理体系上的不足使产品成本高企、效率低、研发周期长等问题逐渐暴露出来，进而导致产品的利润被严重侵蚀。这也让华为不得不开始重视内部管理，开始实施 IPD（Integrated Product Development，集成产品开发)、ISC（Integrated Supply Chain，集成供应链)、IT 系统重整、财务四统一等共八个管理变革项目。

这些管理上的变革大大提升了华为的管理效率，降低了成本。通过 ISC 变革，华为在供应的质量、成本、柔性和客户响应速度等方面都有了根本性的改善，有效支撑了其业务的大发展，为下一步开拓国际市场奠定了基础。

1.3 全球扩张阶段的定价策略

全球扩张阶段也可分为两个时期：2000—2003 年，进入海外新兴市场；2004—2010 年，进入海外成熟市场。在全球扩张阶段的两个时期，华为分别采取了不同的定价策略。进入海外新兴市场时，华为采取低价高质策略；而进入海外成熟市场时，华为则采取形式多样的创新定价模式。

◆ 以低价高质策略突破海外新兴市场

此阶段的第一个时期从 2000 年开始，华为进入海外新兴市场。2000 年，华为的销售额高达 220 亿元，利润达 29 亿元，但是海外市场销售额却只有 1 亿美元。此时，在市场竞争中，华为面临国内市场饱和、跨国公司以更残酷的价格战来争夺国内市场等诸多压力。在内部管理中，产品研发成功率低、周期长、效率低等问题导致产品的毛利率逐年下降。到 2001 年，华为的销售收入为 255 亿元，相比上年增长不到 16%。2002 年，华为仅实现销售额 221 亿元，首次出现负增长。

由于重心在 GSM 与 WCDMA（Wideband Code Division Multiple Access，宽带码分多址）产品上，华为在国内的 CDMA（Code Division Multiple Access，码分多址）招标失利；加上国内迟迟没有发放 3G 牌照，国内的 WCDMA 建设遥遥无期。为了生存，华为无线设备不得不到海外拓展市场，寻找生存空间。

在这一时期，华为的定价策略比较务实，采取低价高质策略进入海外新兴市场。以进军非洲市场为例，进入非洲市场初期，华为深知其在品牌知名度和技优势上明显落后于爱立信等主流厂商。从整体竞争力来看，华为不如已在非洲占有很大市场份额的、以爱立信为代表的主流设备供应商。此外，在电信领域存在"先入为主"定律，在成本投入差别不大的情况下，运营商很少更换现网设备供应商，以确保网络良好运行，这无疑给华为进入非洲市场设置了较高的门槛。

于是华为避其锋芒，将主攻目标放在中低端运营商市场。首先选择通信市场发展相对落后的非洲国家运营商作为重点突破口。这些运营商资金有限，对设备采购价格比较敏感，而华为产品的竞标价格比现网厂商产品的报价低30%甚至更多，这给华为提供了突破的机会。但在电信领域，仅凭低价吸引运营商是不够的。由于行业的特殊性，通信运营商对设备稳定性的要求高达99.99%，因此运营商选择通信设备供应商时首先考虑的是高稳定性，而后才是低价格。因此，华为在进行产品设计开发时力求高稳定性。

在市场开拓初期，华为采用了最稳定产品先行策略，向非洲客户推荐最稳定的传输设备和宽带设备。在此阶段，即便客户对华为的其他产品有需求，抛出具有诱惑力的订单意向，华为也坚持原则，不为所动，最终凭产品品质赢得了客户对其品牌的尊重和认可。在此基础上，华为通过努力降低成本及在进入市场初期主动降低利润等方法，以质优价廉的产品打入了非洲中低端运营商市场。

◆ 以创新定价模式突破海外成熟市场

从2004年开始，华为进入海外成熟市场。进入海外成熟市场意味着面临更加激烈的竞争，如何在价格和成本上取得明显优势是赢得竞争的关键因素，这也倒逼华为进一步创新。华为创新的主要标志是其突破传统基站的模式，开发了业界第一款分布式基站，解决了欧洲运营商基站站址难找、安装困难、耗电高和运维成本高等一系列难题，使运营商可以更快、更便宜地建设网络。

2004年6月，一家名为Telfort的荷兰运营商进入了华为的视野。Telfort早在2000年7月就已经获得了3G牌照，然而却迟迟没有推出3G服务。Telfort的担忧主要来自两个方面：一是自身实力不足，缺乏足够的研发支持来推出有针对性的3G应用；二是荷兰的人口密度极高，人们的环保意识强烈，新建基站和射频设备的成本高昂。

针对这些问题，华为展现出了其灵活性和创新能力。华为与 Telfort 合作成立了一个移动创新中心，专注于研究适合荷兰市场的移动服务项目。在此基础上，华为以谦和的姿态，悉心听取 Telfort 的要求，提出了建设分布式基站的解决方案，将基站分为两个独立的部分，使其可以直接安装到运营商原有的机柜中或靠近天线的抱杆或墙面上。这一方案不仅大大降低了建设成本，还使 Telfort 能够利用 90% 以上的原有站点。

2004 年年底，华为获得了 Telfort 的价值超过 2 500 万美元的合同，首次在欧洲市场实现重大突破，这是华为成功进入海外成熟市场的重要标志。

尽管华为的分布式基站首次应用在 Telfort 的网络上，但没有得到欧洲各运营商的大规模应用。因为蜂窝通信网络的复杂性，所以运营商引入一家新的供应商就意味着需要组建专门的团队来协调和沟通，进行大量的技术培训和互联互通测试，还面临额外的网络质量风险和更换成本。

2005 年，全球最大的移动通信运营商沃达丰在西班牙竞争不过当地龙头企业 Telefonica（西班牙电信），于是想借助华为的分布式基站来打击对手。华为认为这是改变市场局面的重大机会。尽管沃达丰提出了各种具有挑战性的问题，但华为依旧认真倾听沃达丰的需求，并以可靠的服务响应其要求，最终赢得了沃达丰的信任和尊重。沃达丰对华为的设备进行了数千项在实验室与实际网络环境中的测试。此外，沃达丰还对华为进行了包括财务经营、战略、技术、管理、流程、供应体系、研发体系、服务体系在内的整体认证。

2005 年 11 月，在接受了严格的考察与测试验证后，华为与沃达丰正式签署全球采购框架协议，华为获得了参与沃达丰的移动网络建设的资格。被沃达丰这样的全球顶级运营商认同，意味着欧洲主流市场的大门已经对华为打开。

华为在进入海外成熟市场后，开始淡化其低价的形象，并且在定价业务上大胆创新，推出了大量新的定价模式和交易模式，其中以无线产品中硬件使用权（Right to Use，RTU）许可为典型代表。随着行业新技术、新产品的不断涌现，以及客户业务的发展，如何平衡业务发展与新技术、新产品投资压力成为客户关注的重点。于是，华为开始改变盈利模式和定价模式，将"一锤子买卖"变为持续性经营，将硬件软件化、服务化，将其价值从设备向软件和服务转移，这不仅构筑了其短期的价格竞争力，也确保了其长期的盈利能力。下面分别从硬件、服务和交易三种业务场景方面加以说明。

硬件定价模式创新

移动通信技术日新月异，利用创新技术优化无线网络的建网方式，融合多元技术，降低运营商的投资风险，助力运营商构建面向未来的移动网络，成为当时移动通信设备供应商及运营商关注的重点。

2004 年，华为首先在无线产品中将 CDMA 载波[①]做成许可，然后又将功率、CE[②]（Channel Element，信道单元）、码字[③]等设计成硬件许可，这种模式匹配了客户的建网与业务发展节奏，保护了扩容空间，获得了主流客户的认可。爱立信同期只能通过硬件插板的方式扩容，最终在市场压力下于 2009 年也推出了同类的模式 HWAC（Hardware Activation Code，硬件激活码），设置了载波、功率、CE、码字 4 种 RTU，明确 HWAC 与硬件绑定的交易规则，但时间上比华为晚了足足 5 年。

之后，华为又在路由器、交换机等产品中大量使用了硬件搭售软件许可的定价模式。这里的软件许可就像一个"开关"，用来控制业务功能和容量大小，客户在未来扩容时打开"开关"就能很方便地在原有硬件的基础上进行"升级扩容"。

服务定价模式创新

随着增量市场增速放缓以及存量市场空间逐渐饱和，华为开始实施寻找新的增量市场以及在存量市场深入经营的策略。此时华为从卖硬件发展到卖服务，将硬件服务化，将硬件价值构筑在服务上，其价值也从设备向服务转移。提供服务

---

① 载波，是一种在频率、幅度或相位方面被调制以传输语言、音频、图像或其他信号的电磁波。
② CE，是基站基带资源，俗称信道板。
③ 码字，是一个数据块编码并做速率匹配后的结果。

需要持续不断地关注客户体验与满足客户的服务指标,这也是企业长期经营意识的体现。对华为而言,其高端服务能够提供差异化价值,以价值定价为主;而其低端服务相对竞争对手难以形成差异化价值,以竞争定价为主。下面以备件服务为例加以说明。

备件是电信运营商保证网络运行质量的重要维护资源。在传统模式下,电信运营商为了保证满足网络一线维护的需要,需要不断购买一定数量的备件以备不时之需。在此基础上,运营商仍需要向设备供应商购买相应级别的硬件维保服务。这些备件的维修、库存以及在运营商内部的购置、存储、管理、配送给运营商带来了多种显性成本或隐性成本。除此之外,运营商还不得不投入一定的人力、物力去管理备件的仓储、运输等事宜。

在备件的投资上,运营商最关注两个方面:服务水平和成本。备件储备充分,就能快速响应网络运行故障,缩短故障恢复时间,从而保证客户满意度和忠诚度,促进销售。但与此同时,大量备件的库存投资和运作管理需要运营商投入相当的运维成本和人力资源。

2005年,华为在备件产品上改变了报价模式,不再是卖备件设备,而是卖备件管理服务(SPMS,Spare Parts Management Service)。华为根据运营商设备网络,负责规划、建立本地备件仓库,承担备件库存购置、存储、管理、配送和维修等工作,以保证运营商网络设备在需要一线维护时,按照SLA承诺将功能完好的备件送达预先约定好的接收点。华为通过服务增强了与客户的合作关系,并且帮助客户降低了运营成本,提高了自身的网络服务水平。

与运营商自己管理备件相比较,备件管理服务从多个方面降低了成本,该模式在使运营商少付出成本的同时,还能使设备商获得更多的利润。

华为基于海外市场的扩张需要,推出了备件管理服务,并将该服务整合成一站式备件管理服务解决方案,包括统一的订单受理、可靠的备件供应、科学的库存管理、一流的物流网络、专业的服务交付管理等。这一解决方案覆盖多厂商、多技术、多网络,提供小时级的备件派送服务,承诺快速、准确交付,确保服务客户所需的备件可以在合适的时间被派送到合适的地点。

在交易时,华为制定了备件管理服务的三个报价策略:

（1）按设备，如无线 SPMS、固网 SPMS、传输 SPMS、数通 SPMS 报价。备件管理服务在设备销售的基础上提供，优先按设备报价。

（2）按服务模块，如订单管理，华为备件管理，仓储、库存管理，备件物流、服务管理报价。华为对 SPMS 采用独立销售模式，如果捆绑管理服务（Bundle Management Service，BMS），那么 SPMS 要单独报价；如果客户不要求分解服务模块，则提供每年 SPMS 的总价格。

（3）按解决方案打包报价。如果客户没有购买备件支持服务[①]，则将 SPMS 和维修与退货（Repair & Return）打包，作为备件管理服务的整体解决方案提供给客户（保修期内的报价不包含维修与退货的价格）。

交易模式创新

交易模式是企业和客户交换价值的方式，是商业模式在销售项目中落地的方式。在交易模式层面，华为根据不同市场客户的需求，在风险可控的前提下，提供灵活多样的交易模式，为打开市场格局、快速抢占市场奠定了有利的基础。

华为曾经在某些特定的市场与特定的客户尝试过不同的交易模式。比如，在某些客户的管理服务合同中实行收入分成模式，在某些工程合同中实行回购模式。这些新交易模式让华为看到了风险中的机会。这里举一个华为创新交易模式的例子。

2009 年，华为和西班牙电信（以下简称"T 客户"）在拉美地区有一个很大的框架项目。当时 T 客户遇到了一些困难，在沟通过程中，T 客户提出了预付费的交易模式，即华为要先付给客户一部分款项，然后客户承诺给华为提供一些市场。

这个模式的框架协议周期是 3 年，虽然该模式的项目价值很大，但是风险也很大。共有十几家公司参与了这个项目，其中不乏上市公司。爱立信基本没有参与，因为它是当时市场的"老大"，还是想按原来的方式做，不接受新的商业模

---

① 和备件管理服务相比，备件支持服务中的备件所有权属于运营商，运营商需要自己购买备件，并负责本地库房和一线办公室的备件维护，供应商则提供返修服务、更换预约服务和更换服务。

式。而华为当时属于新进入者，必须创新求变，所以华为接受了新的商业模式。

为了做好风险管控，华为项目组经过多次仔细测算及一系列谈判，最终与 T 客户达成了周期为 3 年的框架协议，包括 3 年不变的价格。对华为来说，这个价格还算合理，能够保持合理的利润，并获得想要的区域和国家[①]的市场。也就是说，华为先付给客户一些资金，客户则必须在接下来的 3 年内把约定的价值市场给华为，而且在 3 年内要维持同一价位，不能要求华为降价。当然，项目不能按照合同执行的风险应对条款也在合同里面写得非常清楚。

在 2010 年合同刚开始执行的时候，合同范围内的各国子网从自身角度出发，都认为利益被集团拿走了，最后只是让各国子网来买单，所以各国子网都对执行合同有抵触情绪，不愿意买单。

好在前期项目组对 T 客户设备覆盖地图做了认真细致的研究规划以及合同签署的条款保障到位，并且项目组每个月都与各国子网的人开会讨论合同进展，通过有力地执行，项目组最终拿到了价值市场的合同。在项目结束后，华为总结道，这是一个非常具有战略意义的项目，因为这个框架协议彻底改变了华为在拉美地区的市场地位，全面打开了拉美市场。

总体来看，华为在这一阶段进行了一系列的定价创新努力，并取得了丰硕的成果。华为进行定价创新的目的主要是满足市场发展变化的需要，掌握定价主动权，打破市场格局，并达成战略目标。

1.4　业务转型阶段的定价策略

在这一阶段，华为的运营商业务接近饱和，通信基础设施产业从高速成长期进入成熟稳健期，增速变得非常缓慢。于是 2011 年，华为决定将业务从原来的运营商业务（B2B 模式）进一步拓展到企业业务（B2b 模式）和消费者业务（B2C 模式），协同发展"云—管—端"业务[②]。

---

① 这些国家包括墨西哥、委内瑞拉、哥伦比亚、厄瓜多尔、秘鲁、阿根廷、智利。
② "云"即业务平台和应用，"管"即信息管道，"端"即智能终端。

在业务转型的过程中，华为对与定价相关的业务及组织也进行了转型调整：一方面构建了统一的云化配置报价平台，支撑交易价格进系统；另一方面将定价中心划入集团财经，成立了经营定价部和定价规划部，以加强对内部定价的管理，提升价值构建能力和水平。

在运营商业务集团（Business Group，BG）成立后，华为对外部环境进行了深入调查及分析，改变了软件产品的商业模式，从一次性买断模式变为订阅模式，再从订阅模式变为 SaaS（Software as a Service，软件即服务）模式，积极推动软件产业向云服务转型。

时任华为轮值 CEO 徐直军曾在华为集团定价中心 2015 年年度工作会议上的讲话中指出，未来整个网络都要走向软件定义，硬件要走向标准化、简单化、IT 化。在这种情况下，华为必须搞清楚怎么卖软件、怎么把价值融合在软件中、怎么通过服务来呈现软件的价值。当务之急是要学习 IT 业销售软件的通用做法，构筑起"License（许可）+软件年费"的销售模式，对于套装软件也可以采取订阅的方式。一旦这种模式建立起来，就能让软件的价值充分呈现出来，从而为公司做出稳定的收入贡献，同时也使公司的经营更加稳健、更具有可预测性，因为以后一开年，华为超过 50% 的收入就已经形成了。

在消费者 BG 成立后，华为对商业模式进行了调整，"砍掉"了"白牌手机"（无牌手机）业务，大力发展自有品牌，进军中高端智能手机市场。在转型的初期，华为在定价上采取创新的 C2B（Customer to Business，消费者对企业）模式，取得了巨大的成功。

在企业 BG 成立后，华为的销售渠道从直销拓展到分销。从直销到分销不仅仅是销售方式的转变，也是交易模式、价格授权方式的转变。渠道商希望交易简单，能快速卖出产品，而原来复杂的报价模式学习成本高，不利于产品销售。在这个过程中，华为对企业 BG 产品价格管理体系做了一次系统性的调整，主要是将产品的价格授权从盈利授权转变为折扣授权。

下面结合运营商 BG、消费者 BG、企业 BG 在业务转型阶段的相关业务及定价案例对华为的定价转型策略加以说明。

◆ 价值向软件转移的定价转型

软件行业的特点是产品生命周期长，产品全周期内的版本升级与维护需要大量研发投入。软件产品公司的核心价值是产品能力，产品能力的关键因素是研发投入，软件年费持续产生的收入是公司持续投入研发、不断提升软件价值的重要保障。软件产品在全生命周期内都需要研发队伍检查、修改代码、更新版本，故其维护成本远高于硬件产品的备件替换成本，软件年费收入是软件产品得以有效维护的必然要求。

华为的独立软件产品[①]在客户界面有单独的价值呈现，客户可以从独立软件产品中获取直接的价值感知。随着技术的进步，华为独立软件产品的商业模式也经历了三次变革，每次变革都是一次蜕变，也是一次重生。

第一次变革：永久 License（许可）＋SnS 年费模式

随着 SDN（Software Defined Network，软件定义网络）和 NFV（Network Functions Virtualization，网络虚拟化）的发展，软件交易模式从一次性销售模式逐步向年费模式转变。

2015 年，华为在云转型的行业背景之下，积极推进永久 License（许可）＋SnS 年费模式，及时赶上了价值向软件转移的变化趋势。SnS，即 Subscription and Support，Subscription 指软件订阅，Support 指软件支持（如图 1-1 所示）。

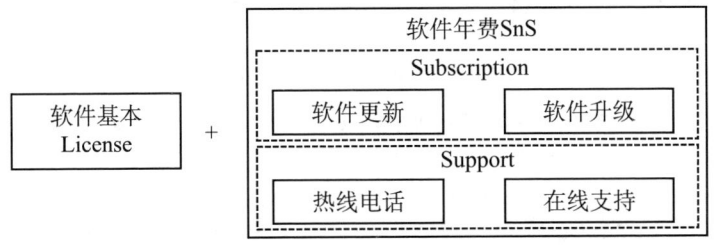

图 1-1 华为的永久 License（许可）+ SnS 年费模式

---

① 独立软件产品是指可运行在通用硬件平台上的软件，比如运营商融合计费软件、云原生 BSS（Business Support System，业务支撑系统）。

华为的永久 License（许可）+SnS 年费模式是在软件许可销售的基础上，将软件补丁、软件升级（含升级版本的新特性）、远程支持等打包在一起，组成 SnS 年费，且采用与对应的许可相同的计量量纲，客户周期性付费，从而实现软件产品在生命周期内的长期价值的年费模式。从客户的角度来看，永久 License（许可）、SnS 年费分别是客户的 CAPEX（Capital Expenditure，资本性支出）及 OPEX（Operating Expense，运营支出）。

在首次销售时，客户除了要购买软件 License（许可）外，还需要购买一定期限的 SnS 年费。在 SnS 年费到期后，如果客户不续签 SnS 年费，那么客户只能使用当前版本的产品所提供的许可功能，不能再享用 SnS 年费提供的新业务功能和支持。

尽管软件年费的概念很好，但是在 2016 年的时候，由于华为的组织能力不足、IT 系统不完善、License 策略缺失、打包收费及年费的计算方法复杂，续签率低，华为的软件年费目标完成得不是太理想。当年华为某个软件产品的年费续签率不足 10%，而业内大型软件公司在成熟市场的软件年费续签率通常在 90% 以上。

2017 年，华为发布了关于公司云服务的战略决议，决议强调：面向未来，随着各行各业数字化进程的深入，所有企业都必须能够以云的方式面向客户，云服务成为基本商业模式；面向客户提供云服务，并帮助客户和伙伴以云服务的方式实现商业变现，是华为的必然选择。

第二次变革：订阅模式

在永久 License（许可）+SnS 年费模式下，License（许可）与 SnS 年费是分开销售和管理的，在客户界面体现为两个销售项，这给后续的服务和续费管理带来了不便。

而此时软件业界的主流模式也是向订阅模式转型。在永久 License（许可）+SnS 年费模式下，客户需要支付更高的初始成本，也就是 CAPEX（永久 License）高，后续的 OPEX（SnS 年费）低，成本并不是逐年分摊的，SnS 费用为许可费的 20%~25%。在订阅模式下，客户只需要支付更低的初始成本，即只有纯

OPEX，无 CAPEX，成本是逐年分摊的。一般而言，续订费等于初始订阅费。

在订阅模式下 License（许可）与年费是整体管理的，在客户界面体现为一个销售项，软件许可销售项中包含了服务年费，进一步简化了交易。尽可能使客户长期地续费续签是订阅模式营收的关键。

第三次变革：SaaS 模式

SaaS 模式是指供应商将软件以及支撑软件运行所需要的所有软件、硬件基础设施、技术平台，以及配套的实施、维护等服务统一打包，以服务的形式提供给客户使用的模式。软件的托管、管理和监控由 SaaS 供应商负责。SaaS 是基于时间的软件服务，作为客户的 OPEX。

华为通过向 SaaS 模式转型，进一步推动了协同办公、视频会议、云桌面等业务的转型升级，不仅改善了与客户的长期合作关系，促进了客户的数字化转型及商业成功，还增强了客户的黏性，提升了企业的盈利能力。

◆ 消费者业务定价转型

2012 年，华为虽然已经成为全球第三大智能手机生产商，但只占据 5% 的市场份额。当时华为的手机业务存在的问题主要表现在两个方面：一方面，华为通过运营商渠道出货的数量大约占到总出货量的 80%。作为运营商的 ODM（Original Design Manufacturer，原始设计制造商），华为过分依赖运营商渠道，对自身手机品牌建设十分不利。另一方面，受到低端品牌形象的桎梏，华为手机的产品质量虽好，但卖价不高，利润低。

如何突围是摆在消费者 BG 面前的难题。消费者 BG 意识到：终端公司的战略定位、运营思路乃至企业文化都需要发生革命性的转变，要从追求规模和低成本的运营模式转变为追求用户体验的消费市场战略。于是，2012 年，华为消费者 BG 正式启动三大战略转变：从传统 B2B 业务模式向 B2C 业务模式转变，从"ODM 白牌"向华为自有品牌转变，从低端产品向中高端产品转变。消费者 BG 的 CEO 大刀阔斧地"砍掉"了 3 000 万部功能手机，只保留有特色的、差异化的机型，发展自有品牌，进军中高端手机市场。

2012年1月，Ascend P1（简称"P1"）正式发布，P1的手机造型、处理器、平台、内存、摄像头、结构件、电池等配置均选用最好的方案，整机架构也按照最紧凑、最激进的方案设计，是华为当时使用新器件最多的手机产品。P1当时的定价是2 999元/部，在当时的国产手机里是价格最高的品牌之一。可消费者对华为手机品牌的印象还停留在"办宽带送手机"的阶段，多数人不愿意花近3 000元买华为手机，最终P1在全球总共只销售了50多万台。这也让华为手机团队意识到：做手机不能只考虑产品规格，要做好高端手机还要具备方方面面的能力，如品牌能力、零售能力、渠道能力。

2012年11月，华为开始规划新的手机产品。这次华为选择与天猫组建联合团队，锁定目标消费者，在CPU核数、内存、屏幕材质等方面进行深入调研。通过在线调研、消费者访谈等多种调研方式，以及对天猫手机类目海量数据库的深度挖掘，华为最终聚焦在消费者对于大屏、大电池、视频功能强的手机影音需求上，华为Mate"口袋影院"由此诞生。

由于当时在中高端市场的经验不足，华为摒弃了传统的定价方法，选择在产品价格制定过程中与消费者互动，并利用新的技术来精准定价。在Mate手机定价中，华为利用C2B模式下的数据分析、用户调研找到了产品合理的定价区间。华为通过聚划算面向用户进行了价格调研，超过41 000人参与了问卷调查。结果显示，60.63%的消费者的意向购买价格为2 500~3 000元。根据消费者调查结果，华为Mate手机的最终价格定为2 688元，这一价格最大限度地反映了消费者的购买意愿。

Mate手机具有里程碑意义，因为这是华为手机由面向运营商到面向消费者的一次勇敢转身。由于长期制造运营商定制手机，难以与消费者沟通，也不太了解市场需求，华为手机在用户体验和产品差异化的过程中，很容易"看走眼"。因此，Mate手机的C2B模式被华为视为"一次史无前例的商业模式创新"。

2013年，华为开始规划Mate 7手机。Mate 7手机主打大屏、长续航、高性能，采用华为最新自研麒麟920芯片，这也是华为在处理器方面第一次真正领先竞争对手。在Mate 7的发布会上，华为将标配版定价2 999元，高配版定价3 699

元。很多人表示质疑，认为华为的品牌能力不足以支撑超过 3 000 元的手机。

这次华为充分吸取了之前的经验和教训，在各个方面做足了准备，最终华为 Mate 7 手机全球共销售 700 万台，超出了所有人的预期。Mate 7 大卖让华为在品牌、营销、渠道、零售等各方面的能力都得到了进一步的积累和提升，也为华为冲击高端市场奠定了坚实的基础。

在 Mate 7 之后，华为不断"升级"处理器、外观、摄像头、屏幕等，每一款手机都采用当时业界最领先技术，给消费者提供最极致的体验。尽管这样做会提升生产成本，但能给消费者提供更佳的产品；产品的口碑好了，品牌定位就会跟着提升；品牌定位提升了，能承载的定价就更高了，有助于打造用户体验更好、竞争力更强的手机，形成一个良性循环。

◆ **B2B 定价转型**

在华为进军企业市场的前几年，华为品牌在企业市场的知名度并不高，渠道体系也不完善，当时很多企业客户不知道华为，华为的产品在企业市场卖不上高价。

为了更加高效、低成本地拓展企业市场客户，华为开始构建分层、分级的渠道销售体系。华为实行渠道分层、分级管理，是希望不在非核心渠道上消耗公司的战略资源。以中国区企业业务为例，其 2015 年的渠道架构如图 1-2 所示。

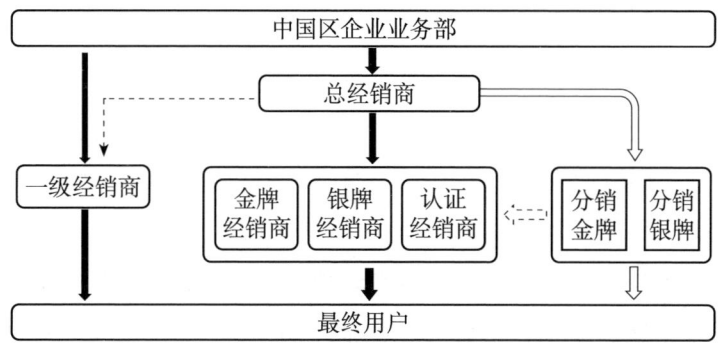

图 1-2　华为中国区 2015 年的渠道架构示意图

注：黑实线箭头为全部产品渠道通路，虚线箭头和空心线箭头为正常商务分销产品渠道通路。

从分层来看，华为的渠道架构分为一级渠道和二级渠道，一级渠道包括总经销商和一级经销商。从分级来看，华为中国区企业业务二级渠道可进一步细分为金牌经销商、银牌经销商和认证经销商，分销金牌、分销银牌。

该架构体现了华为二级渠道管理及下单通路规则：总经销商作为囤货主体，按照总经销商授权价，建立分销囤货库存。

在2015年华为的合作伙伴大会上，有一个关键词就是"转型"。其中之一就是华为的合作伙伴要从通路型向解决方案型转型，形成差异化竞争优势。随着合作伙伴的转型，华为在企业市场上的诸多定价问题暴露出来，主要体现在以下几个方面：

（1）产品开发时没有区分直销和分销。

（2）定价、授权、交易比较割裂。高层的方向不明确，缺乏框架性指导，机关[①]对一线的约束太少。如果遇到过于强势的一线来挑战，机关就容易放弃原则，但是减少授权就意味着利润的流失，同时也不一定能带来销量的提升，一线对销量不予承诺，增加了风险。

（3）一线反馈授权不够，需要增加给一线的授权。

（4）将运营商的价格体系授权给渠道商很难实现，企业客户不适合超低折扣。渠道商希望折扣打包越简单越好，因而需要简化硬件、软件、光模块、外购件的折扣。

（5）给渠道商提供的服务、培训不到位，往往通过商务优惠加以弥补，这又会影响渠道价格体系的稳定性。

（6）专业服务没有采取3C（Customer、Competition、Cost，即客户、竞争、成本）定价，单纯基于成本定价，缺乏竞争力。

（7）机关不知道最终客户成交价，没有数据库。没有精确的编码来区分相同产品的不同SKU（Stock Keeping Unit，最小库存单位），很难采取单位化到最小库存的管理方式。SKU管理的根本在于建立一个完整的基础数据库，包含分区域、分城市、分渠道、分品类、分代理商、分零售价/量/额等，在此基础上得

[①] 特指华为总部。

出平均单价、单店产出、品类销售增长趋势预测、环比和同比增长等内容。

为了系统性地解决这些问题，企业 BG 开展了渠道商务咨询项目。项目组仔细分析了思科和新华三集团（H3C）等标杆企业在渠道架构、定价策略、调价流程等方面的优秀实践后发现：

（1）思科总代的毛利只有 4%～6%，盈利主要来自返点。金牌/银牌代理商的毛利在 15%～20%，其他盈利点在于厂商的返点和激励。思科的定价方法是综合考虑成本、品牌附加值，将毛利定在 60% 左右。

（2）H3C 采取两级渠道架构，成交价比思科低 30%～40%，总代、二代价格一致，无区域、行业定价，渠道盈利主要靠返点和激励。

华为在进一步调查分析后发现，企业市场的特点是单价较低、但订单数量大，因此需要更加灵活的授权。华为充分吸取业界的优秀实践，并结合自身的业务特点，对渠道商务策略进行了如下调整：

（1）渠道授权，即区分直销、分销，分行业给渠道授权。

（2）将盈利授权调整为折扣授权，同时还增加小额包授权，加快一线决策。有些项目不需要进行概算，只需要确定折扣水平，就能判断是否盈利。

（3）建立高风险窜货数据库，尤其是价格低的地方重点关注。

（4）增加返点等渠道激励政策。

（5）改变调价策略，在企业市场调整目录价，不调整折扣。

（6）对服务产品明确降成本的任务，建立基线。一线推进项目时不能挑战服务的成本基线，但是项目完成后可以反馈市场情形，推动基线调整。对于服务器产品要建立与合作伙伴的价格协同与调整机制。内存、硬盘、CPU 三大部件的采购成本要月度刷新。

（7）建立价格执行数据库，加强价格审视，定期监控价格执行情况，实现价格闭环管理。

通过渠道商务管理的积极转型，华为企业 BG 很快适应了新市场、新业务的价格管理新变化，之后企业 BG 迎来了快速增长期。企业 BG 的收入从 2015 年的 276 亿元增长到 2018 年的 744 亿元。

1.5 业务突围阶段的定价策略

在这个阶段，华为被美国列入"实体清单"加以制裁，关键元器件、软件系统被美国"卡脖子"，对此，华为不断加强研发及与全球合作伙伴的合作，努力实现产品技术突围。这一阶段以华为及其附属公司被列入美国"实体清单"事件为标志。

2019年5月16日，美国商务部禁止中国华为和华为旗下的70家附属企业在美国的销售和采买行为，很多美国企业召开紧急会议，并以书面形式断绝和华为的一切商务合作关系。受制裁影响，华为海外市场销售占比2019年下跌至38.3%，2020年进一步降到34.4%。

2020年，华为遭到美国的二次打击。9月15日，美国对华为禁令正式生效，台积电、三星、高通及美光、SK海力士等企业都将不再向华为供应芯片，导致华为手机终端营收在第四季度断崖式下降。

为了应对制裁，加强自身经营安全性与稳健性，提升经营质量，华为在定价和经营策略上有几大变化：

第一，制定合理的价格策略，确保利润和现金流，通过聚焦主航道、提升合同质量，实现利润和现金流的增长。为了实现利润增长，华为出售了部分相关资产，缩减或"砍掉"了一些不能产生价值和利润的业务，并驱动各业务降本增效。比如，华为出售了荣耀终端业务、超聚变X86服务器业务。

第二，收取专利技术许可费。尽管华为长期营收还是来自其产品与服务，但是增加新的收入来源可以减缓收入和利润的下滑，并且专利收入可以帮助华为继续扩大研发规模，加强其与合作伙伴和学术界的合作，加速技术创新的进度。比如，华为在5G、WiFi 6、物联网等方面的专利收入被再次投入到6G、WiFi 7等下一代标准技术的研究中，有助于形成"投入—回报—再投入"的创新正循环。

华为被制裁后，为了保障业务的连续性，其开展了一系列艰苦卓绝的"补洞"、"反击"和"突围"工作。这也导致华为加大了研发投入，2020—2023年的研发费用率持续超过20%，研发费用主要投向鸿蒙、鲲鹏、昇腾、云服务等领域的技术研发及生态构建。仅 2023 年，华为的研发费用支出就高达 1 647 亿元，占全年收入的 23.4%（如图 1-3 所示）。

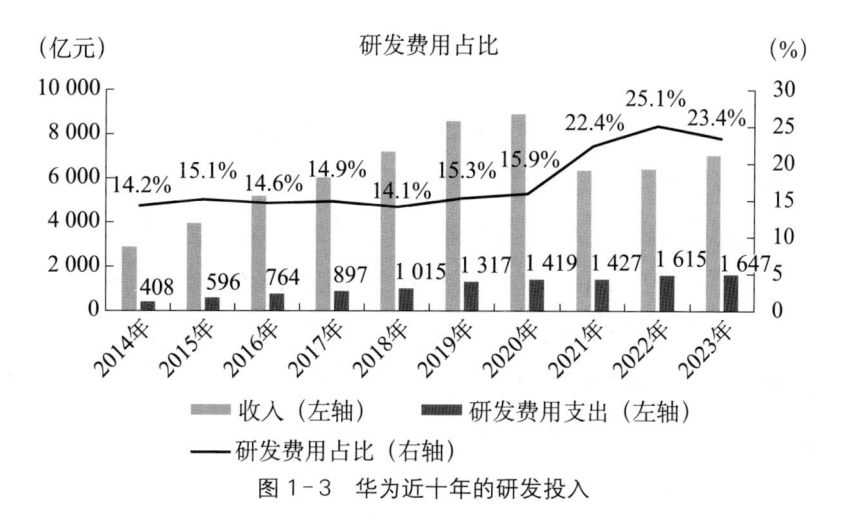

图 1-3　华为近十年的研发投入

持续的高研发投入使华为成为全球最大的专利持有企业之一。截至 2023 年年底，华为在全球共持有有效专利超过 14 万件（如图 1-4 所示）。

图 1-4　华为近十年累计获得的授权专利数

注：由于 2019 年后华为不再在其《可持续发展报告》中披露具体的授权专利数，因此笔者取最小数值做对比。

持续的研发投入让华为获得了大量的创新技术专利。尤其在移动通信、短信通信、编解码等多个主流标准专利领域，华为均居于领先地位。以 5G 为例，国家知识产权局知识产权发展研究中心相关报告显示，2022 年全球声明的 5G 标准必要专利共 21 万余件，涉及 4.7 万项专利族，其中中国声明 1.8 万项专利族，占比接近 40%，排名世界第一。在申请人排名方面，华为声明 5G 标准必要专利族 6 500 余项，占比约 14%，在全球居首。已经有数百家企业通过双边协议或专利池付费的方式获得了华为的专利许可。2022 年，与华为签订双边协议、付费获得华为专利许可的企业有 29 家，它们来自中国、美国、欧洲、日本、韩国等国家或地区。

专利许可业务本身是一项高利润的业务，而且收费周期长达十几年。然而随着技术的不断发展和进步，以产品利润保证研发投入的模式越来越困难，高科技公司需要建立新的价值循环，用专利技术许可费进行"反哺"则是这类公司的共同选择。据统计，华为 2019—2021 年间共三年的知识产权收入为 12 亿～13 亿美元。2022 年，华为的专利许可收入达到了 5.6 亿美元（约 40.15 亿元）。相比较而言，美国高通公司每年的专利许可收入是 80 亿～90 亿美元，IBM 是 20 多亿美元，微软大致也是类似的水平，欧洲的爱立信每年的专利许可收入是 10 多亿美元，诺基亚大致也是这个水平。

第三，重点加强对高端市场，尤其是高端智能手机市场和高端新能源汽车市场的经营，因为高端市场的客户群更追求高品质、高体验，而且价格敏感度相对较低。高端市场也意味着高利润、强黏性，客户具有更强的抵御风险的能力。华为通过技术创新、品牌创新，使产品在市场上获得了较大的定价权，赢得了较大的利润空间。

2023 年 8 月 29 日，在没有预热、没有通知、没有宣传的情况下，华为手机 Mate 60 Pro 忽然开售，开售即被"秒光"。华为 Mate 60 系列的价格并不便宜，其中华为 Mate 60 售价 5 499 元起，华为 Mate 60 Pro 售价 6 499 元起，华为 Mate 60 Pro+售价 8 999 元起，华为 Mate 60 RS 非凡大师版售价 11 999 元起，这一价位已经与苹果手机不相上下。

2023 年 12 月 26 日，华为发布问界 M9，价格为 46 万～57 万元，其中增程 Max 版售价 46.98 万元，增程 Ultra 版售价 52.98 万元，纯电 Max 版售价 50.98 万元，纯电 UItra 版售价 56.98 万元。

第四，保护经销商体系的利益。在受制裁这几年中，由于缺芯导致供货量减少，因此华为采取了窄渠道供货模式，尽可能保护其多年辛苦建立起来的经销商体系。供货量减少导致供不应求，经销商得以按原价甚至溢价销售，并在这个过程中加码布局了华为的专卖店、授权体验店。

通过这一系列的组合拳，华为经受住了重重考验，多项财务指标实现了触底反弹。华为也在 2023 年交出了一份理想的答卷：营收达到 7 042 亿元，同比增长 9.6%；营业利润达到 1 044 亿元，同比增长 147.4%；净利润达到 870 亿元，同比增长 144.5%；经营活动现金流达到 698 亿元，同比增长 292.1%。

本章小结

从其发展脉络来看，华为 30 多年的发展历程可以分为五个阶段：初创阶段、国内发展阶段、全球扩张阶段、业务转型阶段、业务突围阶段。

在这五个阶段中，华为的产品从单一发展到多元，市场从农村拓展到城市，从国内拓展到海外，从运营商客户扩大到企业客户和消费者。华为的定价策略跟随业务发展的变化而变化。

在初创阶段，定价策略跟随同行，华为多采用低价策略迅速抢占市场。在商业模式方面，华为由销售代理转向自主研发。

在国内发展阶段，华为成立了定价中心、定价委员会，对产品定价方案进行专业化评审，提供定价决策与支持。

在全球扩张阶段，华为在定价业务上大胆创新，推出大量新的定价模式，以无线产品中硬件 RTU 许可为典型代表。

在业务转型阶段，华为对与定价相关的业务及组织也做了转型调整：将定价中心划入集团财经，开始强调风险管控与经营管理，并且加强新模式、新方法、新技术在定价中的运用，增加对一线的授权。

在业务突围阶段，华为优先关注利润和现金流，收取专利技术许可费，加强对高端市场的经营，通过高毛利维持经销商体系。随着一项项核心技术的突破及国内产业链的协同发展，华为逐渐走出低谷。

第二章　华为的定价管理体系

> 定价的顶点是价值定价，价值定价的最高归宿是商业模式设计。
>
> ——任正非

无论是哪个行业、哪家企业，也无论企业的规模如何、正处于哪个发展阶段，采用哪种定价策略，其定价的内核都是相通的，定价的最终目的都是价值变现，获得利润和现金回报。这是所有商业的基本规律，也是经济学的基本规律。

那么，华为是如何通过定价来促进经营的呢？本书第一章谈到，华为在不同的发展阶段采用了不同的定价策略，在某种程度上，定价策略也倒逼华为进行商业模式升级。随着业务的不断变化，华为逐渐形成了一套成熟的定价管理体系。

总结起来，这套定价管理体系就是定价"三部曲"：一是持续打造有竞争力的模式，二是制定合理的价位，三是通过设计有竞争力的价格策略来确保企业短期市场目标和长期盈利目标的达成。华为在定价"三部曲"中融入了经营诉求和管理手段，并通过持续优化改进实现经营目标。

2.1　定价与经营的关系

◆ 模式-价位-价格关系

华为定价不同于传统只关注"价格"的一维视角，而更多强调"先定模式，再定位,最后定价"的三维视角。模式是定性(模式结构)、定向(资金流);价位是定位(价位、档次);价格是定量(价格高低)。模式变化,现金流也会变化;价位变化,价格一般也会变化。企业的战略选择会影响模式选择,模式选择会影响价位选择,价位选择又会影响产品和服务的价格。华为升级到经营的高度来做定价,不仅关注当下的定价,而且关注中长期的定价,因此其增加了对"模式"和"价位"的关注,因为模式和价位将会直接影响企业中长期的经营结果。

行业领先的企业在商业模式的设计上,往往选择控制产业核心环节,掌握品牌、关键技术与专利、渠道等。我们所熟知的高通、苹果等公司是这方面的佼佼者。技术专利化、专利标准化对企业竞争力的贡献有目共睹,因为专利技术具有规模效应与垄断效应,所以能使企业更好地享受到产业的高利润。

例如,全球手机市场六成多的利润被苹果一家独占,全球第一大手机厂商三星的利润只占全球手机市场利润的17%,我国所有国产手机以及其他厂商的全球市场份额达到了67%,但利润低得可怜,仅有17%。这也是业界会流传以下说法的原因:一流企业卖标准,二流企业卖品牌,三流企业卖产品。

商业模式影响盈利模式,盈利模式影响定价模式。比如,好市多(Costco)与其他零售企业不同,它主要通过会员服务来盈利,产品本身的定价毛利率很低,这种低定价与其商业模式及盈利模式的设计有关。

◆ 定价对企业经营的影响

"日本经营之圣"稻盛和夫指出,定价即经营。定价不是简单的价格决策,而是贯穿商业模式与企业经营的纽带。抓住定价,也就抓住了经营问题的关键。可以毫不客气地说,不懂定价就没有真正理解企业经营,而用好定价方法对企业经营有提纲挈领的作用。

华为强调定价要承接业务战略的选择和商业落地,价格预测要支撑经营预算与预测。在经营预算、预测中,要按业务类型使用量价模型、定价模式来预测公司损益及现金流,其中定价是很关键的一个影响因素,产品和服务的定价直接影响利润质量。

华为的定价流程分为规划、定价、实施三个环节：在规划环节，对市场进行洞察，对客户、竞争对手、自身进行分析；在定价环节，基于价值分配进行定价项、量纲和价格的设计；在实施环节，通过上市定价、交易定价实现商务管控，必要时进行项目概算。华为的定价对经营结果的影响主要体现在对经营现金流和损益的影响两个方面，如图2-1所示。

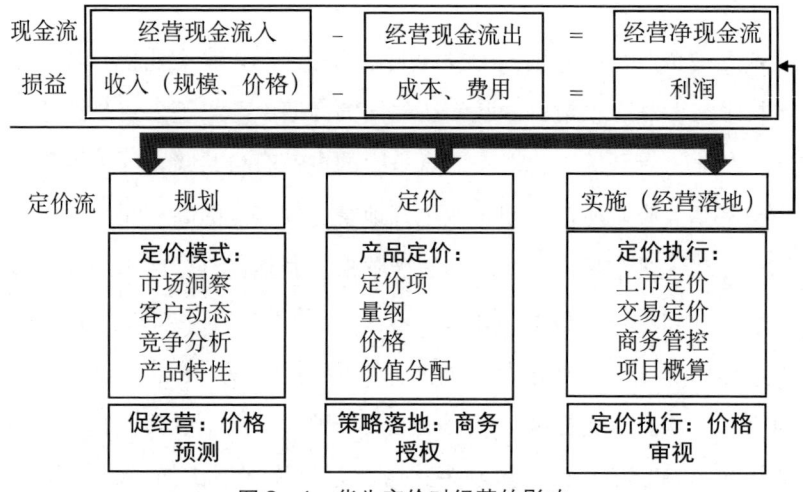

现金流	经营现金流入	−	经营现金流出	=	经营净现金流
损益	收入（规模、价格）	−	成本、费用	=	利润

定价流	规划	定价	实施（经营落地）
	定价模式： 市场洞察 客户动态 竞争分析 产品特性	产品定价： 定价项 量纲 价格 价值分配	定价执行： 上市定价 交易定价 商务管控 项目概算
	促经营：价格预测	策略落地：商务授权	定价执行：价格审视

图2-1 华为定价对经营的影响

除了华为之外，还有越来越多的企业意识到，定价模式除了影响利润外，也会影响企业的经营现金流。"先收费后服务"还是"先服务后收费"，不同的选择会对企业的经营现金流产生不同的影响。比如，软件企业由传统的买断定价模式转型为按年订阅模式对企业的经营效果，甚至其在资本市场上的估值都有很大的提升作用。

交易定价结果对经营的影响主要体现在两个方面：当交易价格大于成本时，企业才有资金加大（预研）投入，提高产品竞争力；当交易价格低于成本时，企业就需要进行内部改进，或退出市场，减少持续投入。

好的经营模式一定是空间上可复制的、时间上可持续的。空间上是否可复制决定了企业的规模大小以及结构是否合理；时间上是否可持续决定了企业的盈利是否可持续、复利效应是否起作用。而这些最后都要"落脚"到定价这项工作中。

2.2 定价三部曲：模式、价位、价格

◆ 模式

模式，指事物的标准样式，是理论和实践之间的中介环节，具有一般性、简单性、可重复性、结构性、稳定性、可操作性的特征。模式主要包括商业模式、盈利模式、定价模式。一个创意要想变成真正有价值的产品和服务，模式的设计以及其是否可复制推广是企业必须考虑的。好的模式能够在价值提供与商业盈利之间找到平衡点。

商业模式

华为将商业模式定义为：企业为了最大化价值而构建的与内外部各种利益相关者的交易结构。商业模式包括六个要素（如图 2-2 所示）：价值主张、客户/伙伴选择、业务活动、核心资源/能力、盈利模式、价值增值。

价值主张：企业能够提供给客户的与竞争对手不同的独特贡献，说明客户可以获得什么，体现为满足客户需求的方式。

客户/伙伴选择：基于市场细分和合作策略，确定利益相关者，包括选择合适的目标客户和合作伙伴。

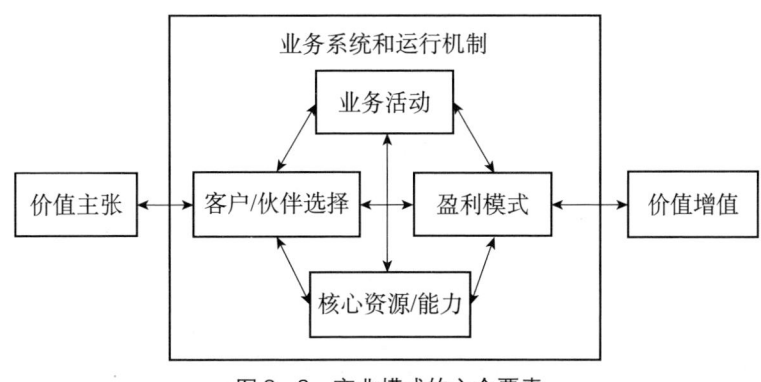

图 2-2　商业模式的六个要素

业务活动：企业和利益相关者之间交易的所有内容，包括做什么、不做什么，体现各方的独特价值。

核心资源/能力：支撑业务活动的背后的重要资源和能力。

盈利模式：以利益相关者划分的收入来源和成本结构，以及相应的收支方式和现金流结构。

价值增值：企业、客户和合作伙伴的商业价值和社会价值的增值，商业价值体现为未来净现金流的贴现。

以华为的运营商业务为例，其商业模式的六个要素分析如下：

价值主张：助力运营商数智化转型。

客户/伙伴选择：全球运营商客户、全球各地的交付分包商。

业务活动：通信产品的研发、销售、交付、服务。

核心资源/能力：华为品牌、专利技术、人才、研发（IPD）、销售（LTC，Leads to Cash，从线索到回款）、服务（ITR，Issue to Resolved，从问题到解决）管理流程。

盈利模式：通过销售通信设备、软件与服务获取利润。

价值增值：在实现自身商业价值增长的同时，提升社会价值。

对于华为而言，商业模式是其整体解决方案的一部分，与产品、服务一同构成华为实现客户价值的全面能力。商业模式更多的是为了满足客户面向企业经营的深层次商业需求，这些商业需求主要包括资产结构优化、经营指标优化、运营效率提升、资本投资优化、人力资源优化等。

盈利模式

盈利模式是企业赚钱的方式，包括企业怎么形成收入来源，怎么承担成本、费用，从而在一定周期内确保收益最大、成本最小。为了便于理解，可以从时间和空间两个维度来理解盈利，企业的盈利是企业在一定周期内所有区域客户盈利或亏损情况的总和。企业可以针对不同产品、不同区域的客户选择不同的盈利模式，也可以选择利用竞争格局和增长趋势来平衡当期盈亏和锁定未来盈利点。

华为对盈利模式的设计主要考虑四个方面：定向、定性、定时、定量。

所谓定向,就是明确收支来源,确认交易对象。比如,华为通信设备的盈利来源于设备销售及后续服务。

所谓定性,就是明确收支结构,确定交易单元,比如,对通信设备的硬件、软件、服务分别收费多少,它们的成本又是多少。

所谓定时,就是明确现金流结构,确定交易周期。华为有一类管理服务,即为运营商提供网络运维的服务,这类服务的交易周期一般为一个月,即按月回款。

所谓定量,就是明确价格定位,确定交易金额。比如,华为将 Mate 40 手机开售时的价格定在 4 000 元以上。

华为客户战略的第一条就是:"不卖最贵,只卖最好;不仅低价,更为优质。"2008 年,中国电信 CDMA 招标项目涉及 81 个重点城市的 CDMA 扩容,标的金额近 300 亿元,包含了业务网、核心网、无线网、承载网等。阿尔卡特朗讯、中兴、华为、北电、摩托罗拉和三星 6 家设备商参与竞标。

当时在国内 CDMA 市场,中兴、摩托罗拉、阿尔卡特朗讯、北电、华为的市场份额分别为 32%、23%、22%、17% 和 2%。在此次招标大战中,CDMA 基站部分报价使很多人大跌眼镜:报价最高的是阿尔卡特朗讯,约为 140 亿元;中兴的报价居中,约为 80 亿元;报价最低的为华为,仅为 6.9 亿元(主要是工程报价,设备部分基本赠送,华为赠送设备的目的是铺垫市场,抢占格局,争取以后盈利),被业界惊呼为"地狱价"。最终华为获得了 74 000 载频,接近 30% 的份额,占据 81 个招标城市中的 20 个。

华为市场部有关人士表示,华为一向是一家对客户负责任的公司,并称华为可以为中国电信提供持续稳定的网络服务。粗略计算,华为在本次电信 CDMA 招标中的报价和其在印度的价格基本相当。

各公司间的激烈竞争使最终成交的价格基本接近中国电信之前设定的和国际市场价格接轨的目标,即每载频在 3 万元人民币左右。

之所以各家公司报价差异巨大,是因为此次各家公司在 CDMA 上的竞标报价都是各公司采取的稳守反击策略的直接体现:在自己的地盘报高价,而在目标竞争对手的地盘抛出"地狱价"。

华为内部流传着一个"王小二卖豆腐"的段子：王小二开了家豆腐店，经过认真细致的市场调研，他决定将豆腐的卖价定为两块钱一斤。有人看见王小二卖豆腐挺赚钱的，也想做豆腐生意，于是便在王小二对面也开了一家豆腐店，王小二为了抢客户不得不将豆腐价格降到一块五一斤。尽管降价了 25%，但还是有利润。然而，随着竞争对手的豆腐店越开越多，王小二发现豆腐生意越来越难做了，于是不得不将价格降到八毛，这时已经没有利润了。最终，王小二的豆腐店倒闭了。华为的做法是一开始直接将价格降到"八毛钱"，这一招被形象地称为"盖锅盖"定价策略。虽然这么定价企业的利润微薄，但可以让所有想"开豆腐店"的人看不到"钱景"。没有了竞争对手，华为自然就能生存下来。

与竞争对手不同，华为的产品定价有自己的商业逻辑。摩尔定律揭示了IT技术的曲线规律，在华为所在的电信设备市场，也有类似的规律：随着技术更新换代越来越快，一项新的技术到量产阶段后，成本就会大幅下降。华为深刻洞悉这一规律，并以量产后的产品价格作为现在的定价，即便量产前几年亏损，但量产之后，华为就能保持合理的利润。1998年，UT斯康达在接入网上每线报价1 800元，而华为报出了每线800元的超低价，此后UT斯康达消失，华为垄断了接入网70%的市场份额。华为用独特的低价定价法则，在全球市场攻城略地，击败对手。

这种打法看起来与传统行业的价格战类似，但实际上与其有着本质的不同。华为当时是充分利用规模效益、高效的供应链管理、非核心环节外包、流程化管理等挖掘出成本优势，将投入市场的新产品按量产后的定价模型报价，在部分地区通过价格优势快速抢占市场。经过一定周期的亏损后，随着新客户的增加、老客户的扩容增购及自身成本的下降，华为就迎来了全面盈利。

定价模式

定价模式是企业对产品和服务进行定价的方式，是企业将商业模式落地到产品和项目上，以实现商业闭环的关键。如果说商业模式是偏向宏观、产业层面的交易架构，那么定价模式就是偏向微观、产品层面的交易设计。定价模式的变化将影响产品价值的变现方式。华为早期比较多采用"买盒子"的一次性变现定价模式，这种"一锤子买卖"的定价模式对客户而言意味着更大的资金压力和风险。随着产业价值从硬件转向软件和服务，华为也逐渐改变了产品和服务的定价模式，提供了订阅、按需付费等新的定价模式。

比如，华为云根据客户的需求场景，结合行业竞争对手 AWS（Amazon Web Services，亚马逊云服务）、阿里云等云服务厂商的定价模式，提供了三种不同的定价模式：预留模式、按需模式、竞价模式。

预留模式是一种包月、包年的预付费模式，本质上属于订阅模式。客户在一段时间内定期付费，以使用华为云提供的基础设施服务，华为云提供良好的用户体验和服务，以获得客户的长期使用和扩展订阅。这种定价模式对华为的好处是客户没有使用服务就提前付费，优化了公司的经营现金流。对于客户而言，这种定价模式需要其提前预测需求量，如果预测需求量少于实际使用量，则影响业务开展；如果预测需求量多于实际使用量，则可能存在成本浪费。因为这种定价模式更利于服务供应商，所以一般而言，服务供应商会给予客户一定折扣，用价格上的优惠抵消部分交易不便的劣势。

按需模式是一种后付费模式，客户基于实际使用量先使用后付费。这种定价模式的好处是不使用就不会产生费用，没有最低消费承诺，无须签订长期合同，也不用提前制订详细的业务需求计划，比较灵活，因此其单价一般要高于预留模式下的单价。这种定价模式与支付水电费的方式类似，客户只需为所使用的服务付费，且停止使用后无须支付额外费用或终止费用。这种模式对客户的好处包括：能够轻松适应不断变化的业务需求，无须投入过多预算，同时还可以提高客户对变化的响应能力；可以根据实际需求而非预测需求来调整业务，从而降低过度预配置或容量不足的风险；客户可以将重心转移到创新发明上，从而降低采购的复杂性并全面提升业务弹性。

竞价模式需要潜在客户先出价后付费。这种模式比较适用于厂商对闲置基础设施资源的定价，能有效提高资源的利用率，给厂商带来补充收入。

商业模式、盈利模式与定价模式的关系

华为所在的信息和通信技术（Information and Communication Technology，

ICT）产业是一个规模达数万亿元的巨大产业。由于 ICT 行业变化快、产业链关系复杂、业务方案复杂、客户需求多样，华为对其进入的每个细分产业都确定了商业模式与盈利模式。商业模式确定产业怎么定位及怎么产生可持续的收入，盈利模式确定产业怎么赚钱。

华为的商业模式蕴含了盈利模式和定价模式的概念。定价模式包括产品定价模式和交易定价模式。定价模式是商业模式在产品层级、合同层级或项目层级的落地。换言之，商业模式关注的更多是产业整体的交易结构，而定价模式关注的更多是具体产品、合同和项目的交易和执行。商业模式、盈利模式、定价模式三者在华为内部有一个逐层细化的过程（如图 2-3 所示）。

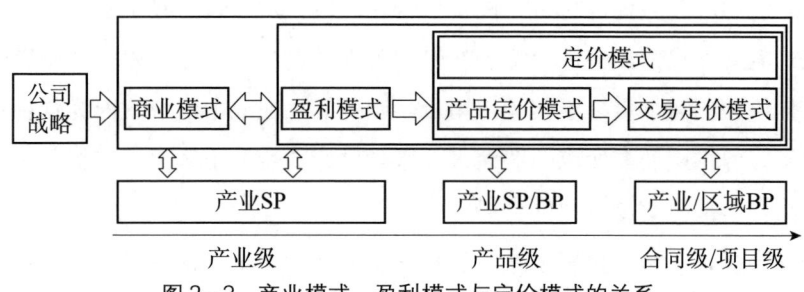

图 2-3 商业模式、盈利模式与定价模式的关系

总的来说，没有适合的商业模式与盈利模式，产业就很难持续发展；没有适合的价位、价格和条款，商业模式与盈利模式就是"空中楼阁"。

◆ 价位

价位，是指价格的定位，与企业所选择的目标市场匹配，通常用高、中、低三个等级来划分。著名价格研究专家赫尔曼·西蒙（Hermann Simon）教授进一步将其细化为奢侈品价位、高端价位、中端价位、低端价位、超低端价位五类。市场中之所以存在不同的价位，主要是因为不同的目标市场中客户的需求不同，而这种需求的差异主要源于客户购买力及购买理念的不同。

从持续经营的角度看，价位是长期价格的水平位置，受模式的影响，其跟产品、品牌定位有直接关系。价位是品牌区隔的关键，是产品定位最直接的外在反映。在同一个行业的不同市场，企业根据各自的优势选择不同的定位，就会产生不同价位的品牌。比如在手机行业，高端品牌有苹果、华为等，中端品牌有小米、荣耀等，低端品牌有红米、传音等。在充分竞争的市场中，同一价位下还会存在多个品牌，比如在汽车行业，高端品牌有奔驰、宝马等，中端品牌有丰田、本田等。

价位设计的关键是做好品牌的价格定位。不同价位背后运作机制的差异很大，有的甚至需要上升到企业战略的高度通盘考虑。价格定位影响企业的整体商业模式、品牌定位、产品质量、促销策略、渠道建设等多个方面的业务活动。

任正非在华为内部讲话中曾指出：要基于产品战略、市场战略来明确定价策略，定价策略是指导整个公司定价工作的框架性思路及规则，是驱动及校正整体定价水平的灯塔。在价位的目标选择上，企业要在坚持定价策略和原则的基础上，采取合理的战术。

华为所在的产业规模庞大，各个细分产业在发展的不同阶段所采用的定价策略也不同，但各个产品经营团队在设计产品价位的时候总体上都是基于以下三个原则。

原则一：价值定价。它是指基于给客户带来的价值确定价位，如根据增收、节支、提效、提升客户体验等，进行量化定价。

这里用华为首先在欧洲推出分布式基站的案例加以说明。

2002 年，3G 启动之初，华为开始拓展欧洲移动市场，当时欧洲移动运营商普遍面临着站点获取成本高的痛点。在传统的基站建设中，射频和基带处理单元都在一个柜子里，导致基站体积大、功耗高、笨重，不易安装，而且欧洲国家非常注重环保，要安装新基站必须经过业主的同意，并支付高昂的费用。

华为通过对客户的总体拥有成本（Total Cost of Ownership，TCO）进行深入分析后发现，在客户建设成本的构成中，设备成本只占 15%，而站址获取成本占比则高达 43%。以租用机房为例，租用一个放置基站的机房，即站址，一年的租金大概为 7 000 欧元，10 年的租金就是 7 万欧元。如果客户网络有 3 000 个基站，租用 10 年站址的费用就高达 2.1 亿欧元。

华为创造性地把基站的基带部分放在运营商现有的机柜里，将射频部分做成具有防水性、可安装在抱杆上的分布式架构。这样，基站就可"瘦身"为两个分离的、小巧的单元：基带单元（BBU）和射频单元（RRU）。分布式基站可以帮助客户节省机柜的占地面积，从而极大地降低基建成本，同时还具有安装方便、搬运成本低和省电等诸多优点。

2005年，创新、灵活的"BBU＋RRU分布式基站"解决方案首次在荷兰Telfort部署。产品交付之后，Telfort测算了OPEX的实际降幅，比之前交流方案时的估算结果还要大。华为分布式基站解决方案成功解决了欧洲运营商客户高CAPEX和高OPEX的痛点，具有节省开支、提升效率、提升客户体验的价值。

对于这样一款具有诸多优势的产品，应如何定价呢？由于产品本身的差异化，华为抛开了传统的竞争定价法，转而采用了价值定价法。什么是价值定价法？华为在《产品定价政策》中指出：价值定价是指基于为客户所创造的价值或客户所能感知到的价值进行定价。也就是说，基于量化的客户经济价值或基于量化的差异化价值加上可替代竞争产品的价格来进行产品定价。价值定价的核心思路就是：首先对产品给客户创造的价值进行全面分析，评估可获取的价值（评估价值的方法将在后面的章节展开介绍）；其次根据定价策略确定产品价位；最后对准客户价值设计定价项，基于价值获取方式确定量纲，基于价值感知比重确定价值分配。

原则二：避免价位变价格。前面讲到，价位是长期合作交易的价格，而价格是当期成交的价格，是品牌价格定位的体现。由于竞争、促销等原因，当前价格可能很低，低于中长期交易的价位，而如果未来中长期的价位也按当期实现的价格来执行，那就意味着放弃未来本可能以更高的价格销售的机会，因而会影响未来的盈利水平，这就是所谓的"价位变价格"。也有很多企业在报价时不注意对价位及长期盈利的保护，将价位当成了价格。比如，一些品牌将打折、促销等优惠活动当成常态化的手段，一旦取消优惠，销量立马暴跌。这是因为客户已经忘记了品牌的长期价位，只是被当期的优惠价格吸引而产生了购买行为。还有一些客户通过与供应商签订长期合同来约定未来的交易价格按当前的低价执行，有些服务厂商甚至通过补贴政策"亏本赚吆喝"，当期亏损之后，后期依然面临持续亏损的情况，其后期想要扭转局面的难度就很大。为了避免"价位变价格"，企业应该及时关注竞争对手的动态，基于竞争因素调整区域或客户群的价位，并通过优惠技巧的设计来实现。优惠技巧有很多种，常见的如赠送产品、赠送时长、发放优惠券[①]、打折、满减、送积分礼品等。当然，这些优惠技巧的运用还需要遵循一定的原则，第六章第一节将对此做具体介绍。

原则三：长期持续可盈利。产品价位设计应重点针对长期增长潜力大、未来有较大扩容增购需求的硬件、RTU、软件和重要特性。

价位在整个定价体系中就像一条准绳，牵引着企业的经营行为。为了确保价位得到有效执行，华为还设计了价位保护的三个原则。

原则一：合理预估范围。如果价位范围明显不合理，那么应通过 CAP（Capped Price，封顶价）、部分赠送等方式，在总价不变的情况下，抬高定价项的单价，保护特定重要定价项的价位。

CAP 是一定期限内的软件购买金额的封顶价，对于软件购买金额超出 CAP 的部分不能收费。如图 2-4 所示，图中的柱形图是设置封顶价时的各年实际价格（当第三年的实际价格高于封顶价的时候，按照封顶价计算；其他各年份的实际价格低于封顶价，均按照实际价格计算），水平虚线是各年设置的封顶价，曲线是没有设置封顶价时的实际价格。

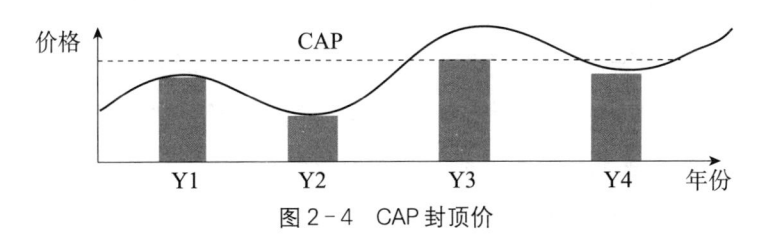

图 2-4 CAP 封顶价

CAP 封顶价设计的关键点主要有以下几个：

（1）对特性的范围做清晰的界定：只针对当前版本或标书规定的特性内容（附清单），除此之外的特性需要另外购买。限定当前版本或者标书规定的特性，就是对客户现有的需求范围做清晰的界定，即对于将来新开发的特性，华为仍然保留了收费的权利。

---

① 优惠券（Voucher）指在协议签订后，满足优惠券协议中规定的发放条件时，由华为签发给客户，规定其在未来采购中可申请使用的有价票据。

（2）统计时间段：按年设置 CAP 封顶价。确保华为每年都有软件收入，也便于客户做预算时知道其最大投入是多少。

（3）根据不同规模、版本、区域、客户设置阶梯 CAP 封顶价。越是详细的封顶模式，越能看清客户实际使用情况和自身的成本，也越能保护华为自身的利益。

（4）单条特性的单价不能设置得太低。如果单条特性的价格过低，则体现不出特性的高价值，反而增加了定价的复杂性。

（5）如果在设计 CAP 封顶价时纳入 TCO 比价，则建议设置较小的 CAP 封顶价，且需要加强精简配置的引导。也就是说，要引导客户将其最需要的应用和特性打包，并且设置一个较小的封顶价，这一方面便于比价，另一方面对打包项之外的应用和特性保留了收费的权利。

（6）尽量避免总价封顶类 CAP。总价封顶的风险在于减少了未来获取新收入的来源，容易使厂商陷入被动局面。

原则二：打包报价。按照客户的需求模型，华为对基本配置打包报价，对基本包之外的硬件、硬件 RTU 设置正常的价位，以提升其在客户扩容增购时的盈利水平。

打包的时候需要根据业务场景找到客户购买的典型报价项，确定哪些可以放到基础包中，适当降低基础包的价格门槛，同时确定哪些可以作为可选项目放到高价值特性中。这里的难点在于找到主要客户群体的典型需求模型，不要过度打包，否则会让客户感觉其购买了不需要的配置项。随着大数据技术的广泛使用，根据统计数据进行打包大大提高了打包的效果。

原则三：达量折扣和阶梯单价。通过达量折扣和阶梯单价方式，可以保护扩容增购价位。

以阶梯单价为例，阶梯单价分为两种方式：一种是阶梯分段报价（见图 2-5）；另一种是阶梯到达报价（到达对应的阶梯后统一按同一价格报价）。对不同阶梯段的量纲，采取不同的定价策略，这种模式下的价格能灵活应对不同规模的客户群体。阶梯单价设计的关键点主要包括阶梯分段距离、不同阶梯的价格分布、不同阶梯下的报价能否覆盖成本、针对重度使用客户的阶梯价格更加优惠，目的是鼓励多用。

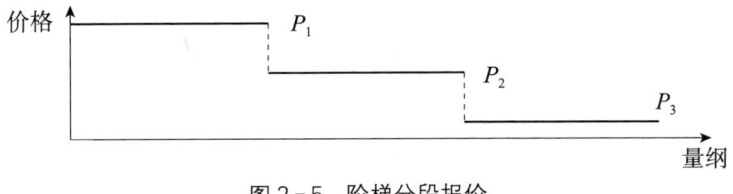

图 2-5　阶梯分段报价

◆ 价格

价格，一般指进行交易时，买方所需要付出的代价或款项，是通过货币所表现出来的商品交换价值。价格有很多种表现形式，我们在生活中经常遇到的保险费、手续费、服务费、维护费、酬金、佣金、租金等都是价格的另一种称谓。企业会根据其所提供的产品和服务的不同，冠上不同的"价格"名称。根据经济学中的价值规律，价格围绕商品价值波动。价格是企业根据模式和价位，依据市场需求和供应竞争关系而设定的。华为的产品价格设定一般包括产品定价、上市定价、交易定价三个环节（见图 2-6）。

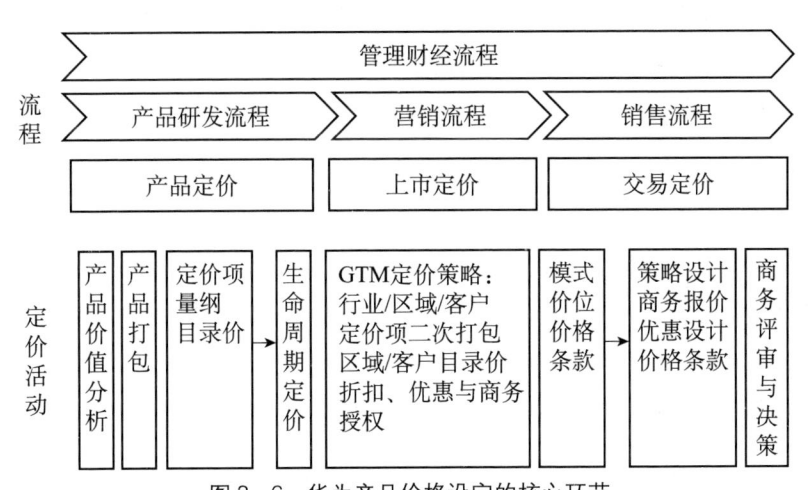

图 2-6　华为产品价格设定的核心环节

产品定价

产品定价是价值构建环节，本质上是产品价值量化。其主要包括产品价值分析、产品打包、产品目录价制定、生命周期定价等环节，主要参考市场战略层面的因素，即行业价值链、产业商业模式、市场价格趋势、公司定价策略、成本结构、产品生命周期等。

这几个因素会影响产品的定价模式、价格高低、定价策略。在行业价值链的上中下游企业中，谁的话语权更大，谁就可以决定"游戏规则"。产业商业模式决定了后续的交易结构。市场价格趋势影响产品的价格调整策略。公司定价策略决定了产品是否可以打折、目录价要定在哪个区间。成本结构决定了哪些是固定成本，哪些是变动成本，也决定了价格的边际效用是否起作用。成本结构还是产品是否具备成本优势的体现，对企业使用产品定价策略来达成市场目标具有重要的决定作用。由于互联网产品在研发生产出来之后，其复制的边际成本几乎为零，因此大部分企业都采用"免费使用"策略来吸引用户使用，等用户达到一定规模的时候，企业就开始通过增值服务或者广告进行变现。处于产品生命周期不同阶段的企业会采用不同的定价策略。比如，苹果推出新一代手机产品后，老产品需要退市，这时候下调老产品价格有利于新产品销售，也能将老产品的库存消耗掉。当然，处于产品生命周期不同阶段的企业可以灵活地采用不同的定价策略，本书后续章节将展开介绍。

上市定价

上市定价是价值传递环节，本质上是场景化定价，也就是上市销售之前对不同销售场景的价格授权。上市定价主要参考客户价值层面的因素，包括细分市场或客户的价值定位、客户对竞争对手的价格感知、客户盈利模式、客户采购模式等。这些因素主要是从客户的视角来看待供应商的定价策略。不同客户的需求、定位、采购模式等本身就存在差异，再加上市场上竞争对手的存在，这就为差异化、场景化的定价提供了基础，也成为市场交易过程中供需双方博弈的必然要求。

上市定价包括上市（GTM，Go-to-Market）定价策略，定价项二次打包，区域或客户目录价，折扣、优惠与商务授权。上市定价通过对目录价、基本价和授权价的管理，保障定价策略落地。

目录价在前文已经提到，基本价是企业基于客户可感知的价值，考虑企业竞争因素，结合经营诉求制定的产品年度需要达成的全球平均目标价格，分为基本价价位和基本价价格。基本价价位是指全球各客户群全年平均目标扩容价，是价格交易基线，体现了企业的长期盈利能力。基本价价格是指全球全年平均目标成交价，包括所有业务场景，体现了企业当年的盈利能力。以华为为例，其运营商业务场景包括新购、扩容和搬迁等。从基本价的概念中就可以看出来，基本价是用来"牵引"企业价格目标的，有了目标也就有了方向。基本价就像一把尺子，时刻丈量着企业经营过程中价格的好坏。授权价是各级销售团队允许的交易价格。授权价是基于一定原则，授予相应层级的销售团队或合作伙伴能直接决策的底价，支持经营目标和基本价的达成。授权价体现了价格分层分级管理的思想，兼顾了商务决策及时性与风险控制的要求。

交易定价

交易定价是价值实现环节，主要考虑交易层面的因素，包括客户对交易对象价值的感知、竞争对手的模式、价格、预算、币种、汇率、付款节点、回款账期等。交易定价包括策略设计、商务报价、优惠设计和价格条款，借助模式、价位、价格、条款四个要素来支持定价策略的落地，是实现高质量利润的基础。

由于华为的运营商业务和企业业务在一线按照项目运作，强调项目是最小的经营单位，因此总部对一线的项目进行了充分的授权，包括盈利性授权和风险管理授权，销售和交付业务从立项到关闭严格按照项目进行管理。当需要决策的时候，华为会按照一定规则对项目的盈利和现金流情况进行估算，以便优化方案、支撑决策、确定目标。在这个过程中，交易定价帮助企业实现了价值的闭环。

华为的交易定价主要是以合同管理作为抓手。华为在大量合同交易的基础上，总结出了一套"6421"的合同管理法，该法对于提高合同管理质量具有十分重要的价值。

任正非强调：客户管理和市场管理一样重要，针对不同的客户要有不同的策略。对于优质客户，要做到优质优价；对于一般客户，价格要高于优质客户；对于风险客户，价格应该更高。交易定价应该包括应有的对价风险。不应为了拿下订单就一味迎合客户报低价,在售前要有价值及价格管理的能力,在售后要有项目管理及成本管理的能力,否则价值定价就是纸上谈兵,无从落实。

交易定价与产品定价、上市定价之间的内在逻辑

交易需要遵循"模式-价位-价格"的逻辑,由三段定价逐一保证。2018年,任正非在与定价管理体系部分员工座谈会上的讲话中提到,价值定价要拉通产品研发、解决方案设计、市场营销、交付、服务等多个关键活动,通过产品定价(价值构建)、上市定价(价值传递)、交易定价(价值实现)相互影响,相互衔接。基于交易定价来衡量价值实现,基于价值实现来衡量产品定价、上市定价。这样才能让三段定价在经营活动中发挥自身独特价值,同时不出现定价脱节、定价盲目的情况。

价值定价通过"产品定价-上市定价-交易定价"三段定价,在客户交易界面兑现价值。交易定价通过模式和价位设计,结合条款来保障公司未来扩容盈利,支撑公司长期可持续发展。

从客户交易界面来看,交易定价是实现企业与客户价值交换的关键环节,既不能过于激进,也不能过于保守,需要审时度势地评估价值:

第一,交易定价是客户的感受,是市场导向。对于优质客户,要体现价格上的"深淘滩"[①]。对于市场环境,不能破坏竞争协同,应以市场地位定价。

第二,交易定价是竞争定价,不是成本定价。交易定价要符合基本的商业逻辑。如果项目投标的探底忽略了竞争定价的推演,定价策略就不能很好地被执行。通过不断的成本探底获取合同,会导致企业逐渐偏离业务策略、市场策略、定价策略的原本设计初衷,也将导致后续的经营困难。如果价格过高,就会倒逼企业内部降低成本。

第三,交易定价是价值定价,不是技术定价。企业需要转变定价思路和营销

[①] "深淘滩,低作堰"是李冰父子留下的都江堰治理诀窍。华为将这句名言用在企业经营管理上:"深淘滩",是指要降低运作成本,为客户提供更有价值的产品和服务;"低作堰",是指自己留存的利润低一些,多让一些利给客户及上游供应商。

思路。企业应该思考能够为客户创造什么价值，按价值定价，而不应该思考卖给客户什么产品，按产品技术特性进行定价。

本章小结

华为定价法强调，要以用户和消费者为中心不断创新，通过不断打造有竞争力的模式，制定合理的价位，设计有竞争力的价格来确保企业经营目标的达成。在定价"三部曲"中融入企业的经营诉求和管理手段，通过持续优化改进，不断创造新的商业模式、盈利模式和报价模式，最终通过不断创新产品和服务来创造长期价值，实现经营目标。

从长期来看，企业只要解决了价值、价格、体验、成本、效率方面的问题，就能获得市场的奖励，即使面对激烈的竞争、恶劣的环境也能泰然处之。因为一旦用最高效的方式和最低的成本打造出企业持续创新和创造价值的能力，打破竞争壁垒，形成动态"护城河"，企业就能跨越周期，持续成长，获得高质量的利润，并掌握产业发展的话语权。

第三章　华为定价的配套机制

随着市场竞争越来越激烈，价格成为赢得竞争的重要因素。与此同时，市场中人力资源、原材料等各项生产要素的成本也在不断提高，这导致很多行业的利润越来越微薄。一些先知先觉的企业经营者开始意识到通过定价这个抓手可以提升企业的利润水平。这些企业经营者开始重视定价这项工作，纷纷建立起专业的定价组织，设计端到端的定价流程，并将定价管理落实到 IT 系统之中。华为就是这些先行者中的标杆企业。

华为很早就开始重视定价管理。经过多年发展，华为已经系统地构建了一套成熟的定价运作机制。早在 20 世纪 90 年代，华为就成立了专门的价格管理部门——定价中心。随着业务规模扩大、经营范围拓展以及定价管理的复杂度大幅提升，华为开始重视定价组织、定价流程和定价信息系统的建设。构建定价组织是为了明确价格管理相关方的权利和责任，让定价业务能够落实到对应的组织之中。建设定价流程是为了把优秀的定价实践固化下来，确保在业务有效增长的同时能够控制好风险。打造 IT 系统则可以帮助企业提高业务效率，降低运作成本，管控业务风险。概括地说，就是战略决定了业务，业务决定了流程，流程决定了组织，IT 系统承载了业务流程。

为了便于理解，本章先介绍华为定价组织，然后介绍华为定价流程，最后介绍华为定价系统。

3.1　定价组织：责权匹配

华为的业务遍及全球 170 多个国家和地区，涉及通信基础设施、智能终端、云计算、数字能源、智能汽车等多个领域。那么，华为是怎么构建定价组织以灵活地支撑其定价业务的呢？

这要从华为的定价业务和定价流程说起。华为的定价业务分为产品定价、上市定价和交易定价三个业务环节。产品定价主要是制定产品的标准价格，上市定价主要是制定场景化的产品价格，交易定价主要是在交易中制定产品成交价。产品定价和上市定价环节分别制定目录价（向客户提供的产品、服务和解决方案的公开列表报价）及授权价（各级销售决策团队允许的交易价格），交易定价是目录价和授权价的执行环节。

产品定价的责任人是产品线总裁，由定价委员会或者定价分委会决策批准；执行人是产品线的商业模式经理和营销运作代表。

上市定价的责任人是 BG（业务集团）总裁，由客户定价委员会决策批准；执行人是 BG 的商务管理；参与的部门包括产品线和区域商务管理。

交易定价的责任人是"铁三角"，即客户责任人、解决方案责任人和交付责任人，交易定价由各级 SDT（Sales Decision Team，销售决策团队）决策批准，由各级商务管理负责执行。

从上文介绍中可以看出，产品定价、上市定价和交易定价的责任人都是对应业务的总裁。那么，为什么要由对应业务的总裁来负责定价呢？答案就在于经营。"日本经营之圣"稻盛和夫曾经对定价有过深刻的总结，他认为定价是企业领导人的职责，定价就是定企业"生死"，定价即经营。定价、降低采购成本、压缩生产成本这三者必须联动。定价不可孤立地进行，也就是说，定价意味着对降低采购成本及压缩生产成本负责。这也是定价必须由经营者决定的原因，因为这是事关全局的一项任务。只有经营者才能统筹兼顾，做出最后的决定。

在华为，由产品线总裁、BG 总裁、区域总裁负责制定各个环节的定价策略，同时对各自业务的经营结果负责。这体现了华为一贯的经营结果导向思维，这样设计也满足了组织权责对等的设计要求。

这些组织分别承担什么定价职责呢？组织间又是如何协作的呢？下面重点介绍定价委员会、定价中心、商务部门、销售决策团队、"铁三角"这几个定价组织的职能。

◆ 定价委员会

集团定价委员会是华为制定目录价和授权价的决策组织，包括若干个产品线定价分委会和三个客户定价委员会，具体架构如图3-1所示。

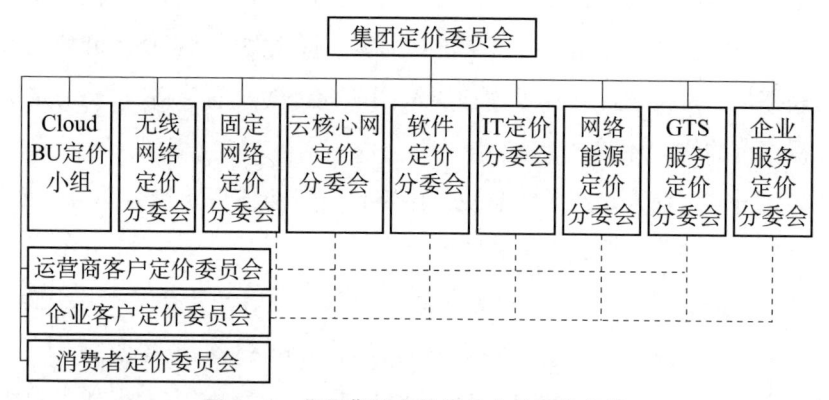

图3-1 华为集团定价委员会的具体架构

集团定价委员会是华为公司价格管理的最高权力机构，负责统一制定和管理价格。集团定价委员会的主要职责包括以下几个方面：

（1）制定定价原则、政策，即负责制定公司定价政策、定价原则（包括定价方法、定价流程、定价成本测算规则等）和价格授权原则。

（2）制定定价策略，即把握行业、市场竞争形势变化，确定战略产品的定价策略，确保战略产品的定价策略符合公司战略。

（3）制定价格授权，即负责确定各客户群（运营商、企业、消费者）的价格授权体系和模式、各BG销售决策团队交易价格的决策底线。

随着华为的产品线的扩充，对应的客户也变得越来越复杂，统一的集中管理难以及时应对市场的变化，于是华为增加了向下授权，在每条产品线建立定价分委会，在每个 BG 建立客户定价委员会。产品线定价分委会对其所负责的产品的日常定价（目录价）进行决策。由于产品线定价分委会熟悉其所负责的产品，因此让其负责制定目录价定价策略，不仅能够提升决策的准确性，还能提升决策的效率。客户定价委员会拥有除战略产品之外的产品定价权，负责决策所属客户群的产品上市定价（公司战略产品清单外的基本价和授权价）。

华为在 2018 年做了一次大的组织架构调整，整合了运营商 BG、企业 BG、网络产品与解决方案、Cloud&AI 产品与服务业务，形成了 ICT 基础设施业务组织。为了支撑并服务好 ICT 业务，华为对定价委员会也做了相应调整，华为从原集团定价委员会中拆分出了 ICT 定价委员会，其具体架构如图 3-2 所示。ICT 定价委员会相较于原来的集团定价委员会，主要是将消费者定价委员会拆分出去了。由于消费者产品不同于 ICT 产品，更具特色，具有相对的独立性，因此将其拆分出去有利于消费者定价委员会更自主地进行产品定价决策。

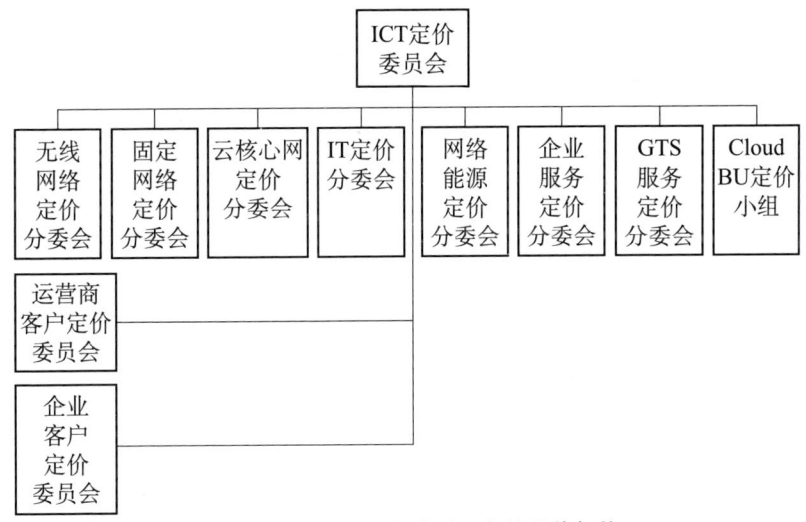

图 3-2 华为 ICT 定价委员会的具体架构

ICT 定价委员会具有战略产品定价批准权，并负责 ICT 定价政策及定价原则的批准。ICT 定价委员会下面分别设立产品线定价分委会和客户定价委员会。产品线定价分委会具有全球目录价批准权、基本价（全球平均成交价）建议权。客户定价委员会具有区域/大 T 目录价、基本价、授权价批准权，以及战略产品定价建议权。

ICT定价委员会的核心成员包括：ICT定价委员会主任（公司轮值董事长或轮值CEO）、BG定价委员会主任（BG总裁）、BU定价分委会主任（BU总裁）。

定价分委会的主要成员包括：SPDT（Super Product Development Team，超级产品开发团队）经理、MO（Market Officer，营销运作代表）、销售总监、财务总监、定价分析师等。SPDT经理一般由产品线总裁担任，MO负责具体的定价策略的制定，其他成员提供相关的赋能及数据服务，支撑MO完成定价策略的分析与制定。

定价委员会的运作机制是：定期举行委员会会议；各产品线可以根据其需求设置二级或多级分委会，公司级或BG级通常召开年度或半年度定价委员会会议，二级或多级分委会季度会议或月度会议由主任发起，可临时召开；定价委员会是决策机构，议题在上会前需要进行线下评审，没有经过预审的议题原则上不得上会；预审通常由定价委员会的秘书机构组织完成；对于会上"悬而未决"的问题，如其属于紧急问题，则会后完善后不再组织单独会议，而是直接采用委员会签字方式完成；定价委员会主任不参与投票，但保留一票否决权，不能形成决议的议题可以上报上一级委员会；决议遗留事项由秘书机构进行跟踪监督及落实。

◆ 定价中心

定价中心是华为定价业务的行政管理组织，同时也是定价委员会的参谋部门及"秘书"，处于在决策与执行中间转换的位置。这里"秘书"之所以加了引号，是因为其组织职责中有一部分是支撑定价委员会或定价分委会开展各种事务性工作，如政策下发、组织汇报、例会召开、日常工作管理等。

华为在1997年左右成立定价中心，此时华为已经成立10年左右，正值相关的管理体系开始规范建设阶段，这也是华为定价体系专业化建设与运作的开端。在20多年的发展过程中，定价中心逐渐形成了其独特的组织定位，即定价中心是"华为公司定价业务的责任部门（Owner）、专业能力中心（Center of Excellence，COE），对端到端定价业务（含上市定价、交易定价）的管理负责，类似于中国政府组织机构中的发改委，利用价格杠杆撬动经营[①]"。

定价中心刚开始成立的时候属于市场与营销体系，华为这样做是为了使其能够快速响应客户需求。2013年，定价中心依然归属于市场与营销体系，但此时其工作内容和成果需直接向营销与解决方案部的领导汇报。这种汇报模式强调定价对业务的支持，合适的定价能支撑业务快速发展。但随着业务规模的扩大，华为更加强调持续、健康增长，开始酝酿把定价中心划归到集团财经，对公司价格体系进行端到端管理，以避免市场与营销体系制定比较激进的定价策略。到了2014年，华为将定价中心正式划入集团财经，定价中心主任直接向CFO汇报。划入集团财经之后，定价中心更加强调风险管控与经营管理，通过新技术建立产品价值定价模型，通过CIF（全球统一到货价）定价加强向一线授权。

2017年，时任轮值CEO徐直军在定价业务对标工作中指出：定价中心作为整个公司定价业务的Owner、COE，要把周边的定价业务打通，把各种定价组织协同起来，把与定价业务相关的周边组织的能力提上来。

从中可以看出，定价业务要对准经营活动。定价中心不仅是定价业务的管理部门，而且还是定价能力的建设部门。要想持续对周边业务部门输出定价能力，就需要懂得商业成功的逻辑、懂得通信产业发展的趋势、懂得具体产品通信技术形态的变化。这需要建设专业的团队，提供定价市场洞察、定价模式设计等服务。因此，华为在2018年对定价中心的组织架构做了进一步优化调整，成立了经营定价部和定价规划部，如图3-3所示。

其中，定价规划部负责定价市场洞察（Marketing Insight，MI）、定价战略与策略制定、定价模式MPG（Model，Policy Guidance，包括定价模式设计、定价政策制定、定价操作指导输出）、定价体系和基准设计等。产品定价管理部负责各个产品线的定价管理。客户定价管理部负责上市定价管理、价格授权管理及突破授权项目的成本测算（包括总成本测算及制造成本测算）、客户交易台管理。

---

① 这是时任首席财务官（Chief Financial Officer，CFO）孟晚舟在2017年的定价业务全景图工作指导中所提出的。

```
                          定价中心
                            |
              ┌─────────────┴─────────────┐
           质量与运营部                  HRBP
              |
  ┌───────┬───────────┬───────────┬──────────┬──────────┐
定价规划部 产品定价管理部 客户定价管理部 经营定价部  定价审视部

定价规划部：
- 定价MI
- 定价战略与策略制定
- 定价模式MPG
- 定价体系和基准设计
- ……

产品定价管理部：
- 无线与网络
- IT与云
- 软件与服务

客户定价管理部：
- 上市定价管理
- 价格授权管理
- 成本测算
- 客户交易台管理

经营定价部：
- 基准成本管理
- SSP制定
- 内部产品定价（含CIF价）

定价审视部：
- 定价审视
- 价格预测
- 制造毛利预测
```

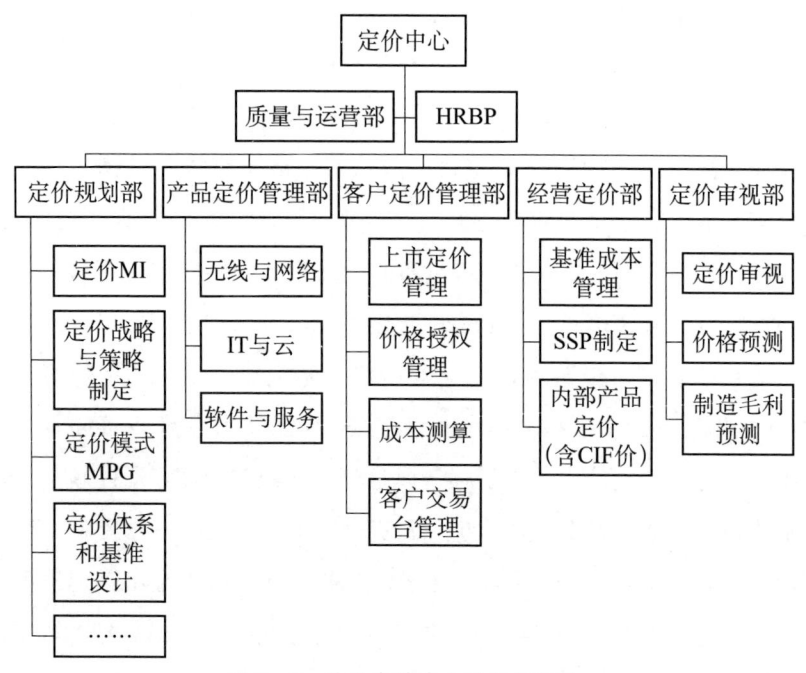

图3-3 华为定价中心的组织架构

经营定价部负责内部产品定价（含CIF价）、SSP（独立销售价格）制定及基准成本管理（基准成本是GP授权的基础，主要包括制造成本、GTS一年保修费用、研发费用、平台分摊的管理费用、财务费用、销售费用）。定价审视部负责定价审视、价格预测和制造毛利预测。质量与运营部负责定价流程的建设及运营、定价数据的管理、定价IT系统的建设与运营。HRBP（Human Resource Business Partner，人力资源业务合作伙伴）负责结合定价业务的诉求和痛点，组织制定HR（Human Resource，人力资源）解决方案，将定价业务需求与HR解决方案结合起来落地实施。

从华为定价中心的组织架构的设计来看，定价中心具有以下四大价值：

（1）定价战略与策略的制定者。定价中心负责支撑制定SP/BP定价政策规则；制定并发布定价政策规则，同时要确保定价政策规则落地执行。

（2）价值定价的引领者。定价中心完成了从跟随者到领导者角色的转变，引导定价从竞争定价走向价值定价。

（3）价格管控的执行者。定价中心负责定价内控、定价绩效的度量和管理、定价成熟度的度量和管理。

（4）定价业务向端到端转变的驱动者。定价中心使定价业务从段到段转变为端到端（组织、流程、IT系统）；负责定价管理体系和管理机制的建立；负责定价能力的提升。

◆ **商务部门**

商务部门是支撑定价委员会下属的客户定价委员会展开上市定价工作的执行者。一般由商务部门提出产品上市定价的详细方案，客户定价委员会的责任人负责批准。在制定上市定价策略的过程中，商务部门需要与定价中心等周边部门进行协同，避免上市定价策略与企业经营活动的脱节。

商务部门是华为负责合同商务管理的部门。华为在每个BG下面都设有商务部门，这些商务部门可能名称上略有不同，但是承担的职责大体是类似的。

从企业BG来看，其合同商务管理由商务部门负责。商务部门下面有商务管理部、渠道商务部、合同管理部。商务部门的业务主要可以分为以下几个部分：

（1）商务授权，包括一级销售伙伴授权、渠道价差设计、促销计划制订。

（2）特价管理，包括特价流程制定、特价稽核。

（3）价格信息收集，包括内部、外部相关价格信息收集及IT系统支撑。

（4）商务分析，包括成交价格分析、市场价格分析、定价策略回顾。

商务管理部负责建立渠道商务授权管理机制，组织制定产品渠道授权价；建立特价管理机制，管理特价项目商务预审、审批组织及商务数据；核算、评审合同设备价格，建立商务数据中心；拟制与优化特殊商务审批流程、建设IT系统并管理流程遵从性。

渠道商务部负责渠道业绩激励政策的执行，包括渠道业绩核算与发布管理、激励核算、发布与兑现管理；渠道进销存管理；渠道特价项目真实性管理；渠道电子交易平台框架建设，以及业绩激励、进销存、特价真实性管理等相关功能的流程优化与IT系统建设。

合同管理部负责合作协议和合同文本及文档管理；合同交易质量提升；商务条款评审、泛商务条款标书应答及投标决策的组织；合同评审与决策及合同签订的组织；合同签审流程的制定与优化、IT 系统的建设及流程遵从性管理。

从运营商 BG 来看，合同商务管理由合同商务及履行管理部承担。合同商务及履行管理部（CCFM，Contract Commercial Fulfillment Management）是华为公司统一的交易管理部门，是端到端的合同管理部门，负责全流程合同管理，在华为公司全球项目合同商务管理中发挥着重要作用。该部门主要负责公司的商务投标、商务谈判、商务授权与评审和决策支撑、综合商务方案分析、合同履行管理等，是华为的合同"代言人"，也是华为合同质量的"守护神"。

◆ 销售决策团队

销售决策团队（SDT）是华为定价组织体系中负责交易定价决策的团队。销售决策团队有多大的价格决策权取决于定价委员会给各级销售决策团队授予了多大的价格决策空间。当交易价格突破地区部授权时，需要商务部门组织 BG 的 SDT 进行决策。决策的重点是进行成本测算，由定价中心输出测算的总成本。在极端商务情况下，定价中心还需要测算制造成本。

交易定价的决策层级取决于上市定价对各级销售决策团队的价格授权情况。华为设置了四级销售决策机制，如图 3-4 所示。这四级分别是代表处销售决策团队（CO SDT）、地区部销售决策团队（RSDT）或大客户系统部销售决策团队（KA SDT）、业务集团销售决策团队（BG SDT）和公司销售决策团队（CSDT）。各级 SDT 在其授权范围内进行决策，超出本层级决策团队决策范围的合同必须上报上级 SDT，由上级 SDT 进行决策。

SDT 具有交易定价的决策权。为了降低 SDT 的决策风险，华为在 LTC 流程中设置了专业评审机制，由投标经理或者合同商务经理组织解决方案、服务交付、财经、商法等相关部门的评审人向 CC3（"铁三角"）和销售决策团队提供专业服务、风险评估和质量分析。

这样做就将建议权和决策权进行了分离，便于团队各司其职，既加强了评审

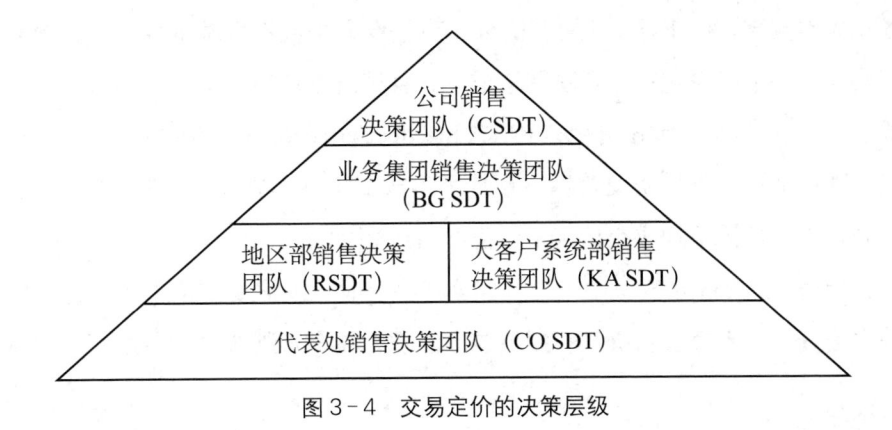

```
         公司销售
       决策团队（CSDT）
      业务集团销售决策团队
         （BG SDT）
    地区部销售决策  │ 大客户系统部销售
    团队（RSDT）   │ 决策团队（KA SDT）
      代表处销售决策团队（CO SDT）
```

图 3-4　交易定价的决策层级

团队的专业化建设，又避免了 SDT 既当"运动员"又当"裁判"的不利影响。这种机制对 SDT 的好处是：变多头决策为综合决策，能更好地平衡战略、财务、风险；提升决策效率，聚焦决策要点；提供充分的信息支撑，避免盲目决策。下面具体分析 SDT 决策机制。

SDT 决策机制遵循组长决策原则。CO SDT 组长为代表处代表，RSDT 组长为地区部部长，KA SDT 组长为大 T 系统部部长，BG SDT 组长为 BG 总裁，CSDT 组长为公司轮值 CEO/轮值董事长。

各级 SDT 的成员由各级销售、解决方案、交付、商务、财务等职能部门负责人组成。以 CO SDT 为例，其成员主要包括代表处代表、销售副代表、交付副代表、产品与解决方案副代表、合同商务部部长、代表处 CFO、系统部部长。CFO 是各级销售决策团队的常设成员，CSDT 以下各级销售决策团队的 CFO 具有"一票升级权"，即当各级 CFO 在销售决策中有不同意见时，同级 SDT 不再拥有决策权，应升级到上一级 SDT，由上一级 SDT 进行决策。

SDT 的决策点有三个：盈利性、风险、现金流。只要三个决策点中有任何一个突破了本层级 SDT 的决策范围，就需要上升到上一级 SDT，由上一级 SDT 进行决策。

各级 SDT 按月度、季度、半年度例会的频率对所负责业务的经营结果进行定期审视，并结合市场竞争判断对业务策略和报价策略做出有效调整。

当价格突破地区部授权范围，上升到 BG 决策时，就需要定价中心进行项目设备总成本测算，以支撑 BG 总裁决策。项目设备总成本由基本成本、其他期间费用构成。基本成本包括不含税制造成本、直接研发费用。不含税制造成本＝标准成本＋差异分摊＋保修费用＋IPR（Intellectual Property Rights，知识产权）费用＋跌价准备。直接研发费用＝预计平均成交价（不含税）×研发费用率。其他期间费用＝预计平均成交价（不含税）×总吃水线。

当价格突破 BG 授权范围，上升到公司决策时，就需要定价中心进行项目制造成本测算，以支撑公司决策。制造成本＝物料成本×制造费用率。

◆ "铁三角"

"铁三角"是华为与客户在合同层面的统一沟通界面。在涉及交易定价事项时，由"铁三角"向销售决策团队申请盈利性、风险、现金流决策。因此，可以将"铁三角"看成交易定价业务的实际责任人，其负责执行华为公司定价委员会、定价中心、商务部门等各级定价组织制定的商务政策和策略。

华为 2006 年的销售收入达到了 656 亿元，特别是海外销售收入，其所占比例突破了 65%，但华为一些海外项目的运作中也暗藏危机。2006 年，在苏丹电信项目的招投标中，在只有一个竞争对手的情况下，华为却完败于竞争对手。当时整个团队都懵了，这对华为来说是前所未有的巨大打击。事后，华为客户线（销售）、产品线（技术）、交付线（项目执行）的三个团队一同反思复盘，找到了两大根本性问题：

问题一：销售前端掌握的信息无法快速传递到后端，产品解决方案无法完全满足客户的要求，交付能力也不能让客户满意。客户的需求信息在传递过程中快速衰减。

问题二：华为的组织与客户的组织不匹配。华为的客户经理"单兵作战"，要同时应对客户采购、工程、维护三大部门的需求，专业性不够。

在经历了痛苦的失败后，华为认识到企业内部不仅需要更多协同，而且需要"一专多能"，而不是"铁路警察各管一段"。由此诞生了以客户经理（销售）、产品经理（技术方案）和交付经理（项目管理）为核心的华为"铁三角"。

"铁三角"是项目制跨功能团队,承接从机会点验证到合同关闭的端到端职责,是华为与客户在合同层面的统一界面。实行"铁三角"组织结构,能够更好地实现以客户为中心,加强营销要素及其协同,提升华为竞争力,提高客户满意度。一个常见的"铁三角"项目组织结构如图3-5所示。

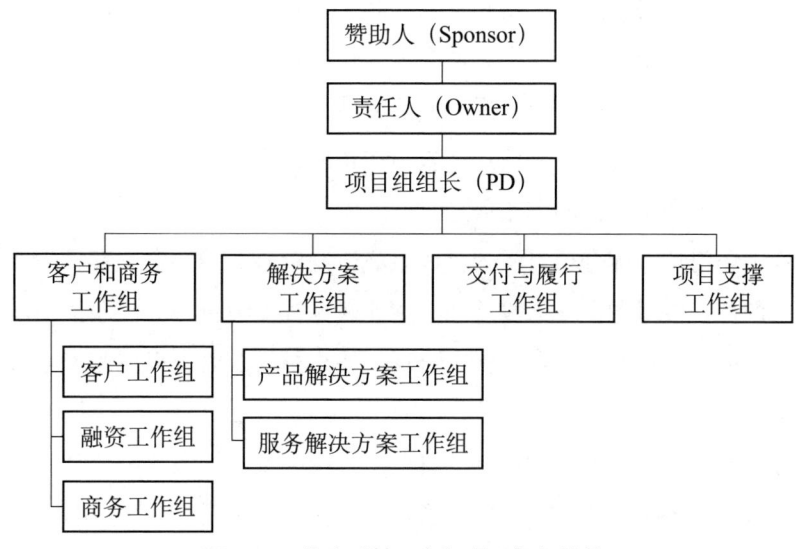

图3-5 华为"铁三角"项目组织结构

在"铁三角"的项目组中,项目组组长(Project Director,PD)负责项目的日常运作管理。其职责具体包括:管理项目组整体运作的全流程,协调各方资源,保证资源及时、有效到位;对项目质量,如合同质量(商务、回款、解决方案竞争力等)、项目运作质量(对流程的遵从)、项目输出件质量(如《立项决策报告》《合同签约决策报告》等)负责,并对项目信息和数据［如iSales(智能销售平台)中机会点的信息和概算、融资、交付等需要的基础数据］的及时、准确提供负责;负责从整体上把握项目成本,为决策提供依据,对项目的风险分析、评估和管理负责,对项目的信息安全负责,对项目组核心成员的绩效进行评定;等等。

"铁三角"分别是客户和商务工作组、解决方案工作组、交付与履行工作组三个组的组长,同时也是项目组核心成员。下面具体介绍"铁三角"的成员构成及其在交易定价中承担的主要职责。

"铁三角"的第一个角是客户和商务工作组的组长,即客户经理,或者叫作销售经理,简称 AR(Account Responsible,客户负责人)。AR 是客户关系和可盈利销售的总体责任人,主要负责客户关系的建立和维护、合同商务谈判、合同和 PO(Purchase Order,采购订单)的签署、回款、争议问题的解决;财务概算的组织、定价策略、融资策略和条款的制定及相关风险的识别;等等。

当然,这么多职责并非只由 AR 一个人承担,而是由客户工作组、融资工作组、商务工作组三个小组的人员提供专业支持。

客户工作组负责搜集项目信息,包括在拓展、投标、谈判等项目阶段涉及的客户、竞争对手和第三方的相关信息。

融资工作组负责配合项目组的整体策略,制定有效的融资方案;积极向多家金融机构询价,做好融资方案收益和成本比较;确保项目融资活动按照华为相应的流程和制度进行,对于项目融资中出现的违规行为及时予以披露和上报,并采取相应措施加以遏制。

商务工作组负责在答标和谈判等阶段对投标书及合同条款的合理性、可行性(包括投标商及产品资格、投标货币及汇率风险、报价方式、付款方式、融资、现金流、保函、物流、保险及风险转移、延迟罚金、争议解决等事项)和清晰性负责;对项目的概算、商务测算负责;对项目整体商务投标质量(包括贸易、付款、融资、现金流、税收、保函、法律、物流等事项)负责,并按规定提请相关部门协助。

在华为的销售体系中,客户经理的职责不只是卖产品,而且要作为客户的代表。其最终的职责是理解客户需求,并根据客户的业务需求,站在客户的角度向公司提出要求,而不是站在客户的对立面。客户经理对客户满意度负责,是整个"铁三角"的核心。在华为内部,每一个销售项目在执行 LTC 流程的过程中,都有一个全程对客户满意度负责的客户经理。

"铁三角"的第二个角是解决方案工作组的组长,即方案经理,简称 SR(Solution Responsible,解决方案负责人),SR 是技术和服务解决方案的总体责任人,主要负责提供解决方案、管理产品需求、设计产品与方案、报价与投标、解决技术问题,确保客户所需的解决方案与华为提供的解决方案及战略保持协调；识别解决方案中的风险，制定风险规避措施；负责解决方案的总体规划和配置，包括销售物料清单（Sale Bill of Materials，SBOM）、配置清单（Bill of Quotation，BOQ）以及需求预测。

方案经理的主要职责是从产品的功能、特性、兼容性和匹配度等方面思考，帮助客户解决问题，提高产品与解决方案的竞争力。这就意味着方案经理制定的解决方案既要能满足客户需求，体现客户价值，又要能形成差异化竞争力，使华为获得合理的回报。

"铁三角"的第三个角是交付与履行工作组的组长，即交付经理，简称 FR（Fulfill Responsible，交付负责人），是客户履行满意度的总体责任人，主要负责从订单签订、产品制造、产品运输、产品安装到交付验收的项目管理，保障合同成功履行，确保华为和客户双方都完全履行了合同义务。如果在项目履行过程中有争议问题，FR 还需要负责争议问题的解决。

在"铁三角"销售体系中，华为要求 FR 全程参与项目，即参与从立项到签订合同的全过程，全面了解项目的"前因后果"，并发表自己的专业意见。因此，在售前阶段，FR 需要进行工程服务需求与可行性分析，制定工程服务投标方案；对工程服务进行竞争和风险分析，对工程服务方案的竞争力负责，对工程服务交付的主要风险进行合理规避；进行工程服务方案的报价和商务申请，为工程服务方案的商务决策提供依据；参与工程服务方案的标后澄清和合同谈判。

客户经理、方案经理和交付经理恰好共同构成了一个三角形的攻坚团队，彼此支持、密切配合。通过极其迅速的响应机制，华为能够在最短时间内，实现端到端及时响应客户需求，为客户提供全面的解决方案，将做好销售工作最需要的进攻性与协同性融于一体。

"铁三角"的组织模式打破了华为内部部门之间的壁垒，实现了组织内及时、高效的沟通，增强了组织整体的市场敏感性，提高了对客户需求的响应能力。

对"铁三角"销售团队的考核指标主要包括合同财务、卓越运营和客户满意度。合同财务指标包含收入、利润、现金流和成本达成情况；卓越运营指标包含业务、质量、时间和预算等合同条款履行情况；客户满意度指标则包含客户体验、问题解决和关系维护情况等。

3.2 定价流程：闭环拉通

在商业领域，流程是聚焦于客户价值实现，由一系列可重复、有逻辑顺序的活动构成，每个活动将一个或多个输入转化成明确的、可衡量的输出的过程。

华为轮值CEO徐直军认为，流程是业务的一种表现形式，是优秀作业实践的总结和固化。建设流程的关键就是拉通各个业务环节，梳理业务中的最佳实践，使得总体的效益最优。

华为的流程体系涵盖华为业务的方方面面，分为执行类流程、使能类流程和支撑类流程。执行类流程是客户价值创造流程，端到端地定义了为完成对客户的价值交付所需的业务活动，并向其他流程提出需求。使能类流程响应执行类流程的需要，用以支撑执行类流程的价值实现。支撑类流程是基础性的流程，为使整个公司能够持续、高效、低风险运作而存在。执行类流程包括IPD流程、LTC流程等。使能类流程主要包括开发战略到执行战略、管理资本运作、管理客户关系、服务交付、供应链、采购等。支撑类流程包括管理人力资源、管理财经、管理业务变革与信息技术等，而管理财经下面包括管理定价。华为的流程体系大大提高了华为公司管理的效率，降低了管理的成本，扩大了利润空间，也为华为的持续发展提供了保障。

在华为的端到端定价流程中，需要重点了解的是IPD流程、LTC流程、管理定价流程，下面将一一介绍。其中IPD流程和LTC流程是承载产品定价、上市定价和交易定价业务的核心流程。管理定价流程是支撑类流程，主要为定价业务赋能与提供支持服务，对流程进行端到端的管理，促进核心流程之间的协同。

◆ **IPD流程**

1998年，华为的销售额达到了89亿元，员工数大约为9 000人，研发经费超过8亿元。这一年，华为在中国传统交换机市场的份额达到22%，在接入网市场的份额超过50%，在智能网、接入服务器等产品市场的份额超过30%，在光网络产品市场的份额为10%，其业务开始向移动通信领域扩展。

在当时中国即将加入WTO的背景下，通信和信息技术市场即将全面开放，信息技术产品"零关税"的时代即将到来，华为意识到必须为即将到来的白热化市场竞争做好各方面的准备，对开发模式和开发方法进行一场彻底的变革势在必行。而此时，管理上的"短板"却日益制约华为业务的发展，这主要表现在以下几个方面：

（1）在收入快速增长的同时，毛利率却在逐年下降；

（2）客户需求与华为提供的解决方案的差距在扩大，且客户需求在开发过程中一变再变；

（3）产品开发周期是业界平均开发周期的两倍以上；

（4）有相当一部分研发资金所支撑的产品在上市之前被取消；

（5）新产品收入占销售收入的比率一直停滞不前。

在这一背景下，华为开始启动IPD流程建设项目的调研，并于1999年正式启动IPD流程建设。

IPD流程是一套产品开发的模式、理念和方法，本质是从机会到商业变现的过程。

持续的实践、优化使华为建立了一套适合自己的、制度化的IPD流程（如图3-6所示），确保产品研发在规划阶段能够选择做正确的事，在实现阶段能够持续、稳定地交付高质量产品，从而大大提升产品的竞争力，缩短产品开发周期，降低产品开发成本。

IPD流程最早面向的是运营商客户。随着华为的业务拓展到消费者和企业领域，这些新业务的商业模式、产品形态、架构模型、投资决策模式、开发模式、运营模式等跟传统业务差异较大。经过十余次的迭代、优化、演进，华为的IPD流程中最核心的集成Offering（产品包）开发子流程按业务场景可细分为设备、跨产品技术、服务产品、独立软件、消费终端、芯片/器件/模块、智能汽车解决方案、生态型产品。

IPD流程是华为产品价值构筑的源头，也是产品定价业务的承载流程。产品商业模式设计与产品定价贯穿从产品规划到实现的整个过程。华为在产品的规

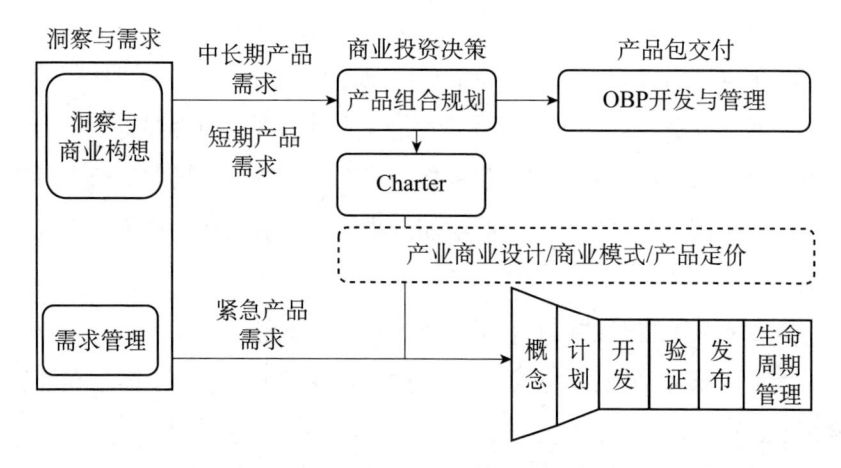

图 3-6 华为的 IPD 流程示意图

注：Charter，产品任务书，是一份非常详细、完整的商业报告书，产品需求相对固定、产品质量及稳定性要求较高。OBP，Offering Business Plan，产品包商业计划书，适用于产品需求变化频繁、需快速响应的敏捷开发场景。

划、开发阶段就思考产品的定价问题，这为产品的商业成功奠定了坚实的基础。在 IPD 流程中，商业模式设计及产品定价活动被嵌入相关活动之中，主要体现在以下几个方面：

（1）商业模式的洞察与分析。在洞察与商业构想阶段，需要洞察产品商业模式、产品定价模式。需求洞察团队的洞察分析师需要洞察客户的商业模式及趋势，分析客户的采购模式及行为、竞争对手的商业模式/定价模式、最终用户的消费模式。

（2）定价策略的制定。在概念阶段，需要制订业务计划和端到端项目计划，确定各阶段产品的基本规格、大致上市时间、产品定位、定价和所要达成的市场目标。在验证阶段，需要基于更新的成本和收入评估，进行产品定价并准备一份"定价书"，清晰地列出批量折扣、折价品和其他优惠保证的条款和条件。在生命周期管理阶段，需要根据市场变化分析竞争对手的定价策略，寻找差异，并决定是否跟进打击（持续）；同时根据销售目标及竞争战略主动实施定价策略，达到目标销量或目标市场占有率（持续）。

（3）许可设计。由于软件许可能够提供多个价格点以满足更多客户的需求，从而获得更多的市场份额，因此，许可设计是软件类产品以及硬件、软件许可定价落地的关键环节。结合技术评审（Technical Review，TR）点来看，应在产品需求和概念评审点前确定许可业务需求（包括客户、竞争对手、行业分析）、许可服务性需求；在产品需求分解和规格评审点前进行商业模式分析，确定许可策略和控制项目基线、许可设计规格、许可测试计划；在总体方案评审点前完成许可控制项确定和许可申请；在 TR4（模块/系统评审）点前完成 LIB 库集成和许可功能开发；在集成测试评审点前完成许可功能测试和非商用许可文件申请；在样机评审点前确定许可报价项和控制项目的对应关系、许可配置说明和开局操作指南；在测试发布评审点前完成 BETA 实验局许可商用申请。

（4）报价配置器的开发。在模块/系统评审点—样机评审点这个时间段，需要完成：开发产品配置手册、制定集成配置器开发计划、开发产品 SBOM、开发 S2B 算法（SBOM to BBOM）、开发服务 BOM、开发服务 BOM 算法、产品配置算法测试、开发产品目标销售模型、开发折扣模型、定义业务字典、开发系统功能、产品数据集成 & 集成配置器系统集成、系统功能测试。在样机评审—测试发布评审这个时间段，需要完成：产品和工程价格录入、价格集成、服务价格录入、系统服务配置算法测试、配置器系统验证测试、集成配置器就绪公告、配置器系统 S2B 算法测试。

◆ **LTC 流程**

2007 年，华为的合同销售金额达 160 亿美元（约为 938 亿元），营业利润率却只有 9.7%。此时华为内部的销售流程存在很大的问题，主要表现在以下几个方面：

（1）单纯基于授权价和条款进行决策，缺乏财经要素，不注重盈利，导致合同签约质量不高。

（2）没有跨部门的结构化流程，没有统一端到端拉通，导致项目运作质量差。

（3）不同业务部门使用互不联通的业务系统，产生大量数据"孤岛"，导致业务流程效率低下，影响客户体验。

这些现象让销售线明显感觉到销售流程跟不上业务发展需要，因此华为管理层在2007年开始酝酿，于2008年正式启动LTC流程变革项目，并将其确定为核心重大变革项目，由董事长担任项目赞助人（Sponsor）。

但是，LTC流程变革项目涉及华为公司正在运行中的所有销售业务，变革的困难程度可想而知。有人曾比喻，LTC流程变革项目就像在高速公路上给疾驰的汽车换轮胎。正因为如此，所以华为将LTC流程变革项目分成几个阶段开展：问题调研、方案设计、IT系统开发、区域试点、流程推广、问题收集等。该项目持续进行了10年，直到2017年才完成。

LTC流程变革的效果是显著的：2008年，华为全球销售额达到233亿美元（约为1 252亿元），同比增长46%；营业利润率达到12.9%，同比增长33%。总体来看，LTC流程变革给华为带来了三方面的价值：高效运营、优质交易、有效增长。

通过LTC流程变革，华为实现了从销售线索管理系统到订单软件、配置价格报价工具、发票/收款系统，再到全功能的客户关系管理的转变。LTC流程使销售团队可以快速抓住销售渠道中的机会并推进业务流程，其中最核心的子流程是管理线索、管理机会点、管理合同执行及管理授权和行权，具体流程如图3-7所示。

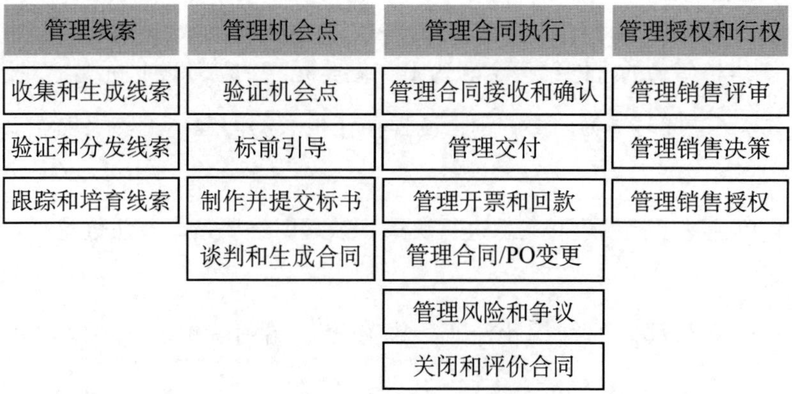

管理线索	管理机会点	管理合同执行	管理授权和行权
收集和生成线索	验证机会点	管理合同接收和确认	管理销售评审
验证和分发线索	标前引导	管理交付	管理销售决策
跟踪和培育线索	制作并提交标书	管理开票和回款	管理销售授权
	谈判和生成合同	管理合同/PO变更	
		管理风险和争议	
		关闭和评价合同	

图3-7　华为的LTC流程示意图

LTC流程是获得销售机会、线索，到提供解决方案以及签订商务合同，再到项目的交付或者合同的履行以及回款的全流程，本质上是通过协同的方式实现产品的商业价值。下面结合交易定价的相关活动，具体介绍可以被看成交易定价业务的承载流程的LTC流程。

交易定价相关活动主要落在管理机会点、管理合同执行、管理授权和行权三个子流程中，主要体现在以下几个方面：

（1）合同商务策略制定。管理机会点流程主要是通过组建销售项目的"铁三角"团队，对机会点进行评估和跟进，参与招投标，最终将机会"装到口袋里"，即签订书面合同的过程。该流程的主要活动包括客户分析、机会点评估、合同订单分析（技术和商务价格）、制定商务模式与定价策略、设计合同条款、参与招投标、签订合同等，最后输出订单/合同。

（2）合同评审与决策。在投标决策和合同签约决策的过程中，代表处合同商务经理组织完成解决方案、服务交付、商法、财经四个专业评审（可向上级评审人求助），必要时启动商务测算，进行盈利分析，为项目决策提供依据。代表处决策组织人（合同商务经理）将评审结果及其他决策材料发送给代表处SDT，由代表处SDT进行项目决策。代表处SDT根据评审意见等决策支撑材料，结合代表处授权内容（在代表处SDT授权内），给出决策意见。如果发现商务或合同条款等超出代表处授权范围，则代表处SDT应请求升级到大T系统部SDT或者地区部SDT。在升级前，代表处SDT需要给出决策意见。大T系统部SDT或地区部SDT参考代表处SDT意见，以及相关部门评审意见等决策支撑材料，给出最终决策意见。如果发现商务或合同条款等超出大T系统部或者地区部授权范围，大T系统部SDT或地区部SDT应请求升级到业务集团SDT。在升级前，大T系统部SDT或者地区部SDT需要给出决策意见。

（3）合同交付与回款。管理合同执行流程主要是执行合同（履约），包括从生产、制造、物流、安装、调试直至客户验收、开具发票、收回货款，并关闭合同的全过程。这一流程和华为的其他流程会有很多流程接口。合同签订后即可进入管理合同执行阶段。管理合同执行阶段由交付经理牵头，客户经理和方案经理的工作也一直要延续到合同关闭。客户经理需要负责回款和客户的管理及维护，方案经理需要负责进行方案澄清和相关沟通。

在进行合同变更决策或者合同关闭决策时，交付责任人进行文档交接，采购订单专员接收 PO。若合同发生变更，则应启动合同变更评审及决策，销售决策团队给出决策意见（需根据变更损失提交给相应的销售决策团队决策）。合同变更是契约化履行的要求，电信工程项目难免发生变更，变更决策同样需要考虑盈利和风险。

在合同交付和开票完成后，由销售决策团队给出明确的关闭合同的意见，合同经理完成合同关闭。合同关闭是管理合同执行流程的活动，是流程闭环管理的关键一环。在关闭合同时，需要对合同进行分析评价并总结经验教训。决定是否关闭合同时要重点关注合同是否履约完成、收入是否确认、回款是否完成，同时需要做好合同关闭的经营分析，以支撑合同关闭决策。标准化的合同关闭可以解决或规避合同中的问题、风险和争议，降低法律风险。

◆ **管理定价流程**

管理定价流程是管理财经下面的二级流程，其下面有管理商业模式与定价规划、管理产品定价、管理模式/价位/价格授权、管理上市定价、管理交易定价、管理经营定价、管理定价审视与预测多个子流程。管理定价流程符合 PDCA（Plan、Doing、Check、Action，计划、行动、检查、处理）原则。管理定价流程的子流程如图 3-8 所示。

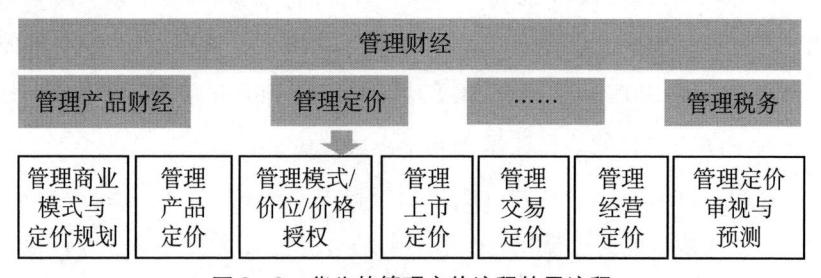

图 3-8　华为的管理定价流程的子流程

管理商业模式与定价规划：使能价值构建（通过提供专业的商业模式与定价规划服务增强业务部门的价值构建优势），洞察并适应行业发展变化，实现定价对准战略与经营，系统提升产品定价规划能力。其主要的活动包括：定价模式（标准模式、例外模式）规划、定价政策（标准政策、例外政策）制定、定价策略（公司定价策略、产业定价策略、市场价格策略）管理、定价对象（销售报价项、客户报价项、产品配置项、核心模块、客户报价模型、典型配置）管理等。

管理产品定价：分析产品价值点、对标竞争对手分析、定价量纲设计、定价项设计、目录价制定与落地。

管理模式/价位/价格授权：公司对模式、价位、价格的授权进行管理，如对产品的价位授权范围、价格授权范围的管理。

管理上市定价：分客户、分渠道制定授权折扣体系，授权价格落地；进行盈利性授权、折扣授权、模型单价授权，并对授权执行情况进行管理。

管理交易定价：交易的模式设计（模式适配）、价位与价格（配置报价、商务申请与决策、特价审批与闭环、渠道价格）管理、条款与条件设计、商务价格评审与决策、决策条件（决策结论闭环、关键假设闭环）管理、商务变更（价格变更、模式变更）管理、商务风险与争议管理。

管理经营定价：对内部跨产业（不同产业之间）、跨产品（不同产品线之间）结算价格等进行管理；制定结算价格政策、规则；制定拆分原则；等等。

管理定价审视与预测：统计与分析产品在不同客户群与地区之间的价格执行数据，审视定价策略是否合理，对价格进行预测。价格评估与预测的意义在于对定价策略进行监控与回顾，形成优化建议、盈利预警，并根据结果及时调整授予各级管理者的价格决策权的大小。

华为的定价管理体系特别强调闭环管理。同样，对于价格的闭环管理而言，进行持续的评估监控就特别重要。对价格进行评估监控主要是为了建立价格评估规则，让历史可见、趋势可预测、风险可管控、决策有依据。具体如何评估价格执行的好坏呢？从价格评估的角度来看，需要从以下两个方面做好评估监控工作：其一，从价值、竞争、成本的角度做好评估；其二，从模式、价位、价格的角度做好监控。

具体而言，需要从价格表现的层面做好评估监控，分析客户单价、量价变化、价格折扣变化，从价格结算、基本价、授权价、授权包、规模、盈利等角度

（分地区、产品线、渠道）进行监控及预警。

对价格进行评估监控的关键指标主要有以下几个：

- 净折扣率：客户界面的合同交易价格中扣除销售项目直接费用后的折扣率。净折扣率＝成交净价/目录价。
- 基本价上利润率：成交净价扣除基本价之后的利润率。基本价上利润率＝（成交净价－基本价）/基本价。
- 特单率：实际成交折扣低于机构最低授权折扣的合同数占比，用来反映项目特价单申请的频率。特单率＝实际成交折扣低于机构最低授权折扣的合同数/总合同数。
- 平均成交折扣：产品在不同客户之间的平均成交折扣率，用来反映产品实际成交折扣的高低。平均成交折扣＝产品实际报价总额/目录价总额。
- 客单价：平均每个客户的实际交易单价，用来反映单个客户的交易单价高低。客单价＝实际签约成交金额/签约客户数。
- 制造毛利：成交净价扣除料本之后的毛利率。制造毛利＝（产品收入－产品成本）/产品收入。
- 销售毛利：销售收入扣除销售成本之后的毛利率。销售毛利＝（销售收入－销售成本）/销售收入。

当然，价格评估监控的内容不止上述这些指标，定价审视团队（市场代表、盈利代表、定价工程师、商务经理等）还可以基于价格评估监控的目标增加其他相关的内容，如与竞争对手的价格对比分析、重大项目的扩容价、同类产品在不同 BG 之间的价格差异等。

定期开展价格评估监控工作不仅能够及时发现价格执行中的问题，还可以驱动定价策略及时优化，更好地服务于业务"作战"。

3.3 定价系统：及时高效

华为内部通过自建或者外包的方式建设了大量的业务 IT 系统或者工具，其中定价系统集成关系如图 3-9 所示。这些系统承载了定价与经营业务流程中的数据，支撑业务及时高效地运转，降低了相关工作人员获取数据的难度，让经营管理者可以实时感知来自客户及市场的信息。

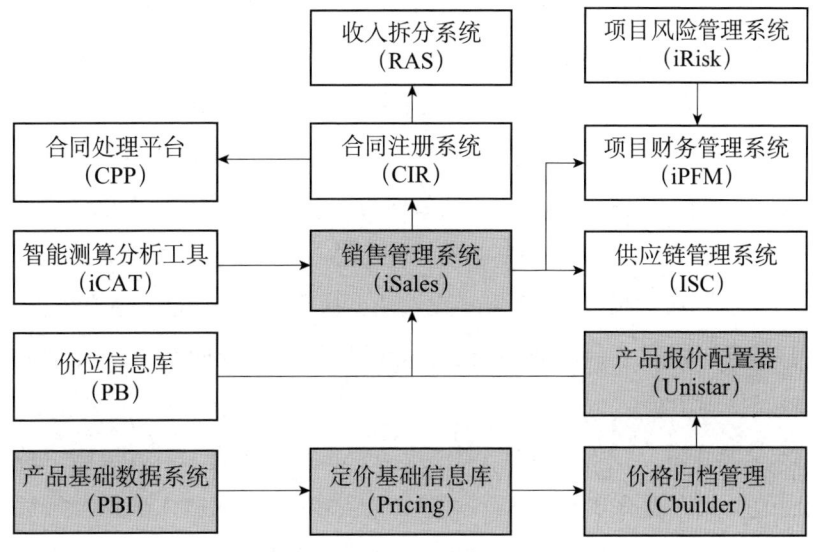

```
                        收入拆分系统              项目风险管理系统
                         (RAS)                    (iRisk)

    合同处理平台  ←    合同注册系统              项目财务管理系统
      (CPP)              (CIR)                    (iPFM)

   智能测算分析工具      销售管理系统              供应链管理系统
       (iCAT)             (iSales)                  (ISC)

     价位信息库                                  产品报价配置器
       (PB)                                        (Unistar)

    产品基础数据系统      定价基础信息库            价格归档管理
        (PBI)               (Pricing)              (Cbuilder)
```

图 3-9　定价系统集成关系

这些 IT 系统主要包括：定价基础信息库（Pricing）、产品基础数据系统（PBI）、价格归档管理（Cbuilder）、产品报价配置器（Unistar）、价位信息库（PB）、销售管理系统（iSales）、智能测算分析工具（iCAT）、合同注册系统（CIR）、供应链管理系统（ISC）、项目财务管理系统（iPFM）、项目风险管理系统（iRisk）、收入拆分系统（RAS）、合同处理平台（CPP）。

Cbuilder 负责对价格、产品、折扣类型进行管理，并向 PDE（Product Data Engineer，产品数据工程师）提供价格计算的相关算法服务，PDE 在每次发布价格时负责价格提取、价格信息归档。

Pricing 承载 COA、BOM、价格、折扣、物料成本、基准成本、基本价折扣率等关键信息，是定价中心展开定价业务重要的 IT 支撑系统。

PB 是管理历史价位信息的数据库，是价位管理的基础工具，也是各级合同决策团队制定商务决策的重要工具，其主要功能就是支撑商务评审与决策。

iCAT 是智能测算分析工具，支持对特价申请和合同草案申请进行商务测算，方便查看价格对比信息，快速得出商务评审结论，其主要目的也是支撑商务评审。

PBI 是产品基础数据系统，承载了华为产品与解决方案、技术、研发团队等的基本信息，是公司产品基本信息的唯一来源。PBI 是整个华为研发的基础数据库，是多个领域系统的数据源。PBI 专门用来管理所有与产品相关的信息（包括 COA、Part Number、产品描述、零件信息、配置、文档、结构、权限信息等）和所有与产品相关的过程信息。对这些数据的管理有利于对产品全生命周期进行管理，对文档、图样、数据进行高效利用，使工作流程规范化。整个系统包含产品编码管理、产品档案管理、产品 BOM、设计变更管理、流程审批等主要功能模块。

CPP 是合同处理平台，提供报价、定价、审计、合同录入、成套、订单拆分、关联交易等功能。

RAS 是收入拆分系统。根据 IRB（Investment Review Board，投资评审委员会）确定的公允价值拆分规则进行设备收入金额拆分，为收入确认及订货报告提供数据支撑。其主要功能包括：配置及定价信息获取、配置加工/更改、金额拆分等。RAS 记录了交易价格的相关信息：合同录入时间、地区部、国家、客户群、财务编码、产品名称、产品线名称、产品领域、子产品名称、产品型号、折扣分类、基本价、目录价、成交净价、物料成本等。

iPFM 是项目财务管理系统，承载项目"四算"（概算、预算、核算、决算）信息，主要功能是概算集成、财经要素评审、项目成本预算授予管控、经营分析、滚动预测，核心是对项目经营过程进行可视化并及时呈现。

iRisk 是项目风险管理系统，对项目风险等级进行评估与量化，对风险进行录入及跟踪管理，对风险准备金"申请—授予—使用"全过程进行监控管理。

在与定价相关的 IT 系统中，最重要的系统有两个：一个是销售管理系统（iSales），另一个是产品报价配置器（Unistar）。下面重点介绍这两个系统的建设背景及其在定价业务中的作用。

◆ 销售管理系统（iSales）

早年伴随流程端到端变革，华为建设了大量销售领域的数字化系统，如客户管理系统、合同管理系统、营销管理系统、投标管理系统、销售项目系统等。随着业务的发展和变化，这些系统在业务发展过程中出现了业务协作难、流程不通畅、功能跟不上、数据不一致等问题。

在 LTC 流程变革后，华为重新构建了以 iSales 为核心系统的数字化销售管理体系。iSales 作为销售流程的 IT 主平台，大大提高了管理效率，其功能主要表现在以下几个方面：

iSales 能够支撑售前的运作与管理，展示端到端销售的关键信息，支持机会点管理、项目立项；支持合同销售评审、决策、Pipeline（沟通确认后有采购意愿的线索）和报表管理，减少重复报告，充分展示销售项目的整体视图及端到端销售的关键信息、支持销售渠道管理并展示销售状态、准确预测销售，做到销售项目全景"可视""可回溯"。因此，iSales 的主要功能有线索管理、机会点管理、合同订单管理、销售预测管理、销售统计分析管理等。

iSales 向一线运作人员提供唯一可靠数据源，实现机会点信息可视，以帮助其了解整体动态，统一工具和模板，并整合现有系统，统一销售语言，使项目运作标准化。

华为利用 iSales 固化 LTC 流程，让整个销售业务的人力资本大幅增值，流程也更加规范化。在所有业务中，客户经理的标准动作、产品解决方案经理的标准动作、交付经理的标准动作，都通过流程得到了规范化、标准化、系统化，决策的运行数据、运行过程以及过程的结果数据都会准确地反映到系统中。在系统方案层面，iSales 可以全面打通前端到后端，并进行信息的可视化，比如线索信息、投标信息、合同信息、订单信息、发货信息以及交付信息等。整个过程中的标准、规范、条款、合同等动作都能够在 iSales 打通。销售体系的流程、组织、IT 系统之间充分融合，推动了华为销售体系的高效运作和公司的快速发展。

iSales 与周边系统的关系如图 3-10 所示。iSales 对接的数据分为两类：一类是主数据，另一类是交易数据。

iSales 对接的主数据主要包括：从 CIS 集成的客户信息和联系人信息；从 HRMS 集成的组织结构信息和员工基础信息；从 ODS 集成的员工 W3 账号（工作账号）及 Email 信息；从 ERP-GL 集成的货币编码与汇率信息。

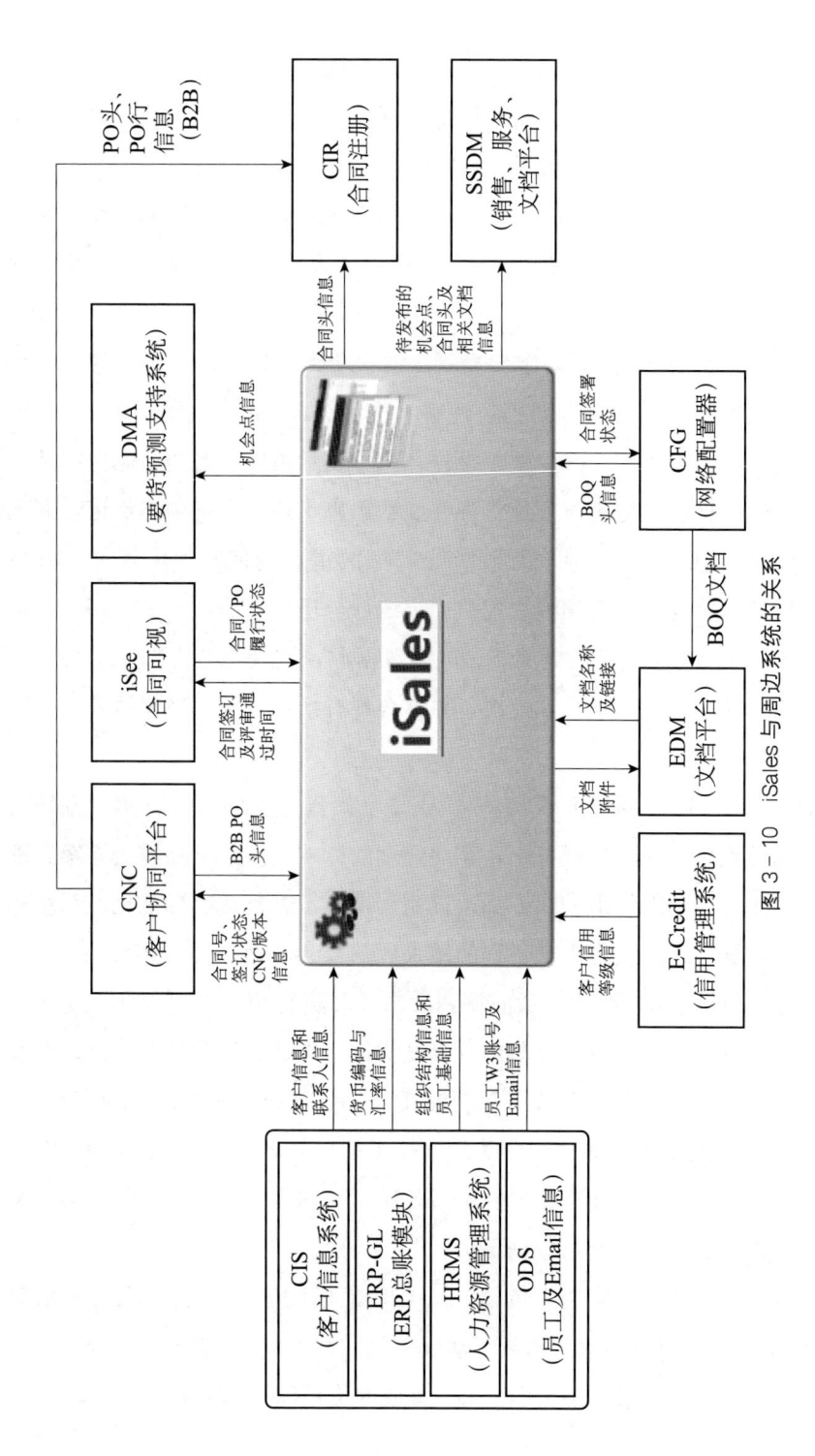

图 3-10 iSales 与周边系统的关系

iSales 对接的交易数据主要包括：CIR 从 iSales 集成的合同头信息；iSales 在合同签订后通过访问 iSee 查看到的合同/PO 履行状态，iSee 从 iSales 获取的合同签订及评审通过时间；DMA 从 iSales 集成的机会点信息，iSales 与 EDM 集成的文档信息，文档附件存放在 EDM 后 iSales 保留的文档链接；iSales 从 E-Credit 集成的客户信用等级信息；CFG 从 iSales 获取的合同签署状态；CFG 将 BOQ（Bill of Quotation，报价单）文档传递到 EDM 后 iSales 保留的文档链接及 BOQ 头信息；合同签订后，iSales 将待发布的机会点、合同头信息及相关文档信息传递到 SSDM；iSales 从 CNC 集成的 B2B PO 头信息；CNC 从 iSales 集成的 B2B PO 处理状态，并在接收到合同号、签订状态、CNC 版本信息后将 PO 头、PO 行信息（B2B）集成到 CIR；iSee 从 iSales 集成的合同头信息，用于统计经营分析。

◆ 产品报价配置器（Unistar）

华为的业务遍及全球，涉及无线网络、固定网络、传输网络、核心网等多个领域，每一种产品都有成百上千个型号，产品的配置组合更是不胜枚举。华为一直坚持"以客户为中心"，按照客户需求给客户提供合适的产品配置，这使华为成为电信领域最大的"裁缝铺"。随着工业 4.0 的到来，华为需要将"裁缝铺"的作用发挥到极致，即实现一条自动化流水生产线，能生产和交付不同的产品，满足客户不同的需求。

2012 年，华为的销售额突破 300 亿美元。随着通信技术的不断发展，特别是 4G 技术的成熟以及手机、App 应用的快速发展，以 Excel 工具模板为基础的报价工具已经不能支持华为百亿美元级别的订单的快速发展了。

于是华为决定开发基于 Web 的报价工具，以供华为的销售人员和渠道商甚至客户共同使用，方便他们对华为的产品进行配置、选择或报价。

经过研发，华为开发出了产品报价配置器（Unistar），实现了产品生命周期全过程中的"简单留给客户，复杂留给自己"，打通了销售、制造、供应、交付等相关业务环节。Unistar 实现的主要功能包含以下三个模块：

第一个是配置算法维护模块。该模块由研发工程师对销售 BOM 配置算法进行维护。方案设计人员通过输入最简单的容量、带宽、用户、区域等参数就能够迅速得到产品的配置输出，并且能够通过虚拟产品可视化面板提前看到产品的配置和外观；通过对方案的选型、容量、交付得到客户不同阶段的投资回报率（Return on Investment，ROI）以及 TCO，方便客户把握投资时机。

第二个是销售报价模块。该模块主要供市场人员，如报价人员使用，报价人员只需要输入简单的报价参数，如用户数、链路数、软件配置等，即可生成报价清单；支持所有产品的多个版本报价，能够通过后端对产品版本销售限制进行管理；支持商务评审、成本核算和利润分析。

第三个是配置传递模块。它可以将市场人员传回的销售 BOM 自动匹配到 ERP 订单系统中，并根据维护配置算法，生成一套设备的完整发货清单，能够实时更新所有产品、零件、散件、软件、License 的 BOM 编码，支持发货；支持所有产品的 BOM 编码和发货信息统一，实现销售和发货编码统一；支持所有产品历史发货信息，并支持产品升级、扩容等操作。

配置器是连接华为两大主业务流，即"产品开发流"（IPD）与"合同及其执行流"（LTC）的桥梁与纽带，是 LTC 高效高质量运行的基础，是产品与客户、产品的销售与制造、产品的供应与交付等的桥梁。依照复杂商业模式开发的产品配置最终在配置器工具中实现。配置器是供销售人员和客户使用的，其可以按照客户网络规划，计算出每个站点的销售配置清单，用于 PO 下单、验收、开票；同时计算出所有清单，用于生产发货，保证产品物料齐套。Unistar 实现了复杂计算功能，极大地简化了销售人员、配套人员、交付人员的配置处理工作量。

Unistar 通常由数据部门，主要由 PDE 负责开发，一般用于销售配置、一线投标报价、生成 BOQ。产品开发生成的配置与目录价信息，通过 Unistar 发布给 LTC 使用，并贯穿投标报价、合同履行、交付以及最终回款全过程。因此，Unistar 的计算质量好坏决定了是否会发生错发货、漏发货、多发货，进而影响项目进度和成本的情况。

2012 年，华为决定从无线产品线开始试点使用 Unistar，随后逐步推广到其他产品线。经过两年的努力，华为于 2014 年将所有产品营销、报价、运营发货管理环节转到 Unistar 平台上，并在所有代表处实现了历史数据的迁移，这使得华为公司真正能够实现所有销售大数据的信息化和积累。

Unistar 运行两年后，华为实现了营销成本和配置时间节约 65% 以上，准确率和实时性提升 50%，故障率和问题率降低 80%，使得华为的营销、销售体系的成本大幅下降、效率大幅提升，有效支持了华为各项产品的销售和存量管理。

之后，Unistar 营销工具被正式纳入华为所有产品的开发、销售流程，所有产品在开发时均需要在完成《配置手册》和产品 GA（General Available，通用可获得性）的同时完成 Unistar 产品的上线。其严格程度和华为所有产品一样，因此需要根据 IPD 流程规范对其开发、上线过程进行严格的控制和把握。

本章小结

定价委员会是华为制定目录价和授权价的决策机构。定价中心是华为定价业务的 Owner、COE，对端到端定价业务的管理负责。商务部门负责与上市定价相关的价格授权管理。"铁三角"是交易定价的责任人，各级 SDT 负责交易定价决策。

华为的定价管理已经充分融入 IPD 流程和 LTC 流程。IPD 流程是制度化的研发管理体系，可以确保企业持续稳定交付高质量的产品，大大提升了产品的竞争力。LTC 流程是从营销视角建立的"发现销售线索—培育线索—将线索转化为订单—管理订单执行/汇款"的端到端的流程。管理定价流程包括定价规划、管理产品定价、执行价格授权、交易定价、执行价格评估与预测子流程。

华为通过 iSales 固化 LTC 流程，让整个销售业务的人力资本得到了巨大的增值，流程也更加规范。Unistar 是体现华为强大的营销能力的一款利器，在灵活配置产品、实施降低成本措施、与客户流程集成、优化功能等方面都有非常大的优势。

第二部分
华为定价方法论

定价方法既有科学性，又有艺术性。科学性指定价方法是依据科学理论和科学方法做出的决策，每种定价方法都有其科学依据和相关客观数据作为基础。艺术性指每种定价方法都会产生不同的定价结果。企业要根据其具体情况和市场情况来决定具体采用哪种定价结果。定价方法必须最适合公司不同时期的发展目标，但哪种定价方法是最适合的却没有标准答案，这就需要决策者因时因地做出正确的选择。所以很多时候，确定定价方法对企业而言并不是一个简单的问题。

华为在确定定价方法这一点上，也曾走过很多弯路，有很多经验和教训。在多年实战的基础上，经过不断优化和迭代，华为形成了一套比较完备的定价方法论（又称定价体系）。华为定价体系最重要的目的是实现价格可管理。华为定价体系中最重要的子体系是管理体系和控制体系。

本部分将对华为如何定价展开介绍，详细讲述华为定价方法论的具体原则、技巧等内容。华为定价方法论的核心是将复杂的定价问题分解为几个小问题，通过在不同环节、不同层面对这几个小问题加以解决，以找到定价问题的答案。

我将从内外两个视角分别来介绍华为定价方法论：从外部视角来看，定价一般包括产品定价、上市定价、交易定价三个环节，分别对应产品研发流程、营销流程和销售流程，外部定价的关键是通过制定合适的模式、价位、价格来实现价值变现；从内部视角来看，定价一般指经营定价，分为产品结算定价、内部转移定价、合同拆分定价，内部定价的关键是通过满足企业内部各个经营单元之间的经营管理诉求，实现企业内部合理的价值分配。

第四章　产品定价

影响产品定价的因素有很多。这些影响因素主要集中于市场战略层面，比如行业价值链、产业商业模式、市场价格趋势、公司定价策略、成本结构、产品生命周期等。能够将这些因素有效协同起来的，只有公司的高层管理者，因此公司的高层需要对产品定价这项工作有深刻的理解，并深度参与这项工作。

产品定价是"模式、价位、价格"的源头，也是上市定价和交易定价的输入，在整个定价体系中尤为重要。但很多人并不知道如何对产品进行定价，这是因为他们没有抓住产品定价的本质。

华为认为产品定价是价值构建环节，本质上是进行模式设计，核心工作是对产品的价值进行量化。如何对产品的价值进行量化？本章将为产品价值的量化提供典型的分析方法和工具。

做好产品定价，没有什么捷径，需要进行大量的客户分析、价值分析、竞争分析、成本分析。只有经过认真的分析，才能识别主要客户群和客户典型应用场景、关键需求、业务发展模型、价值兑现方式、客户价格敏感性，进而了解产品生命周期的各阶段及其特征、产品成本结构特征、产品的差异化价值点、产品竞争格局和趋势变化及竞争合作需要等。

只有通过深入分析，才能为产品定价模式的设计提供场景适配的原型参考和建议，为报价项、量纲和价值分配的制定提供评判依据。

4.1 产品定价要素

在了解产品定价之前，我们要搞清楚什么是产品。这个问题看似简单，实际上并不简单。如何定义产品将会影响到如何进行产品定价。

营销大师菲利普·科特勒（Philip Kotler）对产品的定义是：产品是市场上任何可以被人注意、获取、使用或能够满足某种消费需求和欲望的东西。它包括有形的产品、服务、体验、事件、人物、场所、产权、组织、信息和想法。简单来讲，产品是为了满足市场需要而创建的用于运营的功能及服务。

按照形态来划分，华为内部的产品可以分为四种：第一种是纯产品（有形产品和无形产品、核心产品和附属产品、主产品和互补产品），如手机和充电器、打印机和油墨、5G专利等。第二种是产品为主，服务为辅，服务的目的是帮助用户顺利地使用产品，都和产品紧密相关，如基站及安装服务等。第三种是服务为主，产品为辅，如云服务。第四种是纯服务，如网络咨询服务、管理服务、客户支持服务等。

从纯产品到纯服务，厂家与用户的关系越来越紧密，触点越来越多，用户尝试的成本越来越低。对纯产品而言，公司与用户的关系往往终止于销售达成的一刻；而对纯服务而言，公司与用户的关系往往真正开始于销售达成的一刻。

针对上述形形色色的产品，要如何进行定价？产品定价本质上是对产品价值的衡量。华为总结了决定产品定价的三个要素：定价项、量纲、价格。[①] 下文将详细介绍这三个产品定价要素。

定价项解决"卖什么"的问题，定价项和打包模式决定了产品在交易界面呈现的提供物。量纲解决"怎么卖"的问题，量纲决定了产品的持续变现手段。价格解决"怎么确定价格"的问题。价格决定了产品在市场上呈现的价格水平。

企业还可以根据市场需要对定价三要素进行组合，形成不同的定价策略：定价项可以根据产品组合需要形成不同的打包方式及捆绑方式；量纲可以有不同的

---

① 也有人将"时间"作为产品定价的要素之一，本书将"时间"作为量纲的一个类型，不单独区分。

选项；价格可以有不同的区间。甚至在某些特殊情况下，还可以将定价项和量纲组合成一个整体，这时候产品定价可能就变成一口价，而不受量纲的限制了。

◆ 定价项

定价项是对公司卖什么的定义。用直白的话来说，定价的对象可以是有形的产品，也可以是无形的服务，还可以是产品和服务的结合。定价项主要可以从客户报价模型、核心模块、典型模型、S-Part（Sales Part，销售报价项）、C-Part（Customer Part，客户报价项）、PCI（Product Configuration Item，产品配置项）等几个方面去设计。

华为 S-Part 一般从产品功能的角度出发，有时候并不能适配客户销售场景或体现客户价值。采用客户化的 C-Part，便于产品对准客户的需求场景，有利于客户间的商务隔离，有利于避免呈现复杂的交易界面（避免简单复制 S-Part）。比如，客户要求的是从 4G 到 5G 的 Refarming[①] 场景，华为 S-Part 报价项示例如表 4-1 所示（数据为虚拟）。这种场景下呈现给客户的报价项有 5 个。按照 S-Part 报价，一方面，卷积方式与客户界面可能无法对齐；另一方面，如果要调整单价，那么会影响新建 5G 价格。

表 4-1 华为 S-Part 报价项示例

华为 S-Part	数量	单价（美元）
5G RRC（Radio Resource Control，无线资源控制）	30	20
5G Power per 20W	30	0
5G Bandwidth（带宽）per 10M	30	200
5G Carrier（载波）	3	0
5G layer per 2 layers	6	900
总计		12 000

但是若基于客户场景重新创建客户 C-Part，则只有一个报价项。客户只需要关注需要 Refarming 场景的站点数，而不需要关注详细的配置参数，相当简洁明了，极大地简化了客户在交易界面的操作，客户 C-Part 报价项示例如表 4-2

---

① 电信专用词，指移动网络运营商对现有频率资源按不同制式重组，来达到提升频谱效率的目的。

所示（数据为虚拟）。客户 C-Part 一方面可以对齐客户界面 Refarming 场景，另一方面不影响 5G 新建单价。该模式下的产品定价可能高于传统的卷积方式下的产品定价。

表 4-2　客户 C-Part 报价项示例

客户 C-Part	数量	单价（美元）
4G—5G Refarming Code 每站点	1	18 000
总计		18 000

定价项的设计需要考虑对从客户购买到产品交付履约整个过程进行端到端的拉通。好的定价项设计应该体现为客户界面简洁、内部管理及交付环节清晰。

定价项打包是基于市场销售或交付的需要，将不同报价细项合理组合打包后呈现给客户。定价项是产品价值或交付的载体，定价项打包应遵循以下两个原则。

原则一：易卖。定价项打包应有利于提升客户对价值的感知，如将多个小特性打包成一个大特性，使客户产生物有所值、物超所值的认知。定价项打包要屏蔽细节，减少价值参数，使客户更容易选择，使一线产品经理能更便捷、高效地配置报价，使细微的技术变化不会对销售活动造成影响。

例如，华为融合视频平台是向运营商提供 IPTV（Internet Protocol TV，网络电视）、OTT（Over the Top，通过互联网向用户提供各种应用服务）视频、移动视频、DVB（Digital Video Brodcast，数字视频广播）视频统一接入、管理、运营的端到端的最佳视频体验和视频运营平台。华为根据客户的需求场景，设计了两类定价项：一类针对基础软件，其定价项为基础视频业务，主要提供基础视频业务和能力；另一类针对增强特性，其定价项为 4K 极致体验、标高清极致体验、固定移动融合。华为融合视频平台定价项的具体设计如图 4-1 所示。选择增强特性定价项的客户可向用户提供视频 4K 套餐、视频高端套餐、移动视频套餐等。这种打包方式极大地方便了销售人员配置售卖，也方便了客户根据业务需求做出选择。

原则二：易交付。标准化配置应整合成配置包，提前做好配置模型，这样有利于提升产品成套交付的效率。

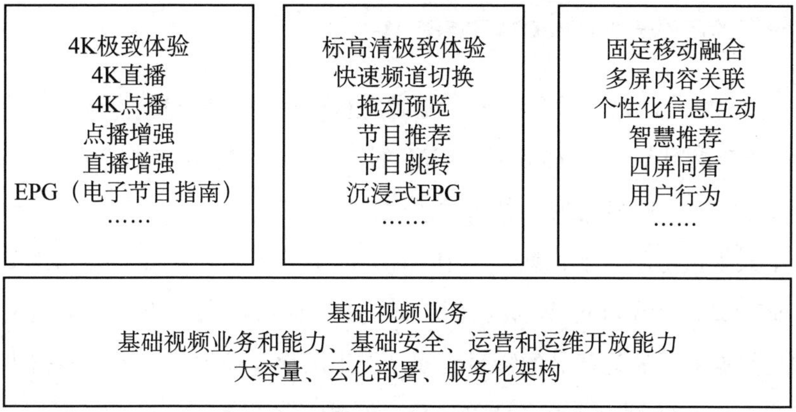

```
┌─────────────────┐  ┌─────────────────┐  ┌─────────────────┐
│  4K极致体验      │  │  标高清极致体验  │  │  固定移动融合    │
│  4K直播          │  │  快速频道切换    │  │  多屏内容关联    │
│  4K点播          │  │  拖动预览        │  │  个性化信息互动  │
│  点播增强        │  │  节目推荐        │  │  智慧推荐        │
│  直播增强        │  │  节目跳转        │  │  四屏同看        │
│  EPG（电子节目指南）│ │  沉浸式EPG      │  │  用户行为        │
│  ……              │  │  ……              │  │                  │
└─────────────────┘  └─────────────────┘  └─────────────────┘

┌──────────────────────────────────────────────────────────┐
│                     基础视频业务                          │
│  基础视频业务和能力、基础安全、运营和运维开放能力         │
│             大容量、云化部署、服务化架构                  │
└──────────────────────────────────────────────────────────┘
```

图4-1　华为融合视频平台定价项设计示意图

例如，对华为AR4600系列路由器而言，根据典型场景配置，华为设计了主设备、存储器、光模块、电源四类定价项，针对每一类定价项又设计了多种规格。客户可根据这几类配置模型快速选配，然后华为会生成产品报价单，到了交付环节根据报价单便可见单快速交付。华为AR4600系列路由器定价项设计示例如表4-3所示。

表4-3　华为AR4600系列路由器定价项设计示例

定价项分类	配置类型	定价项	规格
主设备	基本配置	路由器机箱	RT-AR4620-AC-CHASSISQuidway AR 46-20-RT-MM14620C-路由器机箱（交流/2SLOT/风扇）
		路由器处理单元	RT-AR46-RPU-256MQuidway AR 46 RPU-路由处理单元
		主控板	RT-AR46-ERPU-512MQuidway AR 46路由器高性能二代主控板［512M内存、3GE（E/F）、1AUX、1Con、1CF slot］
	FIC接口模块	接口模块	AR-FIC-1FE AR46路由器1端口十/百兆以太网电接口模块（RJ45）
存储器	—	内存条	RT-SDRAM-512M 512M内存条
光模块	—	光模块	SFP-FE-SX-MM1310光模块-SFP-100M/155M-多模模块（1310nm，2km，LC）
电源	—	电源模块	AC-PSR350-A AR46路由器冗余电源模块-交流电源

定价项的两种选择：BBOM 和 SBOM

BBOM（Basic Bill of Material，基础物料清单）和 SBOM（Sales Bill of Materials，销售物料清单）都是从 BOM 的概念中演化出来的。那么，什么是 BOM？定价项与 BOM 之间有什么关系呢？

对于大规模定制企业而言，其在 B2B 商业模式下，尤其需要 BOM 结构设计。BOM（Bill of Material，物料清单），由多个 Part 编码组成父子项关系，可以结构化数据形式表达产品的物料构成、加工层次及顺序等，还可根据不同应用场景构建不同的视图，是销售订单选配、制造任务发料/加工、物料需求计划制订、财经成本卷积等的重要依据。

简单来讲，BOM 是表达 Part 之间的组成关系、数量关系的业务对象，两种关系如图 4-2 所示。

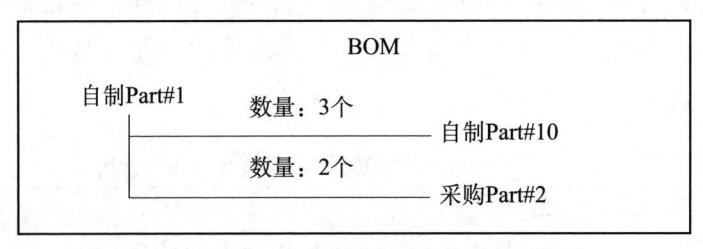

```
                        BOM
自制Part#1 ──── 数量：3个 ──── 自制Part#10
           └─── 数量：2个 ──── 采购Part#2
```

图 4-2 BOM 与 Part 业务对象的关系示意图

Part 是什么呢？按照 Windchill（产品生命周期内信息管理的系统）的说法，Part 的含义是"部件"，在 Oracle（甲骨文公司）的 ERP 中，Part 被称为"Item"。按照传统的定义，Part 代表实物的零部件、组件、成品、原材料，但从产品的构成来看，现代化的产品构成除了传统的软、硬件之外，还包括在产品交付过程中产生的各种运费、保费、服务等。这些 Part 也会在 ERP 等系统中产生交易信息。从信息架构的角度来看，Part 是一个信息集合，可将 Part 架构内所有信息汇聚在这个对象中。Part 是企业设计且自行加工，或者是企业设计且委外加工或采购的，用于应用系统中的设计选型、采购、制造、销售、库存管理、计划、发货、备件管理、成本管理等交易环节的业务对象，可以是产品或产品的组成部分。

华为将 Part 看成企业设计或购买、销售、生产制造、工程安装的实物或非实物对象。

总结来看，Part 即物料编码，是公司范围内对物料的唯一定义。公司在产品零件选用、物料计划、采购、验收、盘点、储存、发料、发货等业务中使用唯一定义的物料编码。

BOM 是公司级的重要主数据，联结了研发、销售、采购、制造、供应、财经等多个领域的业务，是实现制造企业信息流畅通，进而实现物流、资金流畅通的基础。华为早期采用 XBOM（各类 BOM 的统称），即各环节 BOM 各自维护，这导致了源头不一致、产品设计责任不清晰、整个交付业务流程混乱等问题。EBOM 刚刚推行 ERP 时曾经存在过一段时间，后来也归一到一个 BOM。

BBOM

BBOM 是由 B-Part 构成的全球统一的结构化清单，是组成销售物料清单的基本单元。B-Part 是各 BU 根据自己的服务产品与交付界面确定的最小成本管理与归集单元，是基础的产品加工、装配、发货的 BOM，包含工艺路线，是计划、备货、生产、制造、交付环节业务处理的依据。

以硬件为例，B-Part 分为整机调测 Part 和非整机调测 Part 两部分。在供应链运作上，整机调测 Part 主要是为了保证产品重要部件在工厂时就已经通过整机性能测试，是产品质量保证的重要一环。不需要参与整机调测部分，可以见订单就从库存中挑选出来准备发货的 Part，即为非整机调测 Part。这些 Part 多是安装材料、线缆、配套设备、外购部件等类型。

华为曾采用 B-Part 报价，其报价过程如下：先从产品标准模块中挑出重要部分进行定价，形成报价项清单；然后确定合同报价后形成 BOQ（Bill of Quotation，价格清单），并在合同成套时将其还原成需下单的标准模块。此种报价模式是先形成 B-Part，再在 B-Part 的基础上派生出报价项，其实质是销售人员被动地接受设计出来的 B-Part，在里面"挑"出能被客户理解的、客户可以接受其价格的单元，体现的是一种技术驱动的销售模式。

用 B-Part 报价，会导致两个环节出现问题。

1. 一线的销售问题

（1）合同更改频繁。B-Part报价内部变更不能屏蔽企业，其内部变更会直接传递到交易界面。

（2）澄清工作量大。报价物料太细，一线人员无法理解，需要研发人员向客户澄清。如果直接将B-Part作为报价项，那么在销售人员报价时将会产生很多不必要的解释工作。

（3）报价难以体现产品价值。客户从报价项看不到产品价值，报价没有体现其优势。B-Part是产品的构成部件，是从产品自身或技术的角度出发的，没有从产品产生的价值本身出发。

（4）PO处理量大。PO数量众多，一线需要聘请PO专员来处理复杂的客户编码与企业内部产品编码的对应关系。由于B-Part数量众多，客户购买的PO数量也很多，因此处理这些编码的对应关系的效率将会比较低。

2. 项目交付问题

（1）需要罗列细项，导致澄清工作烦琐、困难。在交付时，需要详细清点交付的B-Part的对象及数量，这会影响交付的效率。

（2）B-Part内部变更，需要报价人员跟踪及完成交付。比如，若某个基础部件发生了变更，则基于这个部件的销售合同也需要变更，否则到了交付时就会产生实际交付产品与销售合同不一致的问题。

（3）以产品构成作为报价框架，未突出用户关注的价值信息。一些产品的构成部件众多，并不是每个都需要体现在报价中，只有那些可以真正使用户直接感受到价值的部件才需要体现在报价中。

（4）交付周期长。由于产品的型号及组合方案太多，因此企业只能在接到订单后才开始装配。如果竞争对手可以事先做好相关的库存准备，则可以缩短交付周期，这会使采用B-Part报价的公司处于不利地位。

SBOM

一般而言，产品具有多种变量，各变量具有不同属性，如销售属性、研发属性、生产属性、交付属性等。不同的属性会分别在不同的业务环节得以体现。

SBOM 是销售角度的视图，由产品对外销售、报价项组成，受产品的市场策略、报价方式、定价策略的指导和影响。

SBOM 是由 S-Part 构成的、全球统一的结构化清单。S-Part 是组成销售物料清单的基本单元。S-Part 是商业模式的载体和打通全流程信息的关键。

S-Part（Sales Part），称为销售编码，也称为销售项。S-Part 是华为与客户在合同界面达成一致的销售单元，承载产品价格并支撑产品验收，也是华为在产品供应、交付、开票等业务环节与客户交互时使用的对象。对于服务产品，S-Part 体现为 Service Component，即服务组合部分。

S-Part 设计是商业模式设计的载体，要体现公司的销售策略，设计人员要提前考虑清楚什么模块要扩容、什么模块要持续收费。S-Part 承载客户价值导向原则，通过客户化、抽象化描述，体现客户价值导向；承载销售灵活性原则，通过确定客户界面对产品是选择还是选配，体现满足客户需求优先；承载客户订单顺畅履行原则，通过顺畅履行客户订单从配置到清关、验收的整个过程，满足客户合规要求。

S-Part 是产品的供应和交付及合同履行高效的前提。实现产品快速供应的核心是标准化、模块化。由于面向客户的 S-Part 具有多样性，需要从多样性中提炼出标准化模块，实现存货共享、快速供应交付，因此，S-Part 需要面向产品的供应和交付优先实现 S-Part 大颗粒度设计，从而实现按订单生产和加工流程的简化。S-Part 的 BOM 设计要考虑模块化、标准化，从而实现利用相同模块快速制造出差异化 S-Part。

S-Part 是打通订单履行全流程的关键。客户界面、海关清关等外部界面要求的单单一致、单货一致必须通过 S-Part 加以实现。公司内部的产品销售、产品制造、产品交付、财经等环节必须统一使用 S-Part，如果不同环节使用不同标准，就会产生大量数据转换工作。

S-Part 具有面向客户的销售属性。推行 S-Part 的目标是简化公司与客户的交易模式，简化企业内部流程界面，降低运作成本，使交付给客户的环节接口简单化、最优化。

产品选购是客户对产品变量的选择，S-Part 设计的关键是产品变量的选择和分类。S-Part 设计有两种思路：灵活配置型、有限选择型。

S-Part 的构成主要为 PI（Price Item，定价项）和 SM（Standard Module，标准模块）。PI 是商务视角，只关注商务，不重视技术参数；SM 是交付视角，重视交付的确定性。

S-Part 的设计原则主要有：客户价值导向原则，价值差异大的要单列；主设备最简化原则；构成稳定原则；价值差异小的 B-Part 不单列原则，因为其成本差异小，不单列可提高交付效率；公共物料统一原则，因为统一公共物料可以降低产品交付难度；技术参数屏蔽原则，减少技术参数变化直接传导到商务侧情况的发生。

向价值定价转变的定价项是 PI，而不是 B-Part。因此，要在客户关注的价值点上，把多个 B-Part 简化，形成关键价值点的 PI；定价项主要关注的是产品规格与功能，而不是单报实物。

SBOM 的规则是确定产品配置模式，如主设备按"基本配置＋可选配置"模式。

案例 1

华为 MA5800 多业务接入设备

在 MA5800 系列产品上市之前，MA5600T 只提供一个版本，靠一套业务"打天下"，不能精准瞄准不同细分场景下的客户需求。

在为 MA5800 定价时，华为针对不同客户典型应用场景和客户需求差异，分别规划了标准版、增强版、高级版三套业务版本（如表 4-4 所示）。标准版瞄准 FTTH（Fiber to the Home，光纤到户）场景与竞争对手的能力；增强版瞄准 FTTO（Fiber to the Office，光纤到办公室）专线场景；高级版瞄准 MSO（Multi-Service Operators，有线电视多系统运营商）和铜线汇聚场景。由于有了版本型号的区隔，因此三个版本之间的价格就能有效区隔开来，MA5800 标准版价格与 MA5600T 价格对齐，MA5800 增强版和高级版则在公共平台部件（如机框、主控板）部分进行适当溢价，以进一步提升盈利能力。

表 4-4　MA5800 与 MA5600T 版本对比

客户需求	MA5600T	MA5800 标准版	MA5800 增强版	MA5800 高级版
客户典型应用场景	FTTH、FTTO、FTTB（Fiber To The Building，光纤到楼）	FTTH	FTTO、FTTH	MSO 和铜线汇聚、FTTH、FTTO
二层基本功能	√	√	√	√
SyncE/1588v2，9K Jumbo，Y.1731	√	×	√	√
MPLS L2/L3VPN	支持 L2VPN，不支持 L3	×	√	√
三层转发	×	64K 路由/ARP	64K 路由/ARP	192K 路由/ARP
大容量 MAC	16K 可用	16K	32K	128K
聚合管理	√	×	×	√
PON 板 ISSU	×	√	√	√

◆ 量纲

　　量纲是表征计价的性质（类别）。量纲的转换与拉通，主要就是对定价项目进行打包。例如，SaaS 软件按用户计价，量纲就是××元/用户；房子按面积计价，量纲就是××元/平方米；手机数据套餐按流量计价，量纲就是××元/G。

　　量纲不是一成不变的，华为会跟随行业发展趋势及业务变化对其做出调整，当然也不会频繁调整，否则将导致销售人员以及客户难以适应。如何对变化的业务确定恰当的计价量纲？华为会从客户、自身和竞争对手的角度综合考虑。

　　从客户的角度而言，量纲设计要从客户需求的角度探寻客户对量纲的接受度与量纲的灵活性，并考虑客户的体验和价值感知，进而确定恰当的量纲。越来越多的客户希望供应商提供大颗粒度报价量纲，同时量纲要与其受益点挂钩，方便其基于不同量纲的增长速度做出双赢选择。

　　从公司自身的角度而言，量纲设计要有利于华为的持续盈利，且被客户认可和接受，避免被"消灭"；考虑可扩容潜力，保证量纲能落入后续的合同中；分析新、旧技术在量纲界面的异同点；从技术标准演进路径找出潜在的可选量纲，确保量纲在技术上具有可落地性。

从竞争对手的角度而言，量纲要尽量与竞争对手保持协同，便于客户在市场上进行对比分析。

量纲的设计方式非常灵活。针对不同行业、不同形态的产品，可以设计出不同的量纲。无论设计方式怎么变化，华为在设计量纲时都遵循以下原则：

第一，与价值创造挂钩。要让客户感知到计价量纲所能产生的价值；华为获得的价值应该与客户的价值成正比。

第二，可衡量。量纲要能以自动化或可扩张的方式实现轻松追踪，适应客户使用量增长及规模扩张。

第三，可复制。量纲要可用于不同客户。这意味着华为不用重复开发不同的计量方法和计量工具。

第四，好测算。量纲应便于客户理解、预测和解释。这有利于华为销售人员开展销售工作，也有利于客户根据购买数量来推算并申请预算。

第五，风险可控。量纲设计应能防范利润风险，确保后续产生收入并持续盈利。

第六，本地化。量纲应该符合本地客户的付费习惯，以及本地客户对付费形式的偏好，比如符合客户对一次性付费或一定周期内付费的偏好。

第七，尽量细化。应在客户可接受的范围内尽量细化量纲的颗粒度。

实际上，不同行业、不同企业的定价计量单位众多。国际知名管理咨询公司贝恩（Bain Capital）在其定价 Meter 库中总结了五种类型的计价量纲（如表 4-5 所示）：基于交易、业务活动、固定、结果分享、授权。

表4-5 五种计价量纲

	基于交易	业务活动	固定	结果分享	授权
举例	API 查询量、存储量、管理货品金额	活跃用户数、平台使用时间	统一/分级费率、免费增值模式	收入分成实现收入占比、节约成本占比	公司、场地
扩展性	按服务使用扩展	按业务增长扩展	有限的扩展性	按业务占比扩展	有限的扩展性，周期性

续表

	基于交易	业务活动	固定	结果分享	授权
客户感知的优势	符合使用量，只对必要工作进行计价	符合业务量，只对必要工作进行计价	费用可预测	符合业务价值	费用可预测且可控
客户感知的劣势	计价复杂度较高，难以预测费用	计价复杂度较高	不符合使用需求，谈判余地不大	不符合使用需求，规划工具难以衡量	经过谈判和审计、校正的版本，谈判余地不大

案例 2

华为安防视频云平台量纲创新

视频云平台是云端向终端提供视频处理能力的云计算平台，主要应用于云端。云端将处理过的显示输出、声音输出实时传输给终端，终端实时将操作控制信息传送给云平台触发业务处理。

基于视频云平台的业务特点，华为视频云平台智能分析的量纲不再按照竞争对手的量纲"台"来设计，而采用"张/秒"作为新的量纲，通过软件许可控制实现"算力与算法"的阶梯变现。对于华为而言，采用"张/秒"作为量纲，可实现华为现有鲲鹏＋昇腾算力、算法的价值变现，同时也预留未来鲲鹏＋昇腾算力、算法提升的持续价值变现空间。对于客户而言，新的量纲可实现按需采购，降低了初期投资；符合用户习惯，匹配客户场景；在图片模式场景下，降低了投资 TCO 50%以上。

案例 3

华为 CS 量纲调整以适应不同发展阶段客户价值变化趋势

CS（Circuit Switched Domain），称为电路交换域，是核心网的关键组成部分，用于向用户提供电路型业务的连接。CS 主要针对实时性要求较高的业务，如语音、视频业务，对延时的要求很高。用户通过 CS 网络通话时，CS 网络会为通话双方分配一条固定的通道。

基于 CS 在移动通信网络中的业务变化，华为在 CS 量纲设计上，没有一直沿用最开始的定价量纲，而是根据不同发展阶段客户的业务价值变化趋势做了及时的调整（如图 4-3 所示）。

第一个阶段：E1（一个电信标准的速率标准）接口数。由于固网以接入数来衡量客户价值，因此主量纲采用体现接入资源的 E1 接口数。

第二个阶段：用户数。移动业务发展初期，用户数持续快速增长，用户是运营商价值的主要来源，因此采用用户数作为主量纲。

第三个阶段：Erl 数，即爱尔兰数（指话务量，等于单位时间的呼叫次数与呼叫的平均占用时长的乘积）。随着业务的发展，用户增长趋于饱和，MOU（Minutes of Usage，平均每户每月通话时间）增长迅速，由于运营商收入主要来源于话务量，因此其主推按话务量报价，于是主量纲由用户数变为话务量，即 Erl 数。

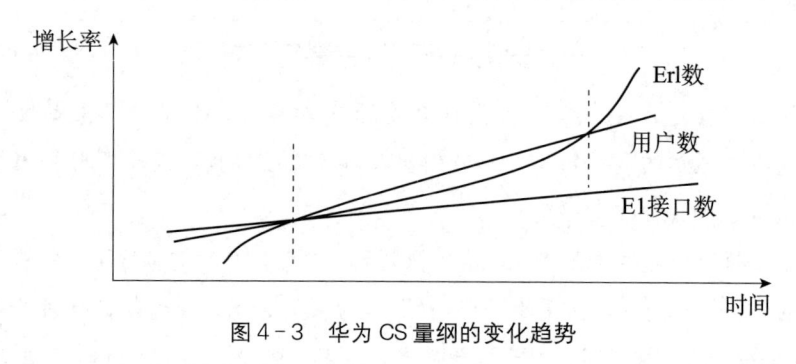

图 4-3　华为 CS 量纲的变化趋势

案例 4

SAP 的 Ariba（供应链协同云）

在真实交易发生之前，在询价、竞价、招标管理等环节，SAP 不向中小型供应商收费。对于真实交易发生之后，供应商管理、采购协同、供应协同等项目，SAP 则基于中小型供应商的真实的交易量收费。这两种模式对于中小型供应商来说，都有很强的价值可感知性：免费增值模式增加了其黏性；基于交易量收费让其觉得成本费用非常可控和可靠。

◆ 价格

在产品定价的三个要素中，价格是价值的量化，是价值分配的结果呈现。价格需要匹配业务战略，确保产品策略的落地，同时满足盈利策略要求，提升竞争力，构建持续的盈利能力。

华为产品定价中有两个比较重要的价格：一个是基本价，一个是目录价。这两个价格决定了产品在市场上的价格水平。

目录价是华为产品、服务、解决方案等面向市场的列表价，是一种价格预期、参考、结果。目录价是产品品牌定位的体现，制定目录价需要综合考虑客户、成本、竞争、渠道等因素。

不仅如此，目录价的制定还受定价项、量纲、折扣策略等相关因素的影响。将两个产品定价项打包和单独定价所得到的目录价是不一样的；量纲不同，目录价也会有明显的差异。

目录价不仅是上市定价和交易定价的基础，也是制定基本价、授权价、结算价的依据之一。华为各个 BG 的大部分产品都是按照折扣授权进行管理的，其折扣制定的基准就是目录价。华为的目录价包括两个部分：全球目录价和大客户目录价。全球目录价面向价值传递和经营，大客户目录价面向一线经营。

目录价是报价单的重要构成要素，表 4-6 为华为简单的报价单示例（价格数据为虚拟）。

表 4-6 报价单示例

报价项编号	描述	数量	目录单价（元）	总目录价（元）	折扣分类	成交折扣率	成交价（元）
1×××××	BBU5000 盒子	1	1 000	1 000	外购件	80%	800
2×××××	基带板处理单元	1	3 000	3 000	自制硬件	20%	600
……							

在制定目录价的时候需要避免目录价冲突。在跨产品的场景中可能经常遇到目录价冲突的情况。避免目录价冲突的方法就是对产品进行二次打包，用一个形象的说法就是，给产品穿多套"衣服"，结合业务实际情况，在不同场合、面向不同客户，穿不同的"衣服"。

比如，在不同的市场，华为会开发不同型号的无线产品。印度等市场对价格极度敏感，而欧洲等市场则对产品质量与带宽性能要求极高，供应商很难以一个产品、一种定价模式"打天下"。这时候就需要差异化"包装"产品，在产品上形成区隔，避免发生目录价冲突的情况。

笔者在一线某个项目中就遇到过目录价冲突的情况。客户在梳理 PO 的时候发现：明明是同一个报价项，却出现了两个不同的目录价。于是客户以较低的目录价为基准，要求华为"补偿"其差价，后经过及时沟通和澄清，才避免了争议。这也反过来要求企业对"同样的"产品拉通目录价。在这种情况下，如果不能向客户做出合理的解释，势必会导致客户不满意。

产品定价恰当不仅能够有效提升经营效果，还能让客户与合作伙伴满意，形成双赢的局面。例如，随着佣金透明化成为全球外卖平台的行业变化趋势，美团外卖也及时采取了新的收费模式。美团外卖为了优化其收费模式，在 2021 年推行了外卖商家服务费费率透明化的改革试点，改变了原来"一口价"的佣金抽取方式。对于商家而言，在原收费模式下，不管运送距离远近、客单价高低和配送时段是否为高峰期，佣金率都是固定的，信息极度不透明，商家只能看到佣金总额，无法清晰了解各部分资费在佣金中的占比，这容易造成外界的误解。

新收费模式由"技术服务费（平台佣金）"和"履约服务费（平台配送费）"两部分构成。"技术服务费"即美团因其提供平台和技术服务而向商家收取的费用，这部分费用的比率相对比较固定；"履约服务费"则主要是指商家需向外卖员支付的佣金，包括工资、补贴、人员管理等费用，"履约服务费"随订单距离、订单金额、配送时段的变化而变化。而且"履约服务费"不是必须支出的费用。如果商家选择自配送或者第三方配送，则不需要交纳这部分费用。在新收费模式下，对近距离、中低客单价订单的收费明显减少，对远距离、高客单价、深夜时段的订单的收费将上涨。

美团外卖商家服务费费率透明化之后，商家可以清楚地看到"技术服务费"和"履约服务费"两类费用的计价规则以及每笔订单的支出明细。这更有利于不同类型、拥有不同资源的商家对自身经营进行合理的规划。

4.2 产品定价的原则与方法

◆ **产品定价原则**

原则是指经过长期经验总结所得出的合理化的现象。对于定价这项工作来说，原则是指导企业合理定价的总体准则。华为把定价原则总结成 4C 原则，"4C"即 Customer、Competitor、Cost、Channel，分别代表产品定价需要考虑客户、竞争者、成本和渠道商四个因素。华为在具体业务中还会进行适当调整。

客户（Customer）：根据客户支付意愿确保产品价格合理；

竞争对手（Competitor）：根据自身品牌、产品定位与主要竞争对手的差距确定定价项、量纲和目录价；

成本（Cost）：产品的目录价及成交价应有效覆盖产品的成本，确保公司盈利诉求的实现；

渠道商（Channel）：与直、分销渠道商的结算价格应合理，让直、分销渠道商有合理的利润空间。

一直以来，华为的定价原则都是以市场为导向的。在以市场为导向时，一般要考虑客户、竞争对手、成本和渠道商四个因素，也就是上面提到的 4C 原则。在运营商市场，由于其产品具有复杂性，且销售以直销为主，没有分销渠道，因此其定价原则只有 3C，即客户、竞争者、成本。

由于华为在价格管理，尤其是企业市场的价格管理方面，涉及的部门较多，如定价中心、商务部门、数据管理部门，再加上产品线等，各个部门在制定、落实定价策略的时候没有完全拉通，使得华为曾经有一段时间的产品定价管理在执行过程中并没有完全遵循 4C 原则。这造成的问题主要包括以下几个方面：

（1）报价项过细，更多是从技术层面，而不是从客户层面设计报价项。也就是说，SBOM 层面的功能、接口、容量设计过少，更多是采用 BBOM 直接销售。

（2）折扣分类复杂。不同产品线的折扣分类及折扣大小均不同，这使得渠道商在销售华为产品时面临的情况极其复杂，增加了学习成本，降低了效率。

（3）目录价冲突。同一个产品在客户界面呈现出两个或两个以上的目录价。

（4）授权不充分。客户购买华为产品时，如果想申请更优惠的价格，那么必须走复杂的商务流程，这会让客户的购买体验不好。

（5）授权没有体现不同行业、不同客户、不同地区之间的差异，未针对不同价值的客户进行区别对待，也没有考虑价量关系。

（6）制定价格与促销、返点、渠道激励时没有拉通审视，导致毛利受损。比如，返点在渠道商务部门，激励在渠道管理部门，机关授权价在定价中心，地区部授权在产品线解决方案销售团队。每一个部门都独自制定各自的政策，导致公司的利润在这个过程中被"瓜分"了。由于没有拉通审视此过程，因此存在一定的腐败空间。

（7）赋能培训不足。配置报价还难以做到简单易用，合作伙伴支撑成本高，也是授权不充分的原因之一。

（8）各产品线交叉销售，结算不清晰。由于产品的价格子项数据都是拆分数据，与实际交易价有较大出入，因此不便于价格闭环管理及价格预测等预算活动、经营活动中对价格数据的二次使用，机关特批单无支撑数据库，不知道最终成交价。

（9）产品、服务两套体系运作。产品价格与服务价格分别由不同的组织制定，价格协同性不足，没有拉通考虑客户界面的策略。

（10）在某些企业市场实行超低折扣，导致微小价格变动引起的变化率很大。

以上问题的形成原因是多方面的，总结起来如下：组织结构分散，不同的产品线或部门在交叉市场无统一策略；公司考核政策不完善，对管道产品与非管道产品的考核要求不同；价格授权赋能不足；市场策略激进，没有聚焦核心价值市场；被集成战略落地不充分，部分产品线出现大量集成报价项；片面地遵循竞争对标定价，折扣复杂化；竞争对手信息收集片面，没有从竞争对手产业战略角度去分析其定价策略。

◆ 产品定价方法

华为的产品定价方法包括价值定价、竞争定价、成本定价三种。华为针对不同的市场，组合使用三种产品定价方法。成本参考线是价格的底线，产品定价在价值参考线和竞争参考线之间。三种定价方法的关系如图4-4所示。

价值定价是指基于为产品客户创造的价值或者客户能感知到的产品价值进行产品定价的方法。价值定价从客户视角出发，发掘产品对客户的商业价值，使公司与客户形成紧密的合作伙伴关系，共享价值链利益。随着公司市场地位的提

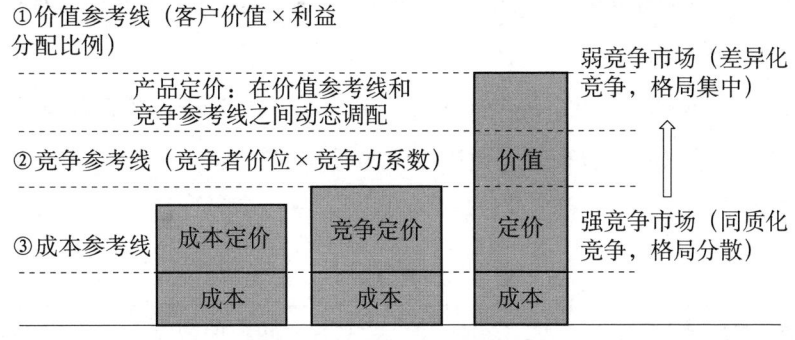

```
①价值参考线（客户价值×利益
  分配比例）
                                        弱竞争市场（差异化
        产品定价：在价值参考线和                竞争，格局集中）
        竞争参考线之间动态调配
                              价值
②竞争参考线（竞争者价位×竞争力系数）    值
                                   定
                     竞争定价      价     强竞争市场（同质化
③成本参考线   成本定价                      竞争，格局分散）

            成本     成本      成本

         图4-4  三种定价方法的关系
```

升，价值定价有利于公司提升品牌效应，获取合理利润。

价值定价对企业经营有积极的影响，但并不是所有企业所有产品都适合采用价值定价。价值定价主要适用于公司处于弱竞争市场、公司差异化竞争力突出、公司处于市场领导者地位等场景；适用的产品包括功能特性差异化突出的产品、综合软硬件产品、服务解决方案。

华为的价值定价分为三个步骤：

（1）价值识别。该步骤主要做好客户价值洞察、价值牵引成本、价值导向牵引。公司需要考虑的是如何拉通产品管理、解决方案等业务环节，从客户的角度设计并牵引符合客户价值的产品包。

（2）价值量化。该步骤需瞄准客户价值，拉通价值模型，达成产业共识。不同客户对价值的认可和度量不同，企业需要考虑的是如何赋能销售，形成面向客户感受的交易语言。

（3）价值分配。该步骤的主要工作是做好客户价值牵引、基于价值的交易、价值分配。公司需要考虑的是如何匹配和分享客户收益，并通过产业协同形成产业共识。

竞争定价是从市场竞争的视角出发，以竞争对手的价格作为参考基准进行产品定价的方法。以市场和竞争为导向，同时关注产品盈利能力，综合考虑产品生命周期内需求情况、产品定位、竞争状况、成本趋势和盈利能力等因素进行定价。竞争定价比较适用于公司处于强竞争市场、公司差异化竞争力不突出、公司采用进攻性市场策略等场景，适用的产品主要包括功能特性无明显差异的产品和具有成本优势的产品。

华为企业 BG 成立于 2011 年，有多条产品线，并且同一条产品线有多个产品，这些产品采取的定价策略还是以竞争为导向的，具体如表 4-7 所示（相关数据为虚拟值）。

表 4-7 产品定价策略

产品线	产品	定价策略
交换机	CE 交换机	主要对手为 H3C，华为的客户界面价格与 H3C 持平或略高
	园区交换机	主要对手为思科，华为的客户界面价格比思科低 10%
固网	NE 路由器	主要对手为思科，华为的客户界面价格比思科高 25%
	波分	主要竞争对手为中兴，华为的客户界面价格比中兴高 5%～10%
UC&C	RP 智真	主要竞争对手为 Polycom，华为的 RP-S 系列客户成交价比 Polycom 低约 10%，华为的 RP-A 系列客户成交价与 Polycom 持平或略高
	录播服务器	主要竞争对手为 Polycom，华为的平均出货价海外价格比 Polycom 低约 20%，中国区价格比 Polycom 平均低 15%
	摄像机	主要对手为海康威视，华为的低端产品价格与海康威视基本持平，中高端产品适当溢价（海康威视降价后，华为跟随降价，并推动研发成本下降）

成本定价是企业从自身盈利的视角出发，在产品单位成本的基础上加上预期利润，将其作为产品的销售价格的产品定价方法。成本定价也被称为成本加成定价，其适用的场景主要是确定产品定价的最低基线，确定一体化量纲的起售价格，在外购件定价中比较常见。

4.3 产品价值分析

产品价值分析是价值交换的基础工作。华为在对各产业、行业的价值分析实践的基础上，通过差异化的价值指标参数、客户支付意愿分析及对比分析，构建产品价值分析模型，用于分析不同场景下不同产品特征给客户带来的收益；再通过价值分析进行产品定价，进而对客户进行价值营销并为公司获取合理利润。如何进行产品价值分析？本节将介绍华为在定价过程中运用最多的三种产品价值分析方法。

◆ 方法一：投资收益法

利用投资收益法进行产品价值分析时，应明确客户价值。当交付的产品是工业品（如运营商网络设备、企业 IT 系统设备）时，企业应主要根据客户认可的投资收益分析来明确客户价值。

利用投资收益法进行产品价值分析时，还要计算客户价值。客户价值是客户从某种产品或服务中所能获得的净收益与购买时所感知的成本的差值，即客户价值＝客户净收益－客户感知成本。其中，客户净收益＝收入增加＋TCO 降低。收入增加主要来自用户量扩大、收入与利润提升；TCO 降低主要来自采购、交付、维护成本降低。以网络建设项目为例，其 TCO 包括 CAPEX 和 OPEX 两部分，CAPEX 包括购买成本和部署成本，OPEX 包括运营成本和维护成本，如图 4－5 所示。客户感知成本＝替代或其他实施成本＋产品成熟度分险。

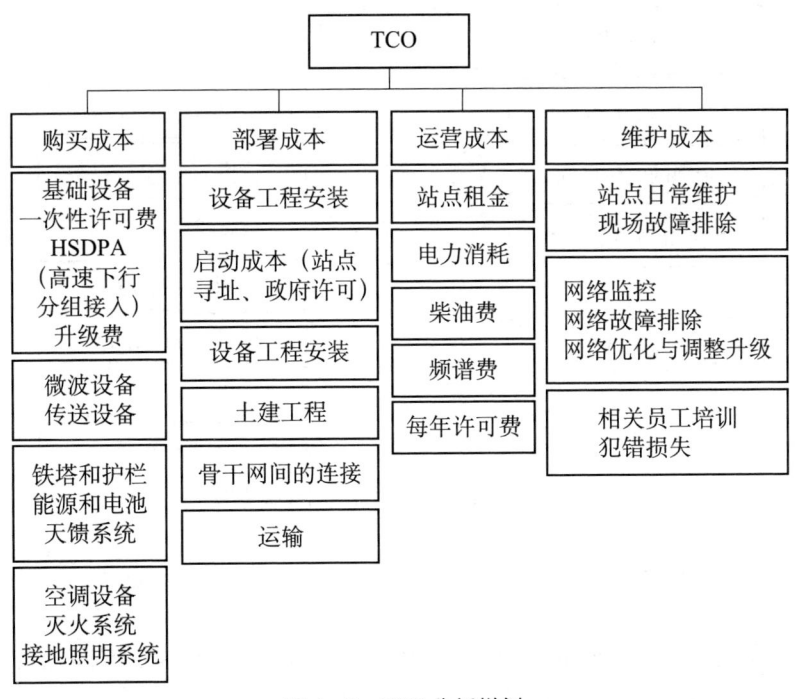

```
                              TCO
    ┌──────────────┬──────────────┬──────────────┐
  购买成本        部署成本        运营成本        维护成本

  基础设备      设备工程安装     站点租金       站点日常维护
  一次性许可费                                  现场故障排除
  HSDPA        启动成本（站点    电力消耗
  （高速下行    寻址、政府许可）                 网络监控
  分组接入）                    柴油费         网络故障排除
  升级费       设备工程安装                    网络优化与调整升级
                               频谱费
  微波设备      土建工程
  传送设备                      每年许可费      相关员工培训
                                             犯错损失
              骨干网间的连接
  铁塔和护栏
  能源和电池       运输
  天馈系统

  空调设备
  灭火系统
  接地照明系统
```

图 4－5　TCO 分析样例

利用投资收益法进行产品价值分析时，还应坚持双赢原则。当按客户收益定价时，针对计算得到的客户收益，应当坚持双赢原则，而不是将客户收益又全部收回到华为，即华为分享的价值＝客户价值－客户获取的价值。

◆ **方法二：市场调研法**

市场调研法主要有价格敏感度测试（Price Sensitivity Meter，PSM）。价格敏感度测试是在20世纪70年代由荷兰心理学家彼得·范韦斯滕多普（Peter van Westendorp）所创建的，是目前价格测试的诸多方法中最简单、最实用的一种，因此也被大多数市场研究公司认可。通过价格敏感度测试，不仅可以得出最优价格，而且还可以得出合理的定价区间。当交付的产品是消费品（如手机等终端产品）时，客户的消费心理不取决于投资收益，而取决于价格敏感度，因此客户价值直接体现为客户可以接受的价格档位。为衡量客户对不同价格的满意度及接受程度，了解客户认为合适的价格，就需要进行价格敏感度测试，其核心步骤如图4-6所示。

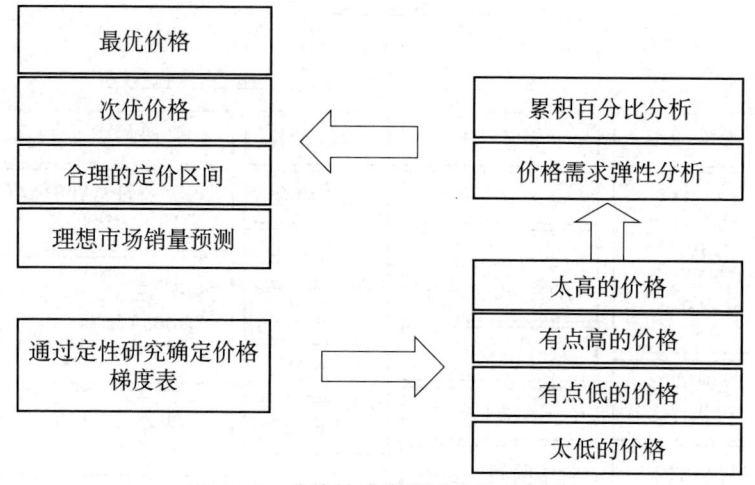

图4-6 价格敏感度测试的核心步骤

第一步：定性研究

第一步是通过定性研究，设计出能够涵盖产品可能的定价区间的价格梯度表。该步骤通常由采访者针对某一产品或服务向被访者提出4个问题：

（1）有点低的价格：对您而言，该产品/服务收取什么价格是很划算的，您肯定会购买？

（2）太低的价格：低到什么价格，您会觉得该产品/服务会因为大家都可以随便用，从而认为该产品对自己失去吸引力？

（3）有点高的价格：您觉得"有点高，但自己能接受"的价格是多少？

（4）太高的价格：价格高到什么程度，您肯定会放弃购买？

然后据此获得价格梯度表。梯度表的价格范围要涵盖所有可能的价格点，一般要求最低价格和最高价格分别低于可能的市场价格的三分之一和高出可能的市场价格的三倍以上。

第二步：问卷调查

第二步是在有代表性的样本中，请被访者在此价格梯度表上针对以下四项做出选择：有点高但可以接受的价格，有点低但可以接受的价格，太高而不会接受的价格，太低而不会接受的价格。

（1）太低而不会接受的价格：此项有两个问题（根据具体情况二选一）。请问您认为什么样的价格是太低，以至于您会怀疑产品的质量而不去购买的呢？请问您认为什么样的价格是非常便宜，最能吸引您购买的呢？

（2）有点低但可以接受的价格：请问您认为什么样的价格是比较便宜，但您可以接受的呢？

（3）有点高但可以接受的价格：请问什么样的价格是您认为有点高，但仍可以接受的呢？

（4）太高而不会接受的价格：请问您认为什么样的价格是太高，以至于您不会接受的呢？

第三步：数据处理

第三步是利用所获得的样本数据绘制累计百分比曲线图。对样本的这几个价格点，分别求其向上和向下的累计百分比，结果如表 4-8 所示（表中数据为虚拟值）。

表 4-8 样本数据

价格 (千元)	有点低	累计总和	累计百分比	太低	累计总和	累计百分比	有点高	累计总和	累计百分比	太高	累计总和	累计百分比
1~2	300	2 000	100%	700	2 600	100%	0	0	0%	0	0	0%
2~3	400	1 700	85%	400	1 900	73%	0	0	0%	0	0	0%
5~7	700	1 300	65%	600	1 500	58%	300	300	25%	1 000	1 000	32%
8~10	600	600	30%	900	900	35%	900	1 200	100%	2 100	3 100	100%

注：有点低和太低的累计求和是从下至上；有点高和太高的累计求和是从上至下。

对"太低"和"有点低"的价格百分比进行向下累计，对"有点高"和"太高"的百分比进行向上累计，得出如图 4-7 所示的四条价格线。其中，"太低"和"太高"这两条线的交点可以确定最优价格（P_3），因为在这种情况下，既不觉得价格"太高"也不觉得价格"太低"的人数是最多的。对于企业而言，如果将产品价格设定为该值，则可能有最多的消费者去购买其产品。"有点高"和"有点低"这两条线的交点可以确定次优价格（P_2），因为在这种情况下，认为价格"有点高"和"有点低"的被访者人数相等。同时，由"太低"和"有点高"这两条线、"有点低"和"太高"这两条线的交点可以分别确定价格下限（P_1）和价格上限（P_4），从而得到合理的定价区间为 $P_1 \sim P_4$。

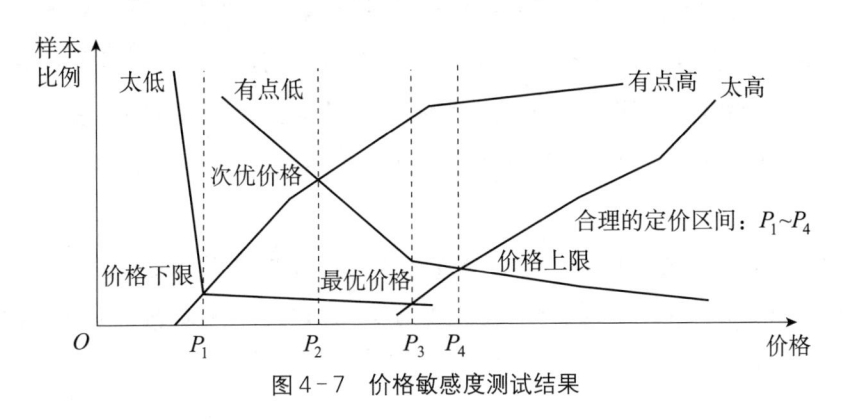

图 4-7 价格敏感度测试结果

◆ **方法三：参考对比法**

参考对比法是综合竞争定价和价值定价对产品进行定价的方法，其将公司相较于竞争对手的优、劣势细化并落实在具体的产业价值锚点上。这里的产业价值锚点根据产业的不同而不同，主要包括收益提升、成本节约、体验提升、质量提升等客户关注的价值。以设备为例，其主要的价值包括耐用性、稳定可靠性、服务质量、较长保修期等。

参考对比法的关键是首先找到最佳替代产品或竞争者，然后根据产业价值锚点计算出负差异化价值和正差异化价值，从而得到产品设计实现的价值，再减去未被认可的价值，得到产品的公允价值。参考对比法的步骤如图 4-8 所示。

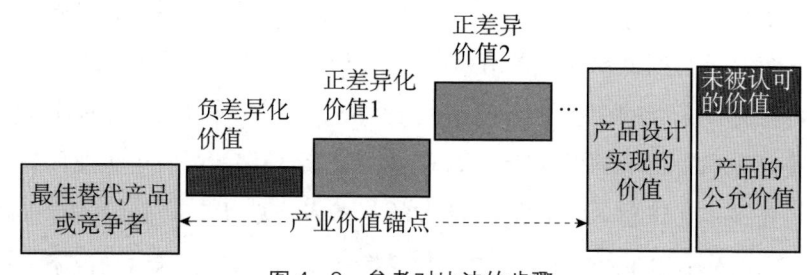

```
                            正差异
                            价值2
                   正差异化  ┌──┐
            负差异化 价值1   │  │ ...    ┌──┐ ┌──┐
             价值   ┌──┐   │  │        │  │ │未被认可│
   ┌──────┐  ┌──┐  │  │   │  │        │产品设计│ │的价值│
   │最佳替代产品│  │  │  │  │   │  │        │实现的│ │产品的│
   │或竞争者 │  │  │  │  │   │  │        │价值 │ │公允价值│
   └──────┘  └──┘  └──┘   └──┘        └──┘ └──┘
              <------- 产业价值锚点 ------->
```

图 4-8 参考对比法的步骤

所谓差异化价值，是提供给客户的产品超出或低于最佳替代产品的那部分价值，包括正差异化价值和负差异化价值。通过行业的最佳实践、最佳替代产品的优势性能和功能等途径可以找到客户使用场景的差异化价值。对于新产业/产品而言，通过识别本区域/客户群差异因素（如环境、客户、自身、竞争对手），就可以找到差异化价值。而对于传统产业/存量产品而言，通过识别本区域/客户群价值点变化，就可以确定差异化价值，如原价值点续航能力、存量再利用效率等。

要想提升产品公允价值，需要提高相对于最佳替代产品而言的正差异化价值，减少负差异化价值，并且要尽量让购买者了解和认识到产品的真正价值。因此，加强营销沟通就显得十分重要了。

参考对比法适用于待评估产品已有被市场认可的历史产品或替代参考产品的场景，或待评估产品作为一种成熟产品，客户对其投资前景十分明确的场景。

运用参考对比法的难点在于准确判断、量化价值，解决此问题的核心是让客户的感知价值和产品的真实价值趋于一致。

4.4 产品定价 8 步

掌握产品定价的核心要素、原则和方法是做好产品定价工作的基础。企业在实际业务操作中应如何实现对产品的科学定价？对产品进行科学的定价并不复杂，笔者对华为产品定价的步骤进行了归纳总结。在考虑产品定价的核心要素、原则和方法的基础上，笔者将华为的产品定价流程分为 3 个阶段，共 8 个步骤展开论述。华为产品定价的 8 个步骤（简称产品定价 8 步）具体如图 4-9 所示。

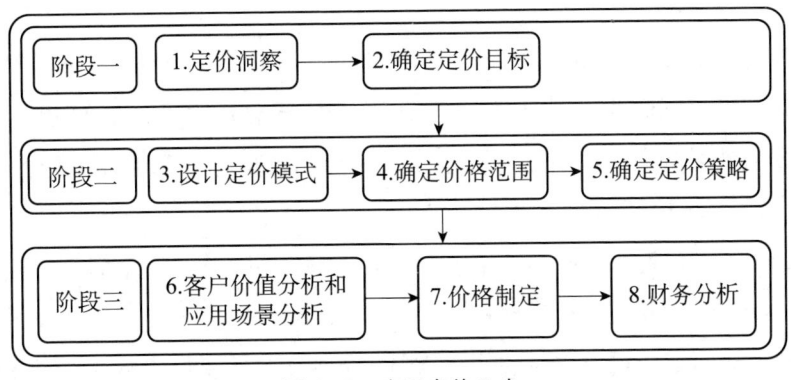

```
阶段一 ┃ 1.定价洞察 → 2.确定定价目标
              ↓
阶段二 ┃ 3.设计定价模式 → 4.确定价格范围 → 5.确定定价策略
              ↓
阶段三 ┃ 6.客户价值分析和应用场景分析 → 7.价格制定 → 8.财务分析
```

图 4-9　产品定价 8 步

◆ 阶段一

第一个阶段从定价洞察开始，然后确定定价目标。通过定价洞察，识别定价的机会，真正做到知己知彼。

第一步，定价洞察

定价洞察包括市场空间、行业发展趋势、客户细分、竞争态势等方面的分析等。企业通过定价洞察聚焦行业、客户、竞争对手、自身维度，从外到内明晰行业发展趋势与价值分配，了解细分市场及客户商业诉求变化，识别客户采购模式、交易模式的变化，摸透竞争对手定价模式的优势和劣势及其变化，企业则根据自身经营诉求和交易现状，系统地分析定价业务中的关键问题，基于事实、数据和成果，制定出可执行的定价模式、定价策略、定价方法、市场价格策略。

定价洞察主要围绕三个对象展开：产品、竞争对手、客户。

产品分析主要包括产品特性列表、需求满足度、产品竞争力分析等。

竞争对手分析主要包括竞争对手的盈利模式、报价模式、打包场景、竞争力分析，差异化分析，价值度量方法、定价策略、价格水平分析等。

客户分析主要包括客户价值主张、客户痛点列表、客户需求排序（应用场景)、价值偏好、客户采购模式、业务收入模型、盈利模式、供应商转换成本分析等。

华为进行 IPD 变革的时候,从 IBM 公司(International Business Machines Corporation,国际商业机器公司)引入了客户需求分析模型:＄APPEALS。该模型从 8 个维度对产品进行客户需求定义和产品定位。＄APPEALS 分别是指:价格(＄,Price)、可获得性(Availability)、包装(Packaging)、性能(Performance)、易用性(Ease of Use)、保证(Assurance)、生命周期成本(Life Cycle Cost)、社会接受程度(Social Acceptance)。

价格:表示客户愿意支付的价格范围,子维度包括原料成本、人工费用、管理费用、技术转让费、生产费用、库存消耗、废料费用、客户可接受售价等。

可获得性:表示客户购买产品的方便性和在效率方面的体验,子维度包括行销工作、销售行为、分仓库、分销渠道、交货期、广告、订购过程等。

包装:表示客户希望满足的产品视觉特征偏好和可运输性,子维度包括外包装样式、外观尺寸、包装风格、包装颜色、包装物质量、物流运输、销售界面等。

性能:表示客户对产品功能、性能方面的期望,子维度包括速度、力、黏度、容量、精确度、热量、功率、功能等。

易用性:表示客户使用产品的容易程度,子维度包括安装、使用、维修、回收、人机功效、显示、文档等。

保证:表示客户对产品的可靠性、安全和质量等方面的需求,子维度包括可靠性、可用性、安全性、冗余性、稳定性、完整性等。

生命周期成本:表示客户在使用产品的全过程中需要额外投入的成本,子维度包括寿命、无故障工作时间、调整校对费用、备件费用、服务费用等。

社会接受程度:表示影响客户购买决策的心理因素,子维度包括风俗、习惯、民族文化、环境、法律法规、保密要求、企业责任等。

定价洞察是开展产品定价的基础工作,将直接影响产品定价的效果。如果定价洞察做得不深入,企业就不能对产品定价形成深刻的理解,也就难以指导定价工作的开展。那么华为是如何进行定价洞察的呢?笔者总结了华为的定价洞察方法，称为 3 阶 7 步骤作业法：

第一阶：定义和启动。此阶段包括两个步骤：

步骤 1：确定定价洞察的目标和范围。华为把定价洞察当成单个项目，明确项目的目标和范围，便于及时衡量定价洞察的结果。目标越明确，越能指导定价洞察的方向，范围则确定了定价洞察工作的边界。

步骤 2：匹配定价洞察场景，制订计划。确定洞察的方法和工具，并组建团队，即确定由谁负责定价洞察，并制订详细的项目计划。

第二阶：分析和执行。此阶段包括三个步骤：

步骤 3：开发假设，通过假设找到定价洞察的方向。比如，假设开发新的定价模式、新的价位，明确什么样的新模式和价位是容易被客户接受的。

步骤 4：收集与整理信息。通过调研、公开渠道、合作伙伴、客户或者专业的服务机构收集相关定价信息并分类整理。

步骤 5：分析、总结和评估验证。分析收集的定价信息、汇总发现、提炼洞察观点，验证目标是否达成。

第三阶：总结和分享。此阶段包括两个步骤：

步骤 6：开发故事线并形成定价洞察报告。开发故事线，形成逻辑性强，易于理解，关键信息、观点、建议清晰的定价洞察报告。

步骤 7：分享定价洞察报告。主动或根据体系统一规划，在定价体系内部分享。

第二步，确定定价目标

定价目标是价格管理的基础。确定定价目标，即确定定价在短期和长期想要达到的目标。定价目标与产业的经营目标是一脉相承的，定价目标来自产业经营目标的分解与定价洞察发现。其中客户的支付意愿是确定定价目标的重要参考依据。

支付意愿（Willingness to Pay，WTP）是基于一定交易规模预估的客户目标价格（如图 4-10 所示）。客户会根据产品的参考价值和差异化价值形成自己对产品的支付意愿，因此支付意愿不是一个单一值，而是：

(1) 根据交易规则的变化而变化的目标价格曲线，且有波动区间；

(2) 基于管理目标制定/允许的价格波动范围，即目标价格区间；

(3) 基于客户价值的 WTP，因此具有特殊客户策略/项目性质的价格点需要被排除在外并纳入例外管理。

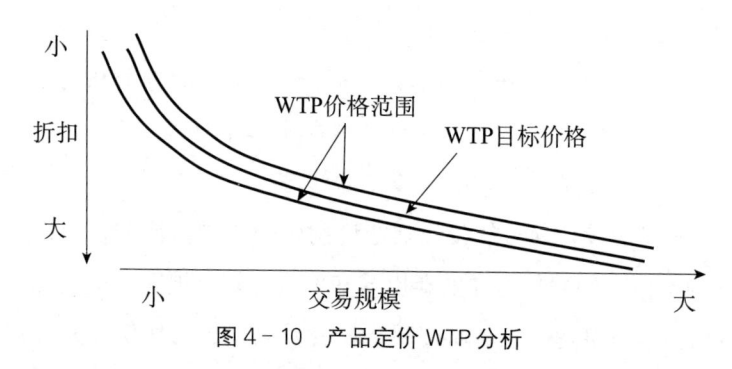

图 4-10 产品定价 WTP 分析

◆ **阶段二**

阶段二基于目标设计定价模式、确定价格范围和确定定价策略。

第三步，设计定价模式

定价模式决定报价结构，也就是决定企业如何向客户收费。企业需要考虑的是采取一次性变现还是分期变现的模式。软件的定价模式是选择订阅模式还是按需模式？硬件的定价模式是选择一次性销售模式还是重复销售模式？每种变现模式下的价位优先级应该如何设计？这些问题在企业设计定价模式时均需要考虑清楚。价位优先级高的产品采取重复销售模式，如年费、订阅费、维保费等（如图 4-11 所示）。这类产品选择重复销售模式时，企业就要注意对定价对象价位的优先保护，以免将来的利润受短期价格的影响。

第四步，确定价格范围

在明确定价模式和定价项之后，就可以确定各个定价项的价格范围。价格范围体现了产品的价位。

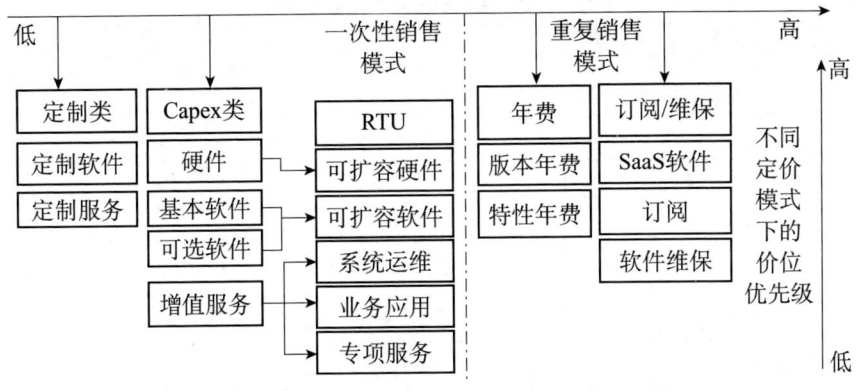

图 4-11 不同定价模式下的价位优先级

第五步，确定定价策略

第五步是确定定价策略，包括产业/产品定价策略、区域/大客户定价策略。企业应基于公司战略、产业战略、产品特征、市场地位等因素制定合理的定价策略；基于客户、区域、渠道等因素确定各级销售决策团队的交易定价策略。

◆ 阶段三

阶段三进行价值分析，然后制定产品打包、量纲和目录价策略，并从财务角度对定价策略进行分析和评价。

第六步，客户价值分析和应用场景分析

第六步主要进行客户价值分析和应用场景（Use Case）分析。

客户价值分析主要是定义提供给客户的差异化价值的特性。可以采取加权分析法进行定义，即所有差异化价值项的权重累加之和等于1，对客户价值按0～10分评分。客户针对每一个差异化价值项，分别对竞争对手和华为进行评分，每项的评分为0～10分。价值评分反映了每个产品差异化价值分析的结果，评分越高，就意味着产品的差异化价值越高。某产品的价值特性分析如表4-9所示。

表 4-9 某产品的价值特性分析

某产品的价值特性	权重	A	B	C	华为
高 I/O 工作负载吞吐量	0.20	9	8	5	8
商用硬件	0.15	8	9	6	6
多种协议	0.15	7	8	7	7
云连接	0.10	6	9	6	7
可扩展性	0.10	7	8	7	6
存储管理	0.15	8	6	6	9
策略驱动的文件管理	0.15	8	8	7	9
价值评分（WTP）	1.00	7.75	7.95	6.20	7.55

应用场景分析是华为针对客户商业目标，展示客户如何使用产品才能达到目标的场景。对具体产品解决方案进行价值分析时，应结合具体产品的特点、应用场景等，首先明确客户价值的具体来源，再构建对应的分析逻辑。

第七步，价格制定

产品打包：将解决客户痛点、解决客户问题、满足客户需求、符合客户应用场景等的产品打包。要确保成包产品有新增功能和特性是客户需要的。产品打包需要考虑产品定价项设计。定价项设计要能直观地体现客户价值，并且有利于提升报价和交付效率。

量纲设计：量纲需匹配业务属性且体现持续盈利能力。选择合适的量纲，确保企业可以随着网络增长和业务发展可持续收费，且能够覆盖持续维护的成本。

目录价制定：通过目录价制定与调整，确保价值分配合理，保证产品策略落地。牵引产品从竞争定价到价值定价。

第八步，财务分析

财务分析包括销量分析、销售收入分析、成本分析、盈利分析等，财务分析的科目如表 4-10 所示。定价策略的盈利受到产品成本结构、产品边际收益、客户对价格变化的敏感度等因素的影响。实际上，价格、销售、成本三者之间是一个动态变化的过程：降低价格可能并不会影响利润率，因为在降价之后销售量可能会增加，销售量增加会进一步引起成本的下降。相关的计算公式如下：

(1) 利润＝收入－成本＝销售量×净销售价格－销售量×单位可变成本－固定成本。

(2) 贡献毛利＝销售量×(净销售价格－单位可变成本)，也被称为边际贡献。

(3) 单位贡献毛利＝净销售价格－单位可变成本。

(4) 贡献毛利率＝单位贡献毛利/净销售价格。

表4-10 财务分析的科目

科目	产品1	产品2	产品n
净销售价格			
单位可变成本			
单位贡献毛利			
销售量			
销售额			
贡献毛利率			
贡献毛利			
固定成本			
利润			

4.5 产品组合定价

为了进入多个细分市场，华为同时设计了多条产品线，这就形成了产品组合。进行产品组合的目的是通过多个产品互相配合，有效应对竞争，满足不同客户的需求。在华为的产品组合中，有的负责赚钱，以保障公司利润；有的负责"进攻"，以打击竞争对手；有的负责"防守"，以防止竞争对手攻击；有的负责造势，以吸引市场的关注……华为通过一套组合拳获取最大收益。

基于产品组合进行定价的关键是找到产品组合的核心以及阶梯价格的价值依

据。要在普适性功能与差异性功能之间找到战略与研发的平衡，确保产品组合在一些细分市场能够形成差异。获取购买意愿及购买能力更强的客户的关键，是从购买意愿和购买能力弱的客户入手。公司内部同一个市场的多个产品组合应尽量避免价格冲突。

常见的组合定价类型及典型案例如表 4-11 所示。

表 4-11 常见的组合定价类型及典型案例

组合定价类型	组合定价方法	方法说明	典型案例
产品组合定价	两部定价（进场费+过路费、进场费+油费）	进场费使客户获得消费资格，然后对客户的具体消费量收费	娱乐场所门票、移动运营商通信套餐
	剃须刀-刀片、反向剃须刀-刀片	通过廉价剃须刀锁定客户，用高毛利的刀片持续获取盈利	吉列、利乐包装、打印、iPod+iTunes
	整体解决方案定价	把一系列相互配合的产品和服务搭配在一起形成解决方案卖给同一个客户	IBM 的解决方案、麦当劳的儿童套餐
客户群体组合定价	交叉补贴	用低价甚至免费销售吸引第一类客户群体以锁定第二类客户群体，实现从第二类客户群体那里盈利，多用于采用平台型商业模式的厂商	腾讯 QQ、游戏
	批量计价	不同购买量对应不同的定价策略，一般购买量越大，价格越低	SAP 公司、金蝶软件
	分时计价	不同时间对应不同的定价，利用时间区隔不同的客户群体。通过高价和少量供应造成阶段性缺货，吸引铁杆客户最先用高价购买	苹果 iPhone、机票

◆ 产品组合定价案例 1：华为手机组合定价

华为近年来受美国制裁，在手机市场遭遇到了不小的困难。考虑到不同细分市场消费者的需求及消费能力存在差异，华为制定了高端、中端、低端三种手机产品组合，高端有 Mate 系列和 Pura 系列，中高端有 Nova 系列，中低端有畅享系列，如图 4-12 所示。

```
        Mate系列
      价位：5 000元以上
    Pura系列价位：3 000元以上
   Nova系列价位：2 000~3 000元
  畅享系列价位：1 000~2 000元
```

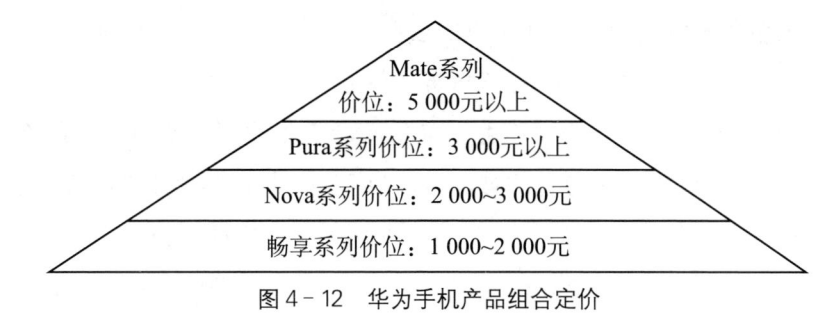

图 4-12　华为手机产品组合定价

华为 Mate 系列，如 Mate 60 Pro、Mate 60、Mate 60 RS，主打高端商务市场，面向高端用户群体。该系列机型具有出色的性能、强大的拍照能力和超长的续航能力。

华为 Pura 系列，如 Pura 70 Pro$^+$、Pura 70 Pro、Pura 70 等，主打时尚拍照市场，面向年轻消费者。该系列机型同样具有出色的性能和拍照能力，但在外观设计上更为轻薄、时尚。

华为 Nova 系列，如 Nova 12、Nova 11 SE 等，主打中高端市场。"Nova"的含义是"新星"。该系列机型主要面向年轻消费者群体，如年轻女性和学生群体；具有较高的性价比，拥有出色的性能和外观设计，集潮流美学、趣味自拍和高品质音效于一身。

华为畅享系列，如畅享 60x、畅享 70z、畅享 70。"畅享"意味着"大众能够畅所享用"，主要面向中低端市场，如老年人和学生群体。华为将畅享系列定位为具有一般消费能力的人群的入门级机型，外观和性能一般，价格实惠。

◆ **产品组合定价案例 2：Petal One 会员组合定价**

移动互联网兴起之后，大量的 App 便成了用户手机中的"常客"，但是越来越多的 App 也带来了用户体验方面的问题：

（1）内容的碎片化和平台割裂。消费者需要反复开通 App 会员，甚至需多重"套娃"办理会员，但其实大部分购买内容都是重复的。

（2）场景割裂。家庭、设备之间不能共享打通，导致用户在大量账号、设备、场景之间切换，无法享受统一服务。

（3）云服务不深。面向移动用户的云服务太简单，其只具有简单的存储功能，云空间很难发挥出真正的为个人服务的价值。

2021年7月29日，华为在旗舰新品发布会上推出了全新的会员服务组合Petal One。Petal One连续包月的官方定价为79元/月，其特点是集合了华为云空间、视频和音乐等服务。用户仅需订阅Petal One，就能以更优惠的价格，更方便地享受3种高品质数字服务：华为云空间高级套餐200GB（连续包月价为18元/月）、华为音乐超级音乐VIP（连续包月价为12元/月）、华为视频全息影视会员和酷喵联合会员（前者连续包月价为29元/月，后者现已更名为优酷SVIP会员，连续包月价为35元/月）。

Petal One采取了一种独特的减法策略，将原本复杂的服务和内容重新归一。用户可以非常优惠的价格开通3种数字服务，并且能够实现家庭成员共享、多设备打通。Petal One看似只是简单地整合了三个功能并将其打包出售，而实际上，华为的逻辑是要向用户提供一套数字服务，实现1+1+1＞3的效果。

Petal One的底层逻辑思路是在人、设备、服务、数据之间完成全协同的架构打通。在有效认证的账号下，不同设备在不同场景可以共享数据，家庭用户可以一同使用云空间。

尤其在全场景、多设备协同中，Petal One支持手机、智能穿戴、智慧屏、平板等多终端的设备共享。华为云空间支持图库、联系人等常用数据的多设备同步；华为视频黄金会员支持用户通过手机、平板、智慧屏、VR眼镜等设备观看视频；华为音乐超级音乐VIP可连接手机、手表、智慧屏、平板、智能音箱等关联终端产品及服务。

4.6 产品打包

产品打包的关键是抓住客户痛点与客户需求，将产品不同的功能、特性组合成不同的产品包，以匹配客户在不同场景、不同发展阶段的需求。

产品打包的过程就是进行产品开发的过程。需要注意的是，在产品规划阶段就需要考虑如何打包产品，因为产品的打包方式将影响产品的定价方式及价格差异化的实现方式。

◆ 打包与捆绑

价格捆绑是将多种单独的产品或服务组合在一起，以一个折扣的价格点销售，该价格点比产品单独销售的价格更低。我们经常看到商家提供的各种套餐，这些套餐就是典型的捆绑。比如前文提到的 Petal One 就是将华为云空间、视频和音乐三种服务产品打包在一起，实现捆绑销售。在华为消费者业务中有很多这样的捆绑销售案例，Mate 60 Pro 刚推出的时候，引起了广泛的关注，一时之间一机难求。于是，华为推出了 Mate 60 Pro 同心套装，即将 Mate 60 Pro 手机、Watch 4 手表、FreeBuds Pro 3 蓝牙耳机三种产品打包在一起销售。对于那些急于购买 Mate 60 Pro 的消费者而言，购买同心套餐不仅能够快速体验新的手机，还能享受到一定的价格优惠。

恰当的产品打包能够降低销售成本，提高产品销售、交付的效率，反之则会增加销售成本，降低产品销售、交付的效率。

华为之所以采用捆绑的方式进行产品销售，主要的原因有以下几个：

（1）增加交叉销售。捆绑销售可以通过将不太受欢迎的产品与受欢迎的产品捆绑在一起销售以增加它们的销售额。

（2）提高价值感知。捆绑销售意味着华为可以占领一部分支付意愿较弱的市场，获得销售整体捆绑产品而不是单个产品的价值。

（3）抵御竞争。捆绑销售可以让华为成为一站式供应商，抵御竞争。

（4）提供专业知识并简化选择。华为的产品在技术上较为复杂，客户在使用时可能需要指导，华为可以创建满足客户特定需求的捆绑包。

（5）提供一系列价格点。捆绑销售使华为可以向客户展示一系列"版本"和价格点，从而便于客户根据自己的需求和预算做出决定。

打包方式需要与公司的销售战略保持一致。那么捆绑是以产品为导向还是以销售为导向呢？

以产品为导向：尽量保持简单，报价更严格。以产品为导向的公司最常采用的打包方式是 GBB（Good/Better/Best，好/更好/最好），即将好的、更好的、最好的产品版本打包在一起。这种打包方式适合硬件、软件等各种形态的产品。

以销售为导向：此导向下的捆绑包有更大的变化空间，客户也有更多的定制需求。虽然企业可能不希望客户完全自定义，但可以增强捆绑包的灵活性。这意味着，除了捆绑包之外，客户还可以任意选择附加组件。

华为的打包方式有多种，如将多个时间段内的需求打包在一起、将互补产品打包在一起、将周边产品打包在一起等。由于无论选择哪种打包方式，都需要考虑竞争因素，因此华为将捆绑包分为三类：基础包、增强包、创新包。基础包实现"人有我有"，增强包实现"人有我优"，创新包实现"人无我有"。

评价产品捆绑包好坏的两个指标是：对象命中率、量纲直通率。对象命中率是打包对象被客户选中并购买的概率；量纲直通率是量纲被客户接受的比例。

知名的定价咨询公司——德国西蒙顾和管理咨询公司对产品打包方式进行了总结，如图 4-13 所示。

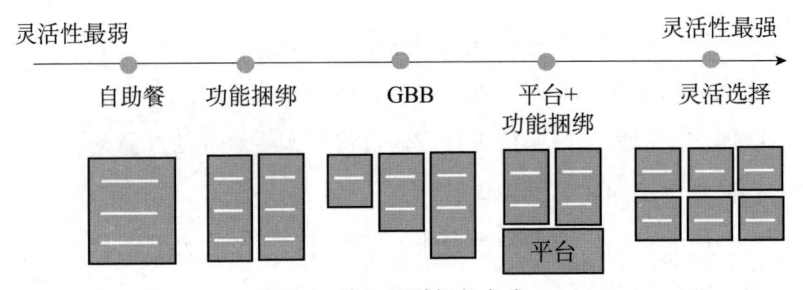

图 4-13 五种打包方式

这五种打包方式按客户选择的灵活性逐渐增加排列，对客户及企业内部的管理要求也逐步提高，毕竟选择增加将导致销售的难度与交易的复杂度上升。表 4-12 是对这五种打包方式的对比总结。

表 4-12 五种打包方式对比

	自助餐	功能捆绑	GBB	平台＋功能捆绑	灵活选择
定义	一个包含所有产品和功能的优惠捆绑包	针对特定类型应用场景或客户打包成不同的捆绑包	将越来越多具有不同功能特性的产品打包在一起	将某一类产品或内容中的所有相关产品打包在一起	是一种具有捆绑折扣的灵活打包方式

续表

	自助餐	功能捆绑	GBB	平台＋功能捆绑	灵活选择
好处	简单、激发客户热情和参与	能让客户获得自我认同（获取的捆绑包与需求匹配）	强制客户在价值与价格之间进行权衡；产品种类随客户需求的增长而增长	突出优势；与核心细分市场产生关联	最大化选择灵活性，客户可以根据需求或支付意愿自行选择

华为大部分产品的打包方式都属于这五种之一。从华为的软件产品来看，其打包方式有三类：按版本打包、按 Base（基础）＋Options（可选）打包、按 a-la-carte 打包（菜单点菜）。

按版本打包

按版本打包有传统模式和 SnS 模式两种。

传统模式：基本软件包、可选特性、升级、维保等各项产品或服务相互独立，需要分别购买。传统模式的可选特性直接向客户展现，不仅增加了销售人员的销售难度，而且难以有效体现客户界面的价值。这种模式往往导致大量可选特性的续签续费率很低。这时候华为开始转变思路，借鉴行业优秀的实践经验，按照典型业务场景打包，形成了华为独有的 SnS 模式。

SnS（Subscription and Support，软件订阅与保障）模式：华为按客户应用场景将基本软件和可选特性打包成标准版、高级版和铂金版（如图 4－14 所示）三种，供客户选择，通过配套 SnS 持续提供新版本、技术和完善的保障，客户按年购买，随时享用。

不仅软件许可可以按照版本打包，相对应的维护支持、升级服务也可以按照版本打包。

图 4－14　软件按版本打包示例

软件按版本打包设计原则:

(1) 各软件包的量纲统一。量纲统一便于拉通各个版本,并进行价值对比。

(2) 软件包中的特性在未来版本中可增强,也可扩充,以吸引客户购买对应的 SnS 服务。

(3) 客户可以从低级包升级到高级包。高级包的功能包含低级包的功能,如此才可以促使新老客户将来平滑升级上去。

按版本打包是软件行业比较通行的做法。华为结合自身特色,并借鉴业界通行的做法,总结了自身适用的打包方式。

全球著名的 CRM(Customer Relationship Management,客户关系管理)云服务厂商 Salesforce 是软件行业的标杆企业之一,其就是按照不同功能将销售云和服务云打包成了四个版本——基础版、专业版、企业版和无限版,基础版价格为每月 25 美元/用户,专业版价格为每月 80 美元/用户,企业版价格为每月 165 美元/用户,无限版价格为每月 330 美元/用户。各版本的功能对比如表 4-13 所示。

表 4-13 销售云和服务云各版本的功能对比

●所有特性 ○部分特性 —不包含

功能	基础版	专业版	企业版	无限版
以更理想的方式找到和管理潜在客户	○	○	●	●
管理有关客户和销售的详细信息	○	○	●	●
在任意地点使用任意设备销售	●	●	●	●
更准确地预测销售	—	○	●	●
配置、定价、报价和计费	—	●	●	●
获取实时销售洞见	○	○	●	●
在整个公司内协作	○	●	●	●
将 Salesforce 推广给合作伙伴	—	○	●	●
更轻松地开展交叉销售和追加销售	○	●	●	●
定制化和自动化流程	○	○	●	●
将销售信息与任何应用程序连接	○	●	●	●
充分利用 Salesforce	○	●	●	●

全球著名的 ERP 软件厂商 SAP 对销售云和服务云的打包类似于 Salesforce。

SAP按照不同功能将销售云和服务云打包成了三个版本：标准版、专业版、企业版。这样做的好处是简化了定价项，便于客户快速选购。但这也意味着任何增强功能都必须打包在一个、两个或全部三个版本中，这将导致客户缺乏商业灵活性（换成新的版本需要重新签订合同）、自身收入遭受损失（客户需要更多功能，却不愿意多付费）、更高水平的前期承诺（以谈成更好的价格），从而引起产品过度销售、采用率更低。

按Base（基础）+Options（可选）打包

按Base（基础）+Options（可选）打包的原则：按照不同业务应用场景进行打包设计。

可选特性包（业务领域）：大颗粒的可选价值特性包；与基础包叠加使用，可叠加多个；基于客户价值设计，面向不同场景具有相应的业务功能。

基础特性包（平台能力）：产品所必需的特性集合；特性范围是用户正常使用所需的特性。

以USG6000V（Universal Service Gateway，虚拟综合业务网关）为例，华为将按照业务场景设计了四个可选特性（如图4-15所示）。

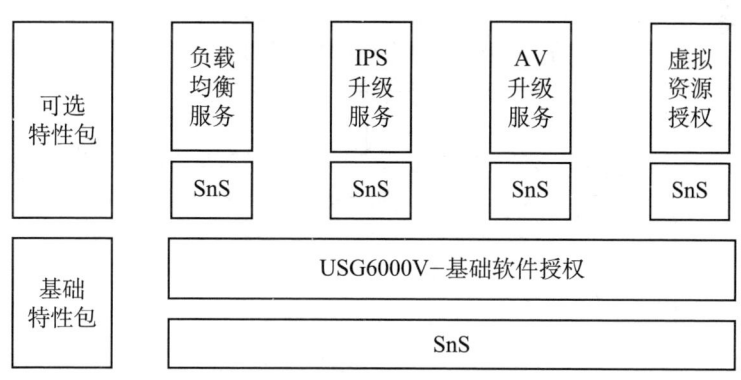

图4-15 软件按Base（基础）+Options（可选）打包示例

负载均衡服务。该服务支持服务器间的负载均衡。对多出口场景，可按照链路质量、链路带宽比例、链路权重，基于应用进行负载均衡。

IPS（Intrusion Prevention System，入侵防护系统）升级服务。该服务可提

供超过 5 000 种漏洞特征的攻击检测和防御。支持 Web 攻击识别和防护，如跨站脚本攻击、SQL（Structured Query Language，结构化查询语言）注入攻击等。对应的产品报价项目为：USG6000V‑IPS（USG6000V IPS 许可‑每 vCPU）。

AV（Anti‑Virus，防病毒）升级服务。该服务提供高性能病毒引擎，可防护 500 万种以上的病毒和木马，病毒特征库每日更新。对应的产品报价项目为：USG6000V‑AV（USG6000V Anti‑Virus 许可‑每 vCPU）。

虚拟资源授权。支持多种安全业务的虚拟化，包括防火墙、入侵防御、反病毒、VPN（Virtual Private Network，虚拟专用网络）等。不同用户可在同一台设备上进行隔离的个性化管理。

基于以上打包模式，华为将 USG6000V 产品的基础软件许可区分为 V1、V2、V4、V8 四个规格①；将基础软件订阅与保障年费区分为两种，即 USG6000V 基础软件订阅与保障年费 1 年‑每 vCPU、USG6000V 基础软件订阅与保障年费 3 年‑每 vCPU。

前面提到 SAP 最开始采用按版本打包的方式，但随着时间的推移，SAP 意识到按版本打包存在不足，在销售云和服务云产品中也开始逐渐采取按基础包＋Add-on 打包方式定价（如图 4‑16 所示）。

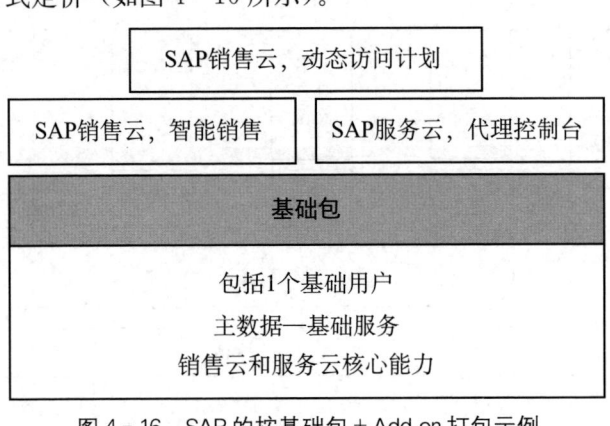

图 4‑16 SAP 的按基础包＋Add-on 打包示例

---

① 以 USG6000V 基础软件许可‑每 vCPU 为单位，1 个 vCPU 为 V1，2 个 vCPU 为 V2，4 个 vCPU 为 V4，8 个 vCPU 为 V8；vCPU 是指支持 VT（Virtualization Technology，虚拟化技术）的 Intel x86 64bit 的 CPU 虚拟化出来的逻辑 CPU，1 个核（core）对应 2 个 vCPU。

按基础包＋Add-on 打包方式定价的优势主要有：降低承诺/入门价格以吸引所有细分市场的客户；尝试/测试功能的灵活性；提供核心产品的创新；能够通过 Add-on 实现货币化变现。

按 a-la-carte 打包

总体原则：只将对客户有价值的东西打包在一起和销售。

对标客户价值，针对主要客户应用场景进行软件包设计和定价，软件包与软件包之间无依赖或约束关系，客户按业务需求和应用场景选择对应的软件包。

华为的很多软件产品也是基于按 a-la-carte 打包方式。比如华为协同办公软件 WeLink，其会议、直播、安全、AI 等按 a-la-carte 打包方式进行打包，便于客户灵活选择。

这种打包方式在软件行业也比较典型。以微软的 Office 为例，其针对不同应用场景，分别设计了独立软件包，如用于文档编辑的 Word、用于电子表格的 Excel、用于幻灯片演示的 PowerPoint、用于电子邮箱的 Outlook。

以上三种软件打包方式适用于华为的软件产品，表 4-14 对这三种打包方式进行了对比。

表 4-14 华为三种软件打包方式对比

打包方式	描述	评价
按版本打包	两个或以上的包对应不同的客户应用场景，高版本包含低版本的所有功能特性	是企业采用最多的软件打包结构之一，对于目标客户有较为明显的技术需求级别和预算级别的情况更适用
按 Base（基础）+ Options（可选）打包	一个基础包叠加多个可选包，基础包是可选包的前提，每个可选包对应一个应用场景	其另一个广为人知的名称为"剃须刀-刀片"定价模型，基础包可以一个有吸引力的价格（甚至免费）来展示其价值主张，可选包承载收入及盈利增长的预期，在运营商中的应用比较普遍
按 a-la-carte 打包	客户按菜单选择，一个包（许可）解决一个主要应用场景，类似于按菜单点菜	主要用于客户应用场景较为独立、产品作为一个大包的部件的情况

◆ 产品打包案例：5G 基站极简打包

在 2019 年世界移动大会上，华为发布了 5G 极简解决方案，秉承"将复杂留给自己，把简单交给客户"的核心设计理念。5G 极简解决方案从网络极简、自动化、商业极简三个方面，向运营商提供了一整套面向 5G 的技术和商业解决方案。

在 5G 基站部署中，华为对复杂的基站建设模式进行整合、简化，利用 Super Blade Site（又称"超级刀片站"）的解决方案，解决了传统基站占地面积大、租金高、能耗高、运维复杂的难题，充分利用现有站点资源并提高站点的部署效率。

华为实现了所有基站单元的模块化、刀片化、室外化，从而也使得运营商部署 5G 基站像搭积木一样简单和便捷，包括 5G 刀片 AAU 和室外型刀片 BBU。

AAU 遵循了多合一的设计理念，实现了全制式合一、低中高多频段合一、有源无源合一，极大地简化了天面，能够大幅减少基站对于空间的需求。

配合刀片式 AAU，华为同期还推出了室外型刀片 BBU，通过组件化拼装，与刀片电源、刀片传输共同构成 5G 超级刀片基站。

这些均可充分利用现有站点资源，减少 5G 部署对于基础资源的依赖，在快速建设 5G 基站的同时还能大幅降低基站的 TCO。

4.7 产品生命周期定价

产品生命周期，是指产品从准备进入市场起到被淘汰退出市场的全部活动过程，由需求与技术的生产周期所决定。

华为产品上市之后，就开始了其生命周期。在这个过程中，华为会随市场变化分析竞争对手的定价策略，根据自身销售目标及竞争战略主动调整定价策略。

一种产品从上市，到逐渐被客户接受，再到被所有客户接受，最后被能更好地满足客户需求的新产品替代而退出市场，在产品生命周期的不同阶段，相关成本、购买者的价格敏感性和竞争对手的行为是不断变化的。因此，定价策略要合时宜、保持有效性，就必须有所调整。比如，华为在新产品上市之前，会先制定试销价；到产品正式上市时，制定目录价及授权价；在产品成长期，制定促销价；在产品衰退期，对价格进行调整。

产品就像人一样，一般要经历几个发展阶段。一般将产品生命周期分为导入期、成长期、成熟期、衰退期四个阶段。

◆ 导入期

新产品进入市场，便进入导入期。此时，客户对产品还不了解，只有少数追求新奇的客户可能会购买，所以此时产品的销售量很低。为了扩大销路，企业需要耗费大量的促销费用对产品进行宣传。在这一阶段，由于技术还不成熟，产品不能大批量生产，因而成本较高，销售额增长缓慢，企业在此阶段不但得不到利润，反而可能遭受亏损。产品功能也有待进一步完善。

什么样的定价策略对于新产品是合适的呢？回答这个问题时必须注意：消费者刚接触新产品时对价格的敏感性与其长期的价格敏感性之间是没有联系的。由于客户缺乏确定产品价值和公平价格的参照物，因此就可以理解为什么大多数潜在购买者都不会被低于产品价值的价格吸引，以及为什么革新者不在意创新产品的高价格。

在导入期，新产品的价格应该被确定为能向市场传达产品的价值的水平。客户参照价格来估计产品的价值，确定价格折扣以及进一步减价的价值。如果采用适中定价策略，零售价应接近于产品对大部分潜在客户的价值。

在导入期，企业通常采用的两种基本定价策略是：撇油性定价策略（简称撇脂定价）、渗透性定价策略（简称渗透定价）。下面简单介绍这两种定价策略。

撇脂定价就是将新产品、新服务的价格设定得相对较高，以便企业能够在短期内收回成本并获得较大的利润。产品刚上市的时候，客户对新产品的价格尚无理性认识，有一部分客户因喜欢追求新奇而去购买。撇脂定价在一些拥有定价权的产品上运用得比较多，这类产品的需求量大，而且客户对价格不敏感，如华为的无线通信产品、苹果的 iPhone 手机等。

渗透定价的核心思想是在产品或服务的初期阶段将价格定得相对较低（相对于价值而言，并非绝对的低价），以吸引大量客户，迅速占领市场。渗透定价虽然在短期内牺牲了产品的高毛利，但是通过大规模的销售可降低单位产品的生产成本，从而在长期内实现成本的降低。渗透定价在具有规模效应的产品上运用得比较多，客户对这类产品的价格较敏感，如华为的存储、云计算产品等。

◆ 成长期

随着客户对产品逐渐熟悉，大量新客户开始购买，市场逐步扩大，产品步入成长期。此时产品得以大批量生产，生产成本相对降低，企业的销售额迅速扩大，利润也迅速增长。竞争对手看到该产品有利可图，纷纷进入市场参与竞争，使同类产品供给量增加，价格随之下降，企业利润增长速度逐步放缓，最后达到生命周期利润的最高点。

一种产品一旦在市场上立足，定价问题就开始发生变化。购买者可以根据以前的经验来判断产品价值。购买者的注意力不再单纯停留在产品效用上，而开始细致地比较不同品牌的成本和特性。

采用产品差异化战略的企业致力于为自己的产品设计独特的形象。在成长期，企业必须迅速在研究、生产领域以及在客户心目中确立自己的地位，成为具有差异化属性的重要供应商。当竞争趋于激烈时，产品独特的差异化属性可产生价值效应，降低客户的价格敏感性，保证企业仍能获得较高的利润。如果行业普遍实行产品差异化，那么企业应采用适中价格或渗透价格来吸引客户，从巨额销售量中获得回报。

采用总成本领先战略的企业将致力于成为低成本企业。在成长期，企业必须集中力量开发并生产成本最低的产品，做法通常是减少产品差异性，期望其能凭借成本优势在价格竞争中获利。如果公司想要依靠高销售量创造成本优势，就应该在成长期采用渗透定价策略占领市场，给其后的竞争对手进入市场制造障碍。如果企业的成本优势是通过更有成本效率的产品设计创造的，则其仍然可以采用渗透定价策略获利。如果市场对价格不是很敏感，则企业宜采用适中定价，这与追求成本领先也是步调一致的。

为了和定价策略保持一致，企业应考虑所有与市场和企业自身能力相关的问题。很少有纯粹的产品差异化战略或纯粹的总成本领先战略。不同企业战略的重要区别在于其对价格和产品差异的强调不同。成功的战略要综合考虑如何满足若干细分市场对价格和产品特色的要求。

◆ 成熟期

随着市场需求趋向饱和，潜在的客户已经很少，销售额增长速度变缓直至转而下降，这标志着产品进入了成熟期。在这一阶段，市场竞争逐渐加剧，产品售价降低，促销费用增加，企业利润下降。

在成熟期，受环境影响，企业调整决策的余地变小，但有效定价仍是必不可少的。成长期利润主要来自向扩张市场的销售，此时这一利润来源基本枯竭。

企业要能够制定出恢复行业增长速度的营销战略，或者实现技术突破，推出更具特色的产品。此外，企业可找到改进定价有效性的方法，比如将相关的组合产品和服务拆开出售、改进对价格敏感性的度量、改进成本控制、扩展产品线、重新评价分销渠道等。

◆ 衰退期

随着科学技术的发展，新产品或新的替代产品的出现将使客户的消费习惯发生改变，转向消费其他产品，从而使原来产品的销售额和利润额迅速下降。于是，产品进入了衰退期。

衰退期产品需求的急剧下降可能具有地区性，也可能具有行业性；可能是暂时的，也可能是永久的。在衰退期，一般有三种战略可供企业选择：紧缩战略、收割战略和巩固战略。这三种战略需要配合采取不同的定价策略。

紧缩战略意味着企业应全部或部分地放弃一些细分市场，将资源重新集中于企业更有优势的市场上。紧缩战略是经过精心规划和执行的战略，它将公司置于更有利的竞争地位上，而不是为了避免公司瓦解而不得已采取的办法。紧缩战略的实质是把资金从优势薄弱的市场上撤出来，投入公司具有优势的市场。

收割战略意味着企业逐步退出行业，最终完全退出。

巩固战略试图在衰退期加强竞争优势以从中获益。这种战略仅适用于那些财力雄厚的企业，它可以使这些企业渡过使众多对手溃败的难关。成功的巩固战略能使企业在危机后重新组合，在缺乏竞争的行业中获利。

即使是在产品生命周期最艰难的阶段，仍可改进战略的选择。不过这种选择不是任意的，它取决于公司执行战略并在竞争中取胜的能力，且要求公司能预见未来、合理规划。

▶ 案例5

华为 C&C08 交换机衰退期提价，为产品生命周期定价画上完美句号

C&C08 交换机在早期是华为的一个很关键的产品，经过十余年的发展，该产品进入了衰退期。C&C08 交换机在网上保持巨大的规模。从产品销售数据看，大规模、大容量的整机新建非常少，基本都是小局点、远端接入点的补建，客户改造投资价值低，产品可替代性弱。有了这些基础之后，经营团队抓住衰退期的长尾，利用竞争减弱的时机，明确提价策略，有效增加了公司收入。

◆ 产品生命周期内调价

在产品生命周期内的不同阶段，应采取不同的定价策略，这就会涉及调价。有时候调价会牵一发而动全身，是否要调整定价模式和定价量纲？价格是往上调还是往下调？是调整目录价还是调整授权价？调价对客户、渠道商、自身的影响不同，调价的结果也就不同。所以，调价需要考虑多方面的因素：如果调整目录价，就要像在产品定价的时候考虑成本、竞争对手、客户、渠道一样，也考虑这些因素，但还需要考虑其他更多的因素。

在调价之前需要明确调价的目的是什么。调价一般有三个目的：维持或提升销售量；延长产品生命周期；驱动客户升级，降低产品生命周期内的综合管理成

本。根据目的采取合适的调价策略，方能达到调价的目的。

当然调价也不能太随意，尤其是老产品的调价隐含很多约束条件。因此调价需要遵循一定的原则：符合年度预算规划、维持渠道利润空间、维持价格体系稳定、原则上不减少利润总额。

根据调价原则确定调价策略之后，就需要发现调价的机会点，也就是什么时候调价对企业最有利。一般情况下，调价触发时点有以下几个：竞争、零售不畅；接续产品上市；运营商"招标卡档"；利润诉求下降、冲量；汇率波动；微盘清理；等等。

调价策略还需要考虑调价幅度。调价幅度没有确定的标准，主要是基于调价的目标来确定，建议采取低频次、大步长的调价幅度。调价幅度还需要基于竞争情况、库存（渠道库存）情况、成本变化情况确定。

在调价策略落地的环节，需要做好调价的沟通工作，尽量将调价的关键信息传递给客户和合作伙伴。在条件允许的情况下，企业调价需要提前预告，提前做好宣传，在调价通知中告知调价的生效时间，让客户提前做好准备。同时，企业应在通知中说明调价（涨价/降价）的原因，要充分顾及老客户的利益及相关历史合同条款的执行，争取获得客户的理解。

如果缺乏经验，或者考虑不周，在调价过程中就会遇到各种问题。比如华为终端产品在调价过程中就踩到了如下几个"坑"：未考虑实际产品策略，过度承诺销量，导致损益测算失真；汇率波动幅度过大，价格空间预留不足；代理商库存过高，调价导致库存损失超出预期；调价导致整体路标价格体系错乱，影响上下档位产品；盲目压缩渠道空间，导致销量无法达到预期；对竞争对手行动的预测过于乐观。

案例 6

华为摄像机调价

案例背景： 摄像机作为视频监控系统重要的前端设备，是视频监控行业厂商的必争之地。华为借助其在芯片、数字逻辑、研发、项目运作等方面积累的丰富经验进入视频监控行业。根据 IMS 2012 年的市场报告，经过几年时间的经营，华为进入亚太区前 10 名，市场份额约为 3.5%。当时华为摄像机的品牌知名度、产品特性等还不被客户熟知，且由于其进入市场时间短，产品销量还比较小，因此，华为不具备规模优势，产品研发、采购等成本偏高。

2011 年，华为摄像机产品从运营商 BG 业务软件（简称"业软"）产品线调整到企业 BG 的 UC&C 产品线，最开始沿用其对于业软的定价策略。由于业软的价格在中国区企业市场上的竞争优势不明显，因此，在 2012 年，华为视频监控 SPDT（Super Product Development Team，超级产品开发团队）对相关产品的定价策略进行了调整。

在产品方面，从单版本变成多版本，形成高、中、低不同档次的产品结构。被定位为低端产品的摄像机版本，其硬件不再采用海康威视代工（Original Equipment Manufacturer，OEM）〔有特殊需求时按具体问题具体分析（Case by Case）的方式处理〕，而采用从景阳 OEM 整机导入，中国区总代价、市场成交价以海康威视为参考对象，与海康威视基本持平。被定位为中、高端产品的摄像机版本，软件自研，硬件从天地伟业以 JDM（Joint Design Manufacture，联合设计制造）方式导入，中国区定价对标海康威视的相应型号，并根据华为摄像机产品的优势特性（60fps、低码流、前端智能、SFP 接口、LTE 等）适当提高华为产品的溢价空间。

到了 2014 年，中国区的视频监控市场环境发生了比较大的变化，海康威视降低了市场成交价，华为在投标过程中几乎没有价格优势。海康威视具有规模优势，其成本比华为的成本低将近 30%，同时还能保持较高的毛利率。在海康威视的价格、规模、成本优势面前，华为要想实现自身、客户、合作伙伴的多赢，就必须采取行动。

华为摄像机定价的大原则是以市场竞争为导向，为了实现产品领导的制造毛利要求，需要把降低成本的压力传导给采购及产品研发部。

在定价分委会会议上，有几个关键问题被提出来，这几个问题主要是：产品型号过多、成本过高、价格过高、授权不足。

（1）产品型号过多。华为摄像机主要分为两大类：一类是不带红外功能的摄像机；另一类是带红外功能的摄像机。不带红外功能的摄像机中，720P 枪机有 3

个型号，1080P 枪机有 5 个型号，720P 半球有 2 个型号，1080P 半球有 1 个型号，720P 球机有 2 个型号，1080P 球机有 2 个型号。带红外功能的摄像机中，720P 红外筒机有 2 个型号，1080P 红外筒机有 2 个型号，720P 红外半球有 1 个型号，1080P 红外半球有 1 个型号，720P 红外球机有 1 个型号，1080P 红外球机有 2 个型号。

（2）成本过高。由于摄像机产品的定价不依赖于成本，而依赖于市场竞争，因此企业在制定目录价的时候一方面要看产品在市场上的竞争力，要基于公司战略、产业战略、产品特征和网络地位；另一方面要兼顾公司的盈利诉求。在价格确定方面，要想保持一定的制造毛利，降成本就成了主要的途径。但困难之处在于对当时视频监控产品所选择的采购模式是 ODM（Original Design Manufacturer，原始设计制造商）、JDM 合作模式，控制硬件的元器件采购成本、制造成本的能力较弱，再加上华为当时产品销量比较小，议价能力也比较弱，因而产品成本居高不下。

（3）价格过高。价格偏高的有 23 款摄像机，这 23 款摄像机的总代价比海康威视对应型号的总代价高，最低高出 43%，平均高出 98%。

（4）授权不足。华为的产品授权价和定价是两位一体的，在制定目录价的时候，整个授权价体系也随之确定。定价中心与营销运作部制定好机关授权折扣，在定价分委会会议上汇报审批通过后，由定价中心将机关授权折扣授给 BU 解决方案销售部，BU 解决方案销售部在机关授权折扣基础上给地区部商务部门授权，授权的强弱影响到一线决策的灵活性与决策速度。

在明确存在的问题之后，由负责定价的营销运作部、定价中心在 UC&C 定价分委会会议上进行了调价汇报，提出了调整产品、降低成本、调整价格、调整授权四大举措。

（1）调整产品。华为采用视频监控前端、后端产品协同作战的办法，通过开发新的后端一体化平台 VCN3000，提高视频监控的影响力，带动前端产品的销售。在产品功能特性上，华为进一步聚焦高清、移动、智能、云存储四大特性，以差异化的定位，避免与竞争对手正面交锋。将在售的 24 款高清网络摄像机（Internet Protocol Camera，IPC）按照产品外观、图像分辨率细分为 12 种产品形态，根据如下原则确定需要调价的产品型号：若该型号仅 1 款产品，则降价继续销售；若该型号不止 1 款产品，则从成本/价格、图像质量两个方面比较 OEM/JDM 自研产品与 ODM 产品：若产品在两个方面相差不大，则将 OEM/JDM 自研产品价格调低并继续销售，停产 ODM 产品，引导一线聚焦销售自研产品；若 OEM/JDM 自研产品与 ODM 产品的成本相差较大，则将二者价格均调低并继续销售，以满足一线项目的不同商务需求。根据这个原则继续调价销售的摄像机有 16 款，8 款摄像机被淘汰。

（2）降低成本。降低物料采购成本：针对小的、标准的元器件，尽量选择公司推荐的"优选"元器件；针对新导入的重要元器件，如芯片、图像传感器、结构件，研发团队参加与供应商的谈判，争取与竞争对手的采购价格对齐；尽量选用归一化的元器件，集中采购，降低物料成本。降低制造成本：硬件采用模块化设计，增加系列化产品的模块组合复用；优化结构设计，减少装配时间；优化装配测试方法，提高测试效率；加强对电子制造服务（Electronic Manufacturing Service，EMS）合作厂商的监控、辅导，持续提升其制造能力。

（3）调整价格。在确定好需要调价的 16 款摄像机之后，按照调整后的折扣体系对目录价进行较大幅度的调整，中国区的授权价降幅在 30％以上。通过临时补丁包，发布配置器价格补丁数据包。

（4）调整授权。考虑到中国区市场的特点与一线对价格的管控能力，华为决定将自制硬件的机关授权折扣下调 14％。BU 解决方案销售部给中国区商务部门的授权折扣下调 16％。

本章小结

华为产品定价的三个要素：定价项、量纲、价格。

华为产品定价 4C（Customer、Competitor、Cost、Channel 原则），分别代表定价需要考虑客户、竞争对手、成本和渠道伙伴四个因素。

产品定价方法包括价值定价、竞争定价、成本定价，但华为力主且最常用的是价值定价。采用价值定价时，需要对产品价值进行分析。

华为产品价值分析的三种方法：投资收益法、市场调研法、参考对比法。

华为产品定价的过程分为三个阶段共八步。第一阶段包括两步，第一步是定价洞察，第二步是确定定价目标；第二阶段包括第三步到第五步，第三步是设计定价模式，第四步是确定价格范围，第五步是确定定价策略；第三阶段包括第六步到第八步，第六步是客户价值分析和应用场景分析，第七步是价格制定，第八步是财务分析。

由于华为细分产品具有多样性，因此华为经常进行产品组合定价。进行产品组合的目的是让多个产品"打群架""拧麻花"，互相配合（赚钱、进攻、防守、做量、造势），争取最大收益。

华为产品的五种打包方式包括：自助餐、功能捆绑、GBB、平台＋功能捆绑、灵活选择。华为的软件打包方式有：按版本打包、按 Base（基础）＋Options（可选）打包、按 a-la-carte 打包。

华为产品生命周期分为导入期、成长期、成熟期、衰退期四个阶段。产品生命周期内调价需要考虑的事项有调价目的、调价方式、机会点、调价幅度、调价沟通等。

第五章　上市定价与销售授权

上市定价是对产品与服务进行场景化定价，以实现从产品到商品的价值量化，最终实现产品与服务价值的变现的定价。销售授权是在产品、服务上市销售之前对不同销售场景的风险授权、现金流授权及商务授权进行管理的过程。

上市定价是华为进行价值传递的关键环节，它将通过产品定价确定的"模式、价位、价格"传递到交易定价环节，实现了场景化定价，即产业上市定价、产业全球上市定价、产品区域/国家上市定价。上市定价的核心是通过对目录价、基本价和授权价的管理，保障定价策略顺利落地。上市定价的关键是根据细分场景下客户的支付意愿，确定该细分场景所在区域和行业长期交易的价位，制定场景化的商务策略、价格基线，授权各级直销团队及分销团队的决策者，包括达成交易的底线价格、交易激励策略、优惠策略等。

上市定价环节管理价格变化的主要工具是"价格瀑布"，"价格瀑布"的关键点是价格杠杆、价格点、定价对象。其中，驱动价格变化的关键要素是价格杠杆。价格杠杆的表现形式多样，比如折扣、优惠、激励、返点等。在华为的不同BG，制定价格杠杆的思路基本相通，即都会考虑到现金流管理和风险管理的需求，只是表现方式略有差异。

华为多年以来坚持的经营理念是通过在上市定价和销售授权等相关业务中制定合理的策略，实现合理的利润、正的经营现金流和风险可控，进而牵引公司实现持续有效增长。

为了实现正的经营现金流，华为制定了合理的销售政策，使损益、现金流、运营资产等经营指标能够协调一致，共同支撑公司经营战略的落地。在客户经营界面，华为向客户提供的不是单一产品，而是整体解决方案，包括产品与服务解决方案、财经解决方案等。因此，可以通过客户引导条款的改变来实现正的经营现金流，比如通过现金折扣来加快回款、通过价格优惠来缩短回款期。

华为在与客户交易之前，不仅关注利润与现金流管理诉求，还关注业务中的相关风险，提前识别风险并量化风险，且采取有效的风险管理措施，确保公司持续有效增长。

5.1 上市定价

在介绍上市定价之前，笔者先简单介绍 GTM。GTM（Go to Market）就是产品从生产出来到进入市场（行业/区域/客户）落地的过程。GTM 是一种产品导向的业务视角，即通过合理的定位、定价、营销等方法让一个成熟的产品出现在合适的场所，触达目标人群，并尽可能促成交易，实现产品经营效益的最大化。

从业务活动来看，华为通过对细分市场的分析，结合公司商业诉求选择目标细分市场，识别市场价值需求并排序，牵引研发部门开发出匹配目标细分市场的产品和解决方案，并明确上市路径，制定并执行 GTM 策略和计划，输出营销资料与装备，选择最佳路径和方式进行品牌传播与营销，为销售赋能，通过跨部门合作，即研发部门、BG 和一线部门的有效协同来实现产品和解决方案的高效上市，在 GTM 过程中验证并持续提升面向客户界面的产品和解决方案的竞争力。

GTM 的目的是让产品和解决方案匹配目标细分市场的价值需求，让客户产生购买的兴趣，让生态伙伴愿意与华为做生意，让一线部门知道"卖什么""怎么卖"，实现产品与解决方案的规模销售，最终实现商业目标。

GTM 最早诞生于哪家企业暂时无从考证，不过一般业内的看法是：GTM 产生于诺基亚，华为将其发扬光大并取得了巨大的成功。

那么为什么 GTM 会在诺基亚、华为这样的企业生根发芽并发展壮大呢？诺基亚是一家历史悠久的企业，其辉煌始于 20 世纪七八十年代。作为一家老牌企业，诺基亚拥有复杂的流程、细致的分工和庞大的组织。对于电信设备制造商来说，其全球每个客户（运营商）均有不同的需求，面临不同的市场环境。2B（To Business，对企业）业务要求严谨、专业，因此诺基亚交付的产品和服务几乎都是定制化的、满足单一客户需求的。例如，诺基亚为沃达丰定制的产品和服务是无法再转卖给 Orange（法国电信）的。在这种业务模式下，诺基亚的组织或者员工几乎都是为某个特定的客户或者某个特定的产品服务的，庞大、复杂的电信系统订单也是支持这种组织结构的。

华为作为通信设备厂商中的后来者，也在很大程度上受到爱立信、诺基亚等老牌企业的影响。华为同样拥有复杂的流程、细致的分工和庞大的组织，在 GTM 过程中会根据产业、细分市场的不同及其变化趋势，通过流程化的组织来制定不同的 GTM 策略，其中就包括 GTM 定价。GTM 的主要业务活动如图 5-1 所示。

只有了解 GTM 的主要业务活动，才知道上市定价在 GTM 中的位置。从图 5-1 中可以看出，上市定价是整个 GTM 中的一个重要内容，由于华为所在的行业多、客户类型多、销售通路复杂，因此其需要针对目标行业、目标客户、目标伙伴提供差异化的市场价格策略，便于在销售时及时、合理地报价。

上市定价就是在 GTM 过程中确定定价模式、定价策略、价位及相关使能，目的是实现市场化、场景化的价值。上市定价具有承上启下的作用，是帮助产品定价落地，打通交易定价的关键环节。上市定价既要承接产业定价策略，又要输出市场商务策略。

上市定价需要根据同类市场和本地化市场的差异，识别出场景化、本地化价值驱动因素，并进行量化管理，实现价值增值。

华为在上市定价业务中区分了产业上市（Launch）、产业 GTM（全球上市）、产业细分市场（区域/国家上市）三种场景下的定价策略。产业上市（Launch）定价策略主要偏向于对产业的商业模式和盈利模式的规划，时间上关注长远，空间上关注全局。产业 GTM（全球上市）定价策略主要偏向于制定产业 GTM 总体定价目标和产业模式、价位、价格策略。产业细分市场（区域/国家上市）定价策略聚焦于区域局部市场的定价策略落地。可以看出，这三种场景是从宏观到

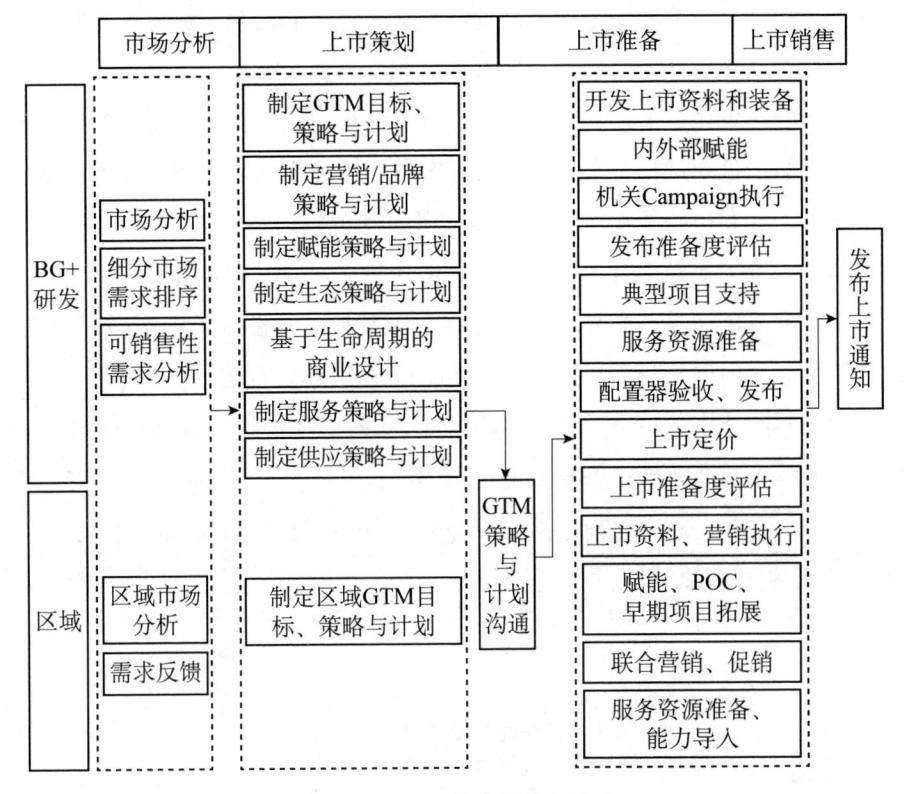

图 5-1 GTM 的主要业务活动

注：Campaign，通常指的是一系列围绕特定营销目标而策划和实施的综合营销活动。这些活动通常具有明确的营销目标，如提高品牌知名度、吸引新客户、促进销售等，并且所有营销活动都服务于这一核心目标。

POC，Proof of Concept，为观点提供证据，一般指早期验证测试。

微观、从整体到局部的逐步细化的上市定价过程。三种场景分别聚焦不同的上市定价策略，输出场景化的合同模板、策略指引、场景化风险基线等资料，支撑定价策略的落地。

◆ 场景一：产业上市（Launch）定价策略

该场景更多关注产业上市层面的商业模式、定价模式设计，输出产业商业设计报告、通用合同模板等。

良好的商业模式、定价模式是实现双赢及未来持续盈利的基础。在上市定价过程中，公司需要充分考虑定价项、量纲和交易周期的调整与适配，并预测区域市场空间和客户投资计划，确保将价格构筑在主力客户模型的基础上。

定价项的场景化、本地化要围绕客户价值进行，便于横向扩张与对比，必要的时候需要对定价项进行二次打包，根据客户的需求模型设计典型配置。量纲要被客户认可，收费量纲的颗粒度应在客户可接受范围内尽量细化。对华为而言，量纲的调整一方面要确保对准客户业务增长，实现可持续扩容盈利；另一方面要符合技术标准演进路径。交易周期设计要考虑增加重复性收入和增强客户黏性，如硬件销售向使用权转变，软件销售向 SaaS、订阅模式转变。

华为在不同类别的产业采用不同的商业模式和定价模式，常见的几个 ICT 产业类别的特点及商业模式策略如表 5-1 所示。

表 5-1 常见的几个 ICT 产业类别的特点及商业模式策略

产业类别	产业举例	产业特点	商业模式策略
硬件类	无线、存储、数通	规模效应明显，初期商务模式、格局比较重要，重点关注可扩容的硬件许可模式	从一次性销售牵引到分期销售、RTU 可扩容、与客户共同实现价值增长
软件类	独立软件	产业多元，多种商业模式并存，毛利高、格局稳；以利润为导向，注重业务的边界，不盲目追求规模；关注可形成重复性收入的商业模式	从买断到年费、订阅、SaaS
服务类	管理服务、客户支持、专业服务	边际成本低，服务形态多样化导致商业模式多样化；关注基于体验和基于结果的商业模式	服务平台化、XaaS 化，基于结果和价值定价
云服务	公有云、私有云、混合云	规模效应、网络效应明显，资源具有弹性，关注产品生态的构建；市场迭代速度快	预留模式、按需模式、竞价模式
芯片/板卡类	通用计算、智能计算	资金与技术密集，垂直分工细化，关注产业链价值的合理分配。利润呈倒金字塔结构：技术最先进的产品单价高、利润大、销量大、性价比最高	销售算力服务、打包到产品和服务，通过生态伙伴利益分配实现持续共赢

场景一举例

对于 NE9000 路由器这一产品，如果按照传统的单板销售模式，那么客户需要购买固定单板（I板）及灵活的子卡（F板），这对于一线销售而言价格较高，客户的资金压力较大。

华为的竞争对手思科于2015年推出了CM（Consumption Model，消费模式），如图5-2所示。该模式支持客户对大规格单板做容量切割，按需分期购买，给客户带来的好处是可以低成本享受到高性能的单板，还可以按需购买资源，且后续扩容简单，能节省机房的面积；给厂商带来的好处是可以加速新单板导入和老单板收编，增强厂商与客户之间的黏性，且扩容扩满之后的收入相比传统一次性销售模式增加20%以上。

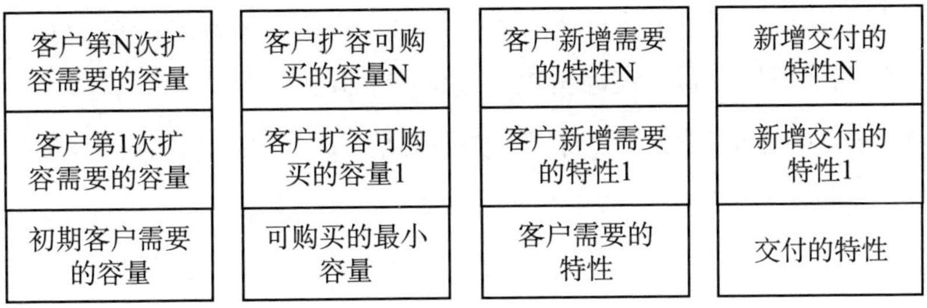

客户第N次扩容需要的容量	客户扩容可购买的容量N	客户新增需要的特性N	新增交付的特性N
客户第1次扩容需要的容量	客户扩容可购买的容量1	客户新增需要的特性1	新增交付的特性1
初期客户需要的容量	可购买的最小容量	客户需要的特性	交付的特性

图5-2 思科CM示意图

在CM这种模式中，CM母板（含起步容量）作为一个独立的报价项，切割之后的容量按端口步长作为独立的报价项（通过硬件许可控制）。

实际上，这种模式与华为在无线、传送、接入产品线推出的RTU模式本质上相通，都是硬件产品能力的分期销售。

NE9000路由器参考了这种模式，对于1T以上的单板，端口按需购买，将硬件能力的价值分期兑现，体现在报价项中主要包括三类：硬件单板（必选，按容量选购，设置起步量）、端口基本许可（按需选配）、功能增强许可（按需选配）。该模式支持客户在初期按需购买，在后期按需持续扩容。

◆ **场景二：产业GTM（全球上市）定价策略**

该场景更多关注产业在全球的定价策略，包括商业模式策略、基本价策略、销售价格策略等，输出××产品价格保护地图、基本价策略指引、价格与销售结构、商业模式上市资料包等。

场景二举例

2022 年 9 月，华为发布 Mate 50 Pro，这款产品集成了最先进的处理器、摄像头、操作系统等技术。华为通过构筑光、机、电、算四大技术底座，形成了自成体系的移动影像技术，推出了华为影像品牌 XMAGE。华为 Mate 50 Pro 采用超光变 XMAGE 影像系统，将光圈可调节的设计融入了手机，拥有 F1.4 业界最大光圈，并可以通过 6 个光圈叶片的开合，实现 F1.4～F4.0 的光圈调节。

基于产品的各项技能参数，Mate 50 系列产品价格与 Mate 40 持平，考虑到受疫情影响，原材料、零部件成本上升，同行业各厂商新机价格均较上一代产品有所提高，因此，这一定价策略可以被视为一种降价策略。

Mate 50 Pro 不同型号在欧洲的定价分别是：8＋256GB 款定价为 1 299 欧元（约合 9 274 元），8＋512GB 款定价为 1 399 欧元（约合 9 988 元），而国内相应产品的定价则分别是 6 799 元和 7 799 元，相对海外价格便宜了 2 000 元左右。需要注意的是，在 Mate 50 Pro 欧洲版预售活动中，华为推出了首批购买用户赠送 FreeBuds Pro 2 蓝牙耳机的优惠方案，这款耳机在国内的售价为 1 299 元。这一销售策略实际上进一步缩小了海外价格与国内价格的差距。

由于受美国制裁，华为 Mate 50 Pro 不支持 5G 且未搭载麒麟芯片，在海外无法获得 GMS 生态支持，因此其销售受到了较大影响。华为通过国内价格低于海外价格而产生的锚定效应，促进了 Mate 50 Pro 在国内的销售。

华为手机是华为终端生态的一部分，为了促进手机的销售，华为还推出了同心套装，通过捆绑智能手表、无线耳机等方式来开展促销活动，提高用户的黏性。

华为在国内外市场的定价差距反映了华为基于现实情况在这两个市场定价上的差异化策略，有助于巩固华为的市场地位并实现可持续发展。

◆ 场景三：产业细分市场（区域/国家上市）定价策略

该场景更多关注具体某个区域/国家的模式、价位、价格策略，输出区域/国家/客户群价格目标、××客户群/行业价格保护地图、××模式落地关键举措、商务管理优化举措等。

场景三举例

华为在制定某个区域/国家的商务策略的时候，会综合考虑模式、价位和价格策略。首先是制定市场商务目标。比如对无线和FTTX产业细分市场盈利要求（非真实数据）：无线存量市场的收入规模同比增长5%，销售毛利率不低于70%；FTTX产业要求管控风险及盈利，销售毛利率提升10%（从70%提升到80%）。确定商务目标之前，首先要充分分析该区域/国家对应产业的发展趋势、竞争形势、客户预算、自身实际情况，目标应相对合理，太高则难以达成，太低则缺乏挑战性。

其次是制定模式执行策略。比如，新建云化场景，云化改造项目采用年费模式，NFV（网络虚拟化）场景要全部采用年费模式；不主动推PAYX（按业务增量或实际使用量收费）模式和AIS（软件所有特性全部打包）模式。

最后是制定价位和价格策略。这主要包括分三个步骤：

第一步，价格复盘。例如，波分产品价位与价格变化情况如表5-2所示（非真实数据）。

表5-2 2023年波分产品价位与价格变化情况

产品族	产品	2023年价位变化	2023年价格变化
波分	100G	−10%	−15%
	10G/40G	10%	5%

第二步，制定与市场策略相匹配的定价策略。比如对于存量项目，严格把控扩容价位，特别是5G用户的扩容价位；持续推动产品配置优化，实现以高盈利物料替换低盈利物料。

第三步，制定区域/国家的目标价（非真实数据）。例如，VoLTE：2022年××区域VNF（Virtualized Network Function，虚拟化网络功能）基本价和2022年年费基本价分别为100万元和20万元。IMS：2022年××区域S运营商IMS Core价位和价格分别为10万元和5万元。

三种场景下的 GTM 定价策略对比如表 5-3 所示。

表 5-3 三种场景下的 GTM 定价策略对比

	场景一：产业上市（Launch）定价策略	场景二：产业 GTM（全球上市）定价策略	场景三：产业细分市场（区域/国家上市）定价策略
目标	公司定价策略落地、产业盈利	支撑市场目标、产业细分市场盈利	产业细分市场盈利
模式	盈利模式：定价模式（定价项/量纲/价值分配）、交易模式、重复收入模式、模式迁移	产业模式：模式指引、模式授权	市场模式：模式执行
价位/价格	相对竞争产品的价位/价格系数、相对替代产品的价位/价格系数	价格竞合策略、全球基本价（调整）策略、客户群/行业基本价（调整）策略	价格复盘、匹配市场策略的定价、区域/国家目标价（基本价）、客户目标价（客户基本价）
使能	产业支撑策略：模式规划	产业支撑策略：定价使能	商务支撑策略：定价使能、服务成本基线改进策略

在上市定价中，实现场景化定价的两个场景化驱动因素就是折扣与优惠。在整个价格体系中，折扣与优惠是实现不同场景差异化定价的重要举措。

5.2 折扣与优惠

折扣（Discount）就是在原来售价的基础上降价、减价销售。优惠是指给予客户特定的好处，是促进交易的常用手段。华为比较常用的优惠策略包括：免费试用、优惠券（Voucher）、量折扣、现金折扣、一次性优惠、赠送、返利等。折扣可以看成价格优惠的一种方式。在华为运营商 BG、企业 BG 中，很少有产品可以做到不给折扣就完成交易。折扣与优惠是华为实现价格变动的一种形式，是用来调整成交价格的重要杠杆。

在上市定价中考虑优惠策略及其幅度，是为了让一线部门在交易中使用优惠的时候可以合理、合规，从而降低后续的经营风险。

折扣与优惠策略会反过来影响目录价的制定。在制定折扣与优惠策略的时候，需要拉通目录价，确保两个环节的策略是一致的。

◆ "价格瀑布"

在上市定价环节，华为管理价格变化的主要工具是"价格瀑布"。"价格瀑布"是用来衡量、理解和管理折扣与优惠的工具，能够形象地表述价格折扣与优惠的形式及其与客户成交净价之间的关系。"价格瀑布"描述了折扣与优惠类型、优惠时机、优惠大小之间的关系。

"价格瀑布"是价格管理的直观展现，覆盖价格制定和交易管理。"价格瀑布"中的价格点和价格杠杆体现出了华为产品的定价结构，定价结构的调整将会影响客户及中间渠道商的价格感知。华为调整价格结构的目的主要是影响其客户和渠道商的行为，进而获得有利于自身的落袋价（PkP）。图 5-3 展示了华为的"价格瀑布"。

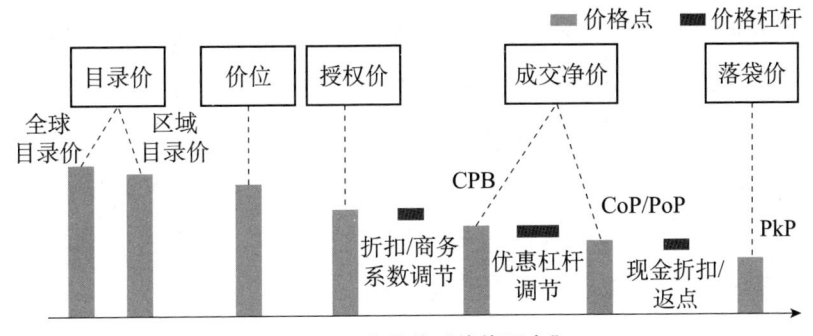

图 5-3 华为的"价格瀑布"

目录价是产品/服务的原始价格，分为全球目录价（Global List Price，GLP）和区域目录价（Region List Price，RLP）。全球目录价代表的是品牌的定位，是授权的起点，面向价值传递与经营。区域目录价用于适配细分市场/客群（区域/行业）价格策略和价值差异，支撑区域交易折扣习惯和汇率诉求，方便一线人员"作战"，一般在区域和国家的配置报价、区域授权和区域基本价制定中使用。区域目录价＝全球目录价×区域调节因子。

上市定价的关键是区域调节因子。区域调节因子（Regional Adjustment Factor，RAF）主要包括市场策略、区域 WTP、区域折扣习惯、汇率风险。区域目录价的价值主要体现在四个方面：

（1）隔离运营商 BG 和企业 BG 价格，方便构建适合企业市场的价格体系；

（2）匹配企业市场调价方式，从调折扣转为调目录价，保持折扣稳定；

（3）简化区域/渠道的授权管理，提升一线的报价效率；

（4）简化各级 SDT 商务审批主管人员的工作量，形成商务基线。

价位，是长期交易的价格基线，是盈利能力的保障。

授权价，是授权给直销渠道和分销渠道的价格。有两种形式的授权价：直销授权价和渠道授权价。直销授权价，是在价位基础上考虑各个区域的竞争情况后给各个地区部和代表处的授权价。渠道授权价，是在价位基础上考虑渠道折扣、特殊伙伴折扣、附加谈判折扣之后的渠道价格。简单来讲，直销授权价就是给华为的各级销售人员的授权价，渠道授权价就是给华为的各类渠道商的授权价。

成交净价，是在价位的基础上减去各种特殊折扣后的价格，一般有两种形式：客户价格手册（Customer Price Book，CPB）或者合同价（Contract Price，CoP）/采购订单价（Purchase Order Price，PoP）。CPB 是与客户达成一致的长期价位，可以分不同层次，如电信运营商有集团 CPB 和子网 CPB，也可以分不同场景，如新购 CPB、扩容 CPB、搬迁 CPB 等。CPB 是后续项目谈判的实际起点，也是实际交易定价的关键价格点。

落袋价（Pocket Price，PkP），是在成交净价的基础上扣除额外促销优惠额、现金折扣、返点、绩效罚款等临时性成本后的价格。

在华为的"价格瀑布"中，折扣是最常见的一种价格杠杆。因此，对折扣的管理将直接影响到价格的变动及经营结果。无论是运营商 BG 还是企业 BG，都非常重视折扣管理。华为往往以解决方案的形式将产品呈现给客户，解决方案中涉及多条产品线的产品或多种类型的产品，而这些产品的毛利水平不同，为了保持产品的盈利，往往很难用一个统一的折扣去管理。在这种情况下，华为强调对折扣进行精细化管理。那么华为是如何实现折扣的精细化管理的呢？华为专门设计了 ClassNo、折扣分类、Discount CategoryID 等折扣业务管理对象，并将其嵌入相关联的 IT 系统中。

ClassNo 与折扣分类之间是一种映射关系。ClassNo 来自定价库维护的分组，由定价中心维护。

折扣分类由 MO（市场代表）、定价中心、质量运营部协商确定，规定地区部的授权折扣。折扣分类是基于定价库的分组，其名称与分组的名称可能不一致。折扣分类用于对外沟通，分组用于内部基本价折扣管理。

Discount CategoryID 是行销界面使用的折扣。行销的折扣以定价中心的折扣为基础，设置的折扣名称与定价中心的折扣名称可能不一致，但是其关联的折扣数值跟定价中心的折扣数值一致。

产品编码或财务编码（Code of Account，COA）一般由七位数字构成，是从财务角度表示产品信息的编码。COA 在产品立项时由财务申请，用于统计各产品的价格、成本。通过财务编码，可以在产品与产品折扣之间建立起关联。一个财务编码可以根据需要确定多个分组。

将次 COA 与主 COA 关联以进行产品折扣的维护，在关联之前应确保次 COA 没有进行分组。关联有两个作用：分组名称（编码）对照、折扣率对照。

为了兼顾效率和产品的差异性，华为还对不同类型的产品折扣作了分类，如基本软件折扣、RTU 折扣、升级软件折扣、光模块折扣、可选软件折扣、自制硬件折扣、外购件折扣等。同一类型的产品折扣采用相同的管理要求，不同类型的产品折扣有不同的管理要求。比如，外购件是华为从第三方采购的产品，毛利率一般比较低，所以华为就不允许外购件打很低的折扣。

总而言之，华为做好"价格瀑布"管理的关键是管理好价格杠杆、价格点、定价对象。价格杠杆是上市定价的核心，是使价格产生变化的关键要素。华为 CFO 孟晚舟曾指出，价格流的调节、制动就是通过价格杠杆实现的，价格杠杆也是不同部门间权利与责任的分配工具。价格点是价格变化过程中需要管理的关键价格。定价对象是价格/价值的载体，如 S - Part 等。

举个例子，华为某一体化单屏会议电视终端是将编解码器、摄像机、55 寸显示屏、麦克风、设备架、遥控器打包定价，定价对象是 RP100 - 55T 型号。该型号刚上市时的目录价是 22 万元/套,总代授权价是 8.8 万元/套(授权折扣为 40%),成交净价是 11 万元/套(成交折扣为 50%),在授权价和成交净价之间有 10% 的差距,这 10% 就是价格杠杆。目录价、授权价、成交净价是需要重点管理的三个价格点。

2011 年,为适应信息行业正在发生的革命性变化,华为做出了面向客户的战略调整。华为将业务从电信运营商网络向企业业务、消费者业务领域延伸,协同发展"云—管—端"业务。华为按照市场和客户类型,形成了运营商 BG、企业 BG、消费者 BG。

随着业务的发展变化,华为既有 2B 的业务,又有 2C(To Customer,面向消费者)的业务,这时候很难用一套逻辑进行价格管理,为此华为对"价格瀑布"的管理逻辑进行了深入细化,在价格点和价格杠杆上进行了区分,形成了三大 BG 的"价格瀑布",下面将详细说明。

◆ 运营商 BG 的"价格瀑布"

运营商 BG 所面向的客户群体是全球各个国家(地区)的电信运营商,如中国移动、沃达丰、德国电信、西班牙电信、MTN(总部位于南非的电信运营商)、Bharti Airtel(总部位于印度的电信运营商)等。这类业务的特点是成交的客户单价高,客户数相对较少,客户具有较强的议价能力。在响应这类客户的需求时,华为组建了专业的直销团队,在与运营商客户谈判的过程中形成客户化的价格手册,并且采用非常灵活的价格杠杆策略,以促进交易。运营商 BG 的"价格瀑布"如图 5-4 所示。

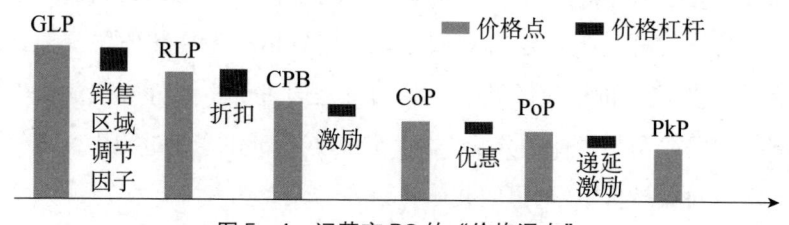

图 5-4 运营商 BG 的"价格瀑布"

在运营商 BG 的"价格瀑布"中,价格点主要有 GLP、RLP、CPB、CoP、

PoP、PkP。

GLP 是价格授权管理的起点，受价格策略的影响。华为在 WTP 的基础上制定全球目录价，一般而言，需考虑的因素有授权空间、销售策略、市场目标和经营诉求。RLP 是考虑销售区域调节因子之后的目录价，一般分为中国目录价和海外目录价。

CPB 是运营商客户的价位，是后续交易谈判的起点。大运营商一般都有集团 CPB（集团价位）、子网 CPB（子网价位）和场景 CPB（场景价位），比如国内的中国移动、中国联通和中国电信，根据历史交易习惯，形成了集团、省、地市多层手册价（Price Book，PB）。

CoP 是享受有条件优惠前的合同价格，PoP 是基于框架合同，享受有条件优惠后的价格，而 PkP 则是享受递延激励之后的价格。同类产品在不同项目中的 PkP 组成产品 PkP 带。

价格杠杆包括折扣、激励、优惠、递延激励等。折扣包括常规折扣、年度价格降幅、商务系数、子网折扣等。激励包括一次性折扣、单价量折扣、赠送、一次性商务优惠等。优惠包括总价量折扣、买 A 送 B、合同内优惠券、合同内固定赠送等。递延激励包括合同间优惠券、框架合同内不同 PO 间优惠券。需要注意的是，递延激励所产生的优惠券不能在当前合同内使用。这样做的好处是可以吸引客户未来继续购买华为的产品。

在运营商 BG 的上市定价工作中，定价团队的主要职责就是分析各个区域产品的价值差异、竞争对手的商务政策、客户的购买习惯，并根据不同细分市场的差异，对产品进行二次打包，制定区域内各种价格点与价格杠杆的具体政策、方针，并输出商务授权及报价指导书、销售指导书、GTM 上市策略指导书，传递上市定价设计说明。

华为运营商 BG 的"价格瀑布"与业界的定价模型本质上是相同的。华为在运营商市场的竞争对手爱立信的定价结构如图 5-5 所示。

在爱立信的定价结构中，交易定价段的扩容价是一个重要的价格点，一次性优惠需要有条件交换才可以突破。授权定价段的授权系数主要是交易量、交易条款等。此外，爱立信一线商务管理是从第三方中立的角度看一个项目，不只是看

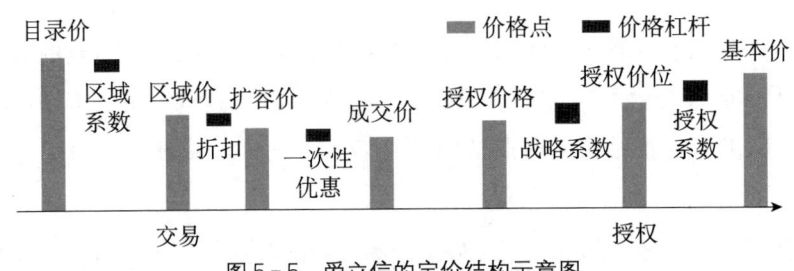

图 5-5 爱立信的定价结构示意图

一个 BU（Business Unit，业务单元），而是看多个 BU，这种商务管理能力的可复制性较强。

◆ 企业 BG 的"价格瀑布"

企业 BG 主要面向企业或者行业客户，这类客户规模大小不一，成交单价高低不同，分布范围广泛。在销售渠道方面，企业 BG 需要借助大量的渠道商，这也是其与运营商 BG 不同的地方。因此，企业 BG 的"价格瀑布"在价格点、价格杠杆的使用种类上，与运营商 BG 的"价格瀑布"有一些差异，如图 5-6 所示。

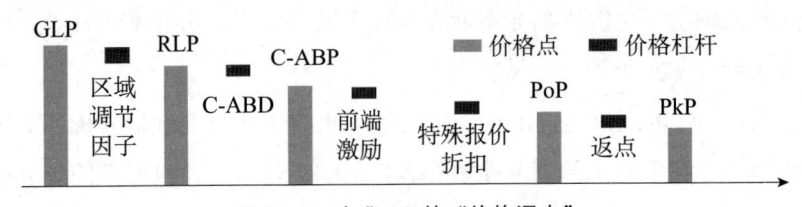

图 5-6 企业 BG 的"价格瀑布"

这里主要说明一下两个价格点：RLP 和渠道授权进货价（C-ABP，Channel Authorized Buy Price）。RLP 作为产品价格授权的起点，是企业 BG 的"价格瀑布"中一个重要的价格点。RLP 一般会按照国家区分。企业 BG 在海外 RLP 的制定上主要是聚焦于价格这个要素，其定价对象或者定价项、量纲继承产品定价时确定的定价项、量纲，不改变 IPD 阶段输出的商业模式。C-ABP 是在 RLP 的基础上，考虑了渠道商购买折扣之后的价格。

价格杠杆包括 C-ABD（Channel Authorized Buy Discount，渠道授权购买折

扣)、前端激励、特殊报价折扣（如特单商务折扣，需向商务部门申请批准）、返点等。返点包括销售返点、目标管理（Management by Objective，MBO）返点、特定产品返点。

企业 BG 与运营商 BG 在价格杠杆方面的最大不同在于企业 BG 采用了渠道分销激励。华为的运营商 BG 是通过直销进行销售的，没有分销渠道，因此没有渠道分销激励这个价格杠杆。企业 BG 的业务需要覆盖大量的中小企业，没有广大的分销渠道商，靠直销很难实现对广阔市场范围的覆盖。如果有了分销渠道商，就有必要进行激励管理。激励是企业 BG 渠道政策中比较重要的一个抓手。激励中的现金折扣、销售返点是企业 BG 市场的重要价格杠杆。

企业 BG 的渠道激励政策

渠道激励政策涉及价值分配、返利、样机、市场推广、样板打造、市场拓展等内容。华为企业 BG 的渠道激励政策主要包括四个方面，如表 5-4 所示。

（1）基本利润（进销差价、现金折扣）。

（2）销售返点［基于业绩返点（年度返点、季度返点）、MBO、特定产品返点（基本返点、主力产品返点）］。

（3）市场营销支持［培训支持、样机折扣优惠、市场发展费用（Marketing Development Budget，MDB）］。比如，经销商根据渠道样机激励计划配置包的要求下单购买的样机，可使用配置包中的样机折扣优惠享受买二赠一的优惠。

（4）两个计划（能力提升计划、市场拓展计划）。激励合作伙伴加大对华为业务的投入，实现激励的精准化、差异化、多样化。

以上四个方面中，与上市定价关系比较大的是基本利润和销售返点。基本利润主要包括进销差价和现金折扣。进销差价通过购买折扣来体现。现金折扣是指客户在一定时期内付款时华为给予的价格扣除。现金折扣的好处是通过一定的折扣优惠换取现金流的改善。例如，华为给某一级经销商的现金折扣如表 5-5 所示。

表 5-4 华为企业 BG 的渠道激励政策总览

渠道商	直接下单权	基本利润		销售返点					市场营销支持			两个计划	
		进销差价	现金折扣	基于业绩返点		MBO	特定产品返点		培训支持	样机折扣优惠	市场发展费用	能力提升计划	市场拓展计划
				年度返点	季度返点		基本返点	主力产品返点					
总经销商	√	√	√	√	√	√			√	√	√	√	√
一级经销商	√		√				√		√	√	√	√	√
金/银牌经销商				√	√		√	√	√	√		√	√
分销金/银牌													√
认证经销商									√			√	

表 5-5 现金折扣示例

类型	策略	现金折扣
服务	100%电汇预付（纯服务合同）	√
	100%发货前 5 个工作日电汇支付	视设备付款条款而定
设备	10%电汇预付，90%发货前 5 个工作日电汇支付	√
	10%电汇预付，90%发货前 5 个工作日使用 60 天内银承（银行承兑汇票）支付	×
	10%电汇预付，90%发货后 45 天内电汇支付（拥有授信的经销商方可使用）	×
	10%电汇预付，90%发货后 60 天内电汇支付（拥有授信的经销商方可使用）	×

首先介绍现金折扣。享受现金折扣的范围主要是以电汇方式付款的订单（含经销商使用激励且在产品授权范围内的订单）。

现金折扣的计算方法为：现金折扣返点金额＝进货合同结算额×现金折扣率（1.5%，数据为虚拟值）。

结算方式为：从进货结算价中扣除。

从这个策略可以看出，华为对经销商的支付方式及预付的时间、比例、结算方式等影响企业现金流的交易行为做了特殊的现金折扣，对于华为改善其现金流有较好的牵引作用。

现金折扣通常需要与预收款结合起来使用，可以激励经销商提前付款。现金折扣还可以跟经销商级别结合起来，从而在向经销商让渡利益的同时，锁定经销商，同时也能牵引经销商提升级别。

其次介绍销售返点。由于企业市场的客户比较分散，为了降低销售成本，需要建立强大的分销体系来扩大销售。在企业 BG 的"价格瀑布"中，销售返点就是华为给经销商的利益返回，是华为向经销商返回的与商品销售量、销售额挂钩（如以一定比例、金额、数量计算）的各种业绩，在渠道管理中具有重要的意义。制定销售返点策略时，需要结合渠道角色和产品类型。返点设计的重点在于确定将销售返点与什么指标挂钩，在大多数情况下选择的是业绩指标，返点有利于牵引经销商做大业绩。业绩牵引可以有两种做法：一是可以根据业绩绝对值设计阶梯；二是可以根据业绩增长率设计阶梯。华为企业 BG 的产品返点设计包括两个部分。

一部分是基本返点（如表 5-6 所示）。经销商按照不同级别获取相应返点，产品涵盖企业 BG 相关的产品子类，如数据通信（简称"数通"）、安全、传输、接入、存储、云计算、视讯、统一通信（Unified Communication，UC）、视频监控、数据中心能源。

表 5-6　基本返点设计

经销商级别	基本返点	示例
一级经销商	X	返点金额＝业绩×基本返点系数
金牌经销商	Y	
银牌经销商	Z	

另一部分是主力产品返点，这一部分要待经销商达到主力产品返点任务门槛后方可获得（基础门槛如表 5-7 所示）。对于这一部分返点，华为根据经销商级别和不同产品设计了不同的返点百分比（可按阶梯设计，如表 5-8 所示，数据为虚拟值）。

表 5-7　主力产品返点的基础门槛

产品	一级经销商	金牌经销商	银牌经销商
数通（万元）	1 500	600	300
存储（万元）	600	300	100
视讯（万元）	600	300	100

表 5-8　主力产品返点系数

一级经销商			
返点	1%	2%	3%	4%
数通（万元）	1 500～2 500	2 500～3 500	3 500～5 000	＞5 000
存储（万元）	600～900	900～1 200	1 200～1 500	＞1 500
视讯（万元）	600～900	900～1 200	1 200～1 500	＞1 500
金牌经销商			
返点	2.5%	3%	3.5%
数通（万元）	600～1 000	1 000～1 500	＞1 500
存储（万元）	300～400	400～600	＞600
视讯（万元）	300～400	400～600	＞600

续表

银牌经销商			
返点	3%	3.5%	4%
数通（万元）	300~400	400~600	>600
存储（万元）	100~200	200~300	>300
视讯（万元）	100~200	200~300	>300

根据计算阶梯，华为某一级经销商的数通业绩（A）的主力产品返点（Y）计算示例如表 5-9 所示（数据为虚拟值）。

表 5-9 主力产品返点示例

数通业绩（万元）	返点
$A<1\ 500$	$Y=0$
$1\ 500 \leqslant A<2\ 500$	$Y=(A-1\ 500)\times 1\%$
$2\ 500 \leqslant A<3\ 500$	$Y=1\ 000\times 1\%+(A-2\ 500)\times 2\%$
$3\ 500 \leqslant A<5\ 000$	$Y=1\ 000\times 1\%+(3\ 500-2\ 500)\times 2\%+(A-3\ 500)\times 3\%$

返点是厂商对经销商的一种控制策略。厂商给渠道返点不完全是为了让经销商得到更多利润。返点应该算作毛利润里面的一部分。对于普通的经销商来讲，返点并不是很重要；对于省级分销商之外的二级渠道商而言，由于销量的原因，返点也不是很重要，其更多的是依靠销售环节所产生的利润；只有对于总代理商而言，返点才会十分重要。厂商的月返点、季返点和年度返点无疑都是总代理商非常重要的利润来源，也就是说，对于总代理商而言，返点在短期内是不可替代的。

返点的功能不单单是返利。大部分厂商对于返点都不是直接返现金的，而是将返点放到货款里，并且规定经销商每次进货只能使用返点的一部分。这样经销商就永远都会有返点压在厂商手中，不得不"听话"。这是经销商和厂商之间的博弈。

由于竞争日益激烈，产品单价持续下滑，加之公司的运营和服务成本越来越高，经销商销售产品所产生的利润已经大不如前，在很多情况下，大部分经销商的销售利润仅仅能够覆盖公司的运营成本。在销售利润与运营成本基本持平的情况下，经销商的净利润部分主要就来自返点了。

返点实际上也是一把"双刃剑",如果用好了就可以牵引经销商,而如果用不好则可能产生负面影响。比如,总经销商将返点计入产品成本,再通过各分销商四处分销产品,这种窜货行为不但会破坏价格体系,而且无法真正保证经销商的收益。

取消返点以后,窜货等行为不会消失,但会得到遏制,因为厂商对渠道的控制会弱化,而经销商为了从厂商处得到更大的支持,就算没有返点,也会制定不同的价格。不过,窜货行为肯定依然存在。比如,深圳的有些经销商的出货量比广州的经销商高,所以其所得返点就高。深圳的经销商就可以以低于本地渠道的价格发货给广州的经销商,这就导致了窜货行为的产生。取消返点后,经销商到各地取货的价格都是一样的,外地的货进入本地,进价加上运费和搬运费,其价格一定会比本地的高,所以当地的经销商考虑成本就会在本地进货,这势必加大本地经销商的真实出货量,从而有效地减少了窜货。

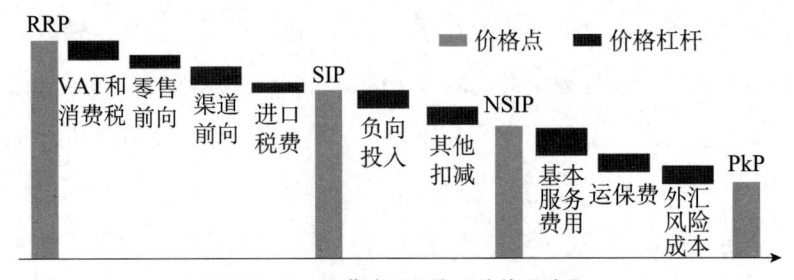

◆ 消费者 BG 的"价格瀑布"

消费者 BG 主要是面向 C 端的客户,消费者 BG 的"价格瀑布"与运营商 BG 和企业 BG 的"价格瀑布"有所不同,如图 5-7 所示。三者的主要差异在于:消费者 BG 的"价格瀑布"以产品为基本单元,以 RRP(Recommended Retail Price,建议零售价,俗称"街价")为起点,管理重点是 RRP 与 PkP 两个价格点。

图 5-7 消费者 BG 的"价格瀑布"

VAT(Value-added Tax)在国际贸易中一般指增值税。消费税以相关国家、地区税法规定的特定产品为征税对象,是价内税,是价格的组成部分。

零售前向是华为向零售商（面向最终消费者）提供的无条件的利润空间。

渠道前向是华为向渠道商（不面向最终消费者）提供的无条件的利润空间，如渠道商作为资金物流平台，拥有华为所提供的几个点的利润空间。

进口税费包括关税和附加税等。

SIP（Sell in Price）一般是华为跟渠道商签约的价格。

负向投入一般包括联合营销活动的投入，或者华为针对某些产品实行的临时激励、返利（达量返利、基于某些条件的返利等，取决于合同条款）、调价时给渠道商的价保等。

其他扣减在中国很少，主要是在海外比较多，是为了促进渠道销售而产生的一些不确定的投入。

NSIP（Net Sell in Price）一般是华为和渠道商的净签单价，是在 SIP 的基础上扣除负向投入和其他扣减之后的签单价。

基本服务费用是华为提供的一些售后服务，包括保修期内维修、换货、退货等所产生的费用。

运保费是货物运输保险费。

外汇风险成本主要是在海外开展业务时因汇率波动而产生的成本。

在 NSIP 的基础上扣减基本服务费用、运保费和外汇风险成本之后才是华为真实的落袋价 PkP。

5.3　销售授权

采取什么样的优惠方式、在什么场景下使用优惠、授予谁决定优惠的权力、给予多大力度的优惠、优惠持续多久等都涉及具体的商务政策，都是建立在华为严格的销售授权的基础之上的。

在销售授权体系中，很多传统的企业仅关注价格的授权管理，而华为则从更长远的视角、更高的维度出发，更加关注对商业模式及价位的授权管理，毕竟华为的业务并不是"一锤子买卖"，而是需要建立持续的合作关系。正因为如此，华为才重点关注对风险、现金流的管理，在销售授权时考虑相关业务要素、客户的风险以及自身的现金流诉求等,以有效降低经营管理中的风险,提高经营质量,实现持续有效增长。

随着企业组织规模的扩大,华为强调要加大向一线人员的授权力度,"让听得见炮声的人呼叫炮火"。在销售项目决策中,将销售决策权分配给一线现场人员,能极大地提高决策的效率。

由于组织的不同层级对决策制定的判断不同,因此折扣与优惠政策会分散到组织的多个层级上。总部高层管理人员在制定折扣与优惠政策方面的优势在于能够对多个来源的数据进行整合,对决策信息的理解更加全面。一线人员在制定折扣与优惠政策方面的优势在于对客户现场情况的了解比较深入、及时。

是否将价格决策权授予一线人员,取决于一线人员能否用好手中的价格决策权来实现公司的经营目标。如果一线人员不具备对应的能力,那么将价格决策权充分授权给一线有可能导致折扣与优惠政策的滥用,损害企业的利润,对企业经营产生不利的影响,对企业而言可能是一种灾难。对销售授权力度的管控,需要结合业务需要、监管手段、培训赋能等多种因素灵活调整。

随着企业组织扩张,华为更加强调指挥权要放在代表处前线,加大向前方"指挥官"销售授权的力度,减少总部的垂直指挥和遥控,以灵活地应对现实情况的变化。为了降低风险,华为在加大销售授权力度的同时,通过监管前移实行了有效的监管。比如,加强子公司监督型董事会等监管队伍的建设,让作战团队有权、有责、有利,自己制约自己,就不会产生大的风险。

针对销售授权,华为制定了三类子授权:风险授权、现金流授权和商务授权,如图 5-8 所示。

◆ 风险授权

风险授权包括:解决方案风险授权、财经风险授权、商务与法务风险授权、服务与交付风险授权、渠道风险授权(仅针对企业 BG 和消费者 BG)。

风险是指未来的不确定性对公司实现其经营目标的影响。在企业发展过程中,风险的产生是不可避免的。如何管理风险,将会极大地影响企业的经营决策

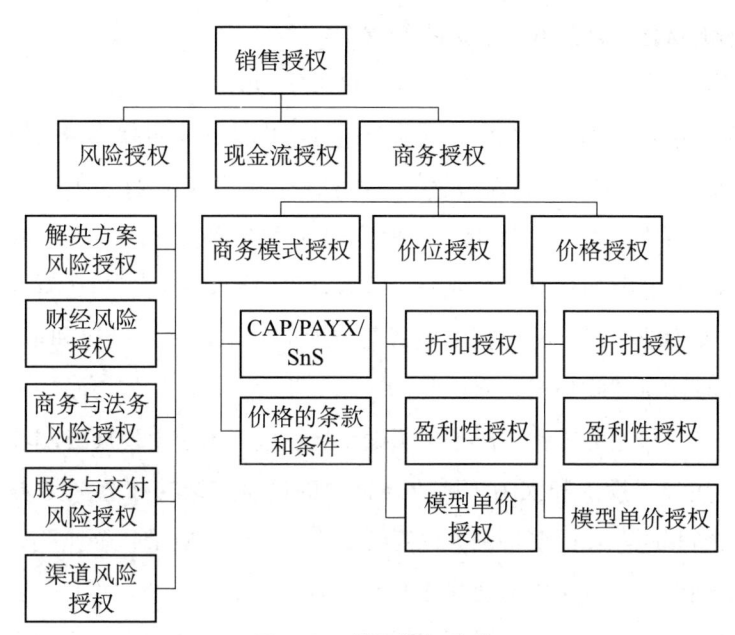

图 5-8　销售授权分类

行为。这两年，国内很多房地产企业出现经营问题，本质原因就是忽视了对风险的管理：暂时性增长的表象掩盖了一直存在的风险问题，而一旦外部的经营环境变化，原有经营模式中的风险就难以得到有效控制，导致企业"爆雷"。而优秀的企业知道如何利用企业风险管理（Enterprise Risk Management，ERM）框架，将风险管理融入业务发展中，确保风险可控。

华为向来重视对风险的管理。华为坚持从价值管理的角度来管理风险，导向是在有效管理风险的前提下促进销售增长。风险管理要以价值创造为导向，实现"业务扩张"与"风险控制"二者之间的有效平衡，防止走向忽视风险（过"左"）或过度保守（过"右"）两个极端。

2012 年，任正非在《做好公司价值管理，追求公司有效增长》一文中明确指出，华为所隐藏的内在风险可归为三类：

第一类，20 多年来高速增长隐含的风险。这些在高速增长阶段能够被掩盖的隐性风险会因外部经济环境的恶化或业务增速下滑而暴露出来，如超长期应收款、亏损合同、高风险合同、过度承诺、未经审批发放的优惠券等，这些风险需要通过清晰的量化、衡量和处理逐步释放。

第二类，业务增速下滑引起的风险。过去华为的收入一直高速增长，有收入增长就有利润增长，华为的考核、利益分配方案也都是按照高速增长模式来设计的。华为2011年的财务表现说明价值分配杠杆已经失效，收入仍在增长但利润大幅下滑；同时收入增长速度低于主要竞争对手的增长速度。收入增速下滑以后，公司的盈利和财务状况将会变差，这需要我们高度关注公司运营效率，警惕合同质量、新商业模式、特殊交易模式等方面的问题，厘清授权和审批的关系，同时要求管理团队"吹牛皮要交税"。

第三类，多核业务投资与成长的不确定性引起的风险。发展终端和企业业务时，需要关注公司投入和人力、财力、物力的比重、结构和节奏是否与公司资源、业务战略相匹配，还要特别关注终端的库存、产品质量、企业业务的渠道等一系列新的问题，要有相应的解决方案和能力。

面对未来的风险，任正非强调用规则的确定性来应对结果的不确定性。所谓规则的确定性就是指企业运行的机制、制度、流程必须是确定的。这是企业从"人治"发展到"法治"的必然过程。只有这样，才能"从心所欲，而不逾矩"，才能在发展中获得自由。这充分体现出任正非的管理思想的辩证性：既对立又统一。

在外部环境的不确定性增大的情况下，对于机会和风险的管理而言，公司应更多关注风险，也就是要有合理的战略布局。并非全球所有国家的风险都大于机会，而是可以将它们分成两类：一类是"已纳入风险管控的国家"，对这类国家要更注重风险管理；另一类是"没有纳入风险管控的国家"，对这类国家要更注重机会驱动，要去发现机会，并敢于抓住机会。

实际上，华为不仅比较理性地对待风险，而且还有一套业界非常领先的风险管理体系。本节主要关注风险授权。风险授权作为风险管理的一部分，是上市环节的重要事项。

风险授权原则

原则一：风险量化。在上市阶段，公司需要制定风险量化的规则，以便在交易定价环节中量化风险的金额。风险量化就是在项目概算中对各个合同要素的风险进行财务量化计算，如针对罚款风险需要计算罚款的风险准备金，针对外汇风险需要计算外汇风险加成，针对信用风险需要计算信用风险准备金。

原则二：客户化。针对不同的市场、不同信用等级的客户，要采取不同的风险授权策略。

华为的风险授权管理从两个维度展开：

一个维度是业务。其主要包括：解决方案风险授权、财经风险授权、商务与法务风险授权、服务与交付风险授权、渠道风险授权（仅针对企业 BG 和消费者 BG）。

运营商 BG 可能涉及的风险点有财务风险、交付风险、法务风险、方案报价风险，如图 5-9 所示。

针对各类业务中的风险，公司均需要建立控制机制，设定风险基线并不断优化。比如，任何新商业模式的采用都可能给公司带来潜在的风险，公司对此应建立严格的控制机制。

另一个维度是客户。华为利用风险量化模型，评定客户信用等级，确定客户授信额度，量化交易风险，并通过在端到端销售流程的关键环节设置风险管控点形成闭环的管理机制。针对运营商客户，华为和穆迪评级公司合作开发了一个评级模型，根据客观、统一、及时、独立的原则，从客户自身能力（财务实力、运营情况、调整项）和交易记录（订货、逾期欠款、超长期欠款、损失值）两方面出发，对不同的客户进行信用评级，将客户分成不同的信用等级，并且对评级结果进行监控管理，及时调整客户的信用等级。针对非运营商客户，对标标普的评估个人信用风险的模型（Credit Model）和穆迪的评估非上市企业违约概率的模型工具（RiskCalc Plus），将客户的信用等级分为 A、B、C、D、E、SPM（见表 5-10）。

信用等级为 E/SPM 的客户是典型的高风险客户。这类客户具有以下特征：

在能力方面，经营不善，财务状况严重恶化，现金缺口大且没有可靠的收入来源。

在还款意愿方面，还款意愿弱，有不确认债权等行为。

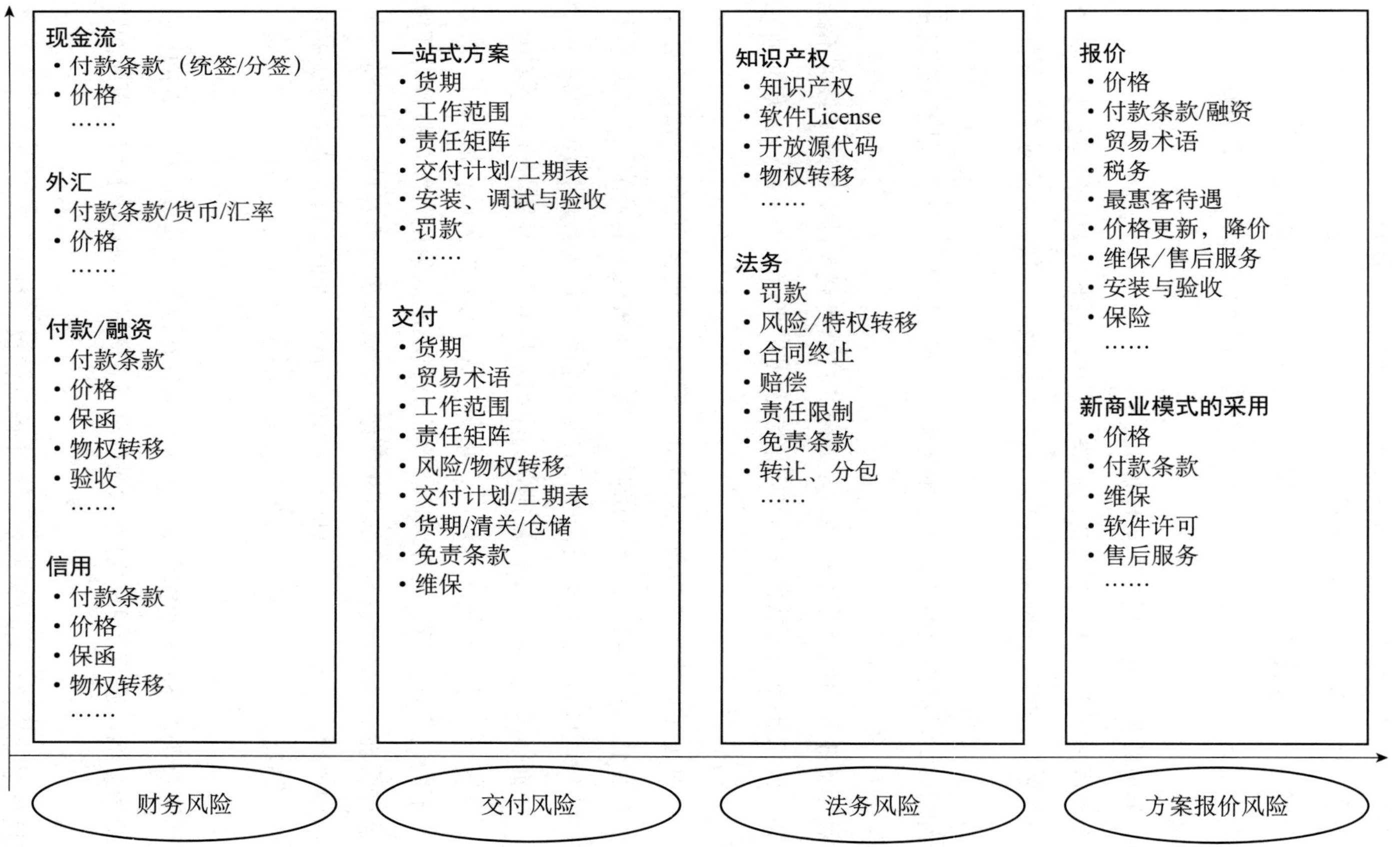

报价
- 价格
- 付款条款/融资
- 贸易术语
- 税务
- 最惠客待遇
- 价格更新，降价
- 维保/售后服务
- 安装与验收
- 保险
- ……

新商业模式的采用
- 价格
- 付款条款
- 维保
- 软件许可
- 售后服务
- ……

知识产权
- 知识产权
- 软件License
- 开放源代码
- 物权转移
- ……

法务
- 罚款
- 风险/特权终止
- 合同终止
- 赔偿
- 责任限制
- 免责条款
- 转让、分包
- ……

一站式方案
- 货期
- 工作范围
- 责任矩阵
- 交付计划/工期表
- 安装、调试与验收
- 罚款
- ……

交付
- 货期
- 贸易术语
- 工作范围
- 责任矩阵
- 风险/物权转移
- 交付计划/工期表
- 货期清关/仓储
- 免责条款
- 维保

现金流
- 付款条款（统签/分签）
- 价格
- ……

外汇
- 付款条款/货币汇率
- 价格
- ……

付款/融资
- 付款条款
- 价格
- 保函
- 物权转移
- 验收
- ……

信用
- 付款条款
- 价格
- 保函
- 物权转移
- ……

方案报价风险　法务风险　交付风险　财务风险

图 5-9　运营商 BG 可能涉及的风险点

在环境方面，处于动乱、外汇短缺、行业管理不规范的高风险国家。

在股东方面，股东持续投资意愿不强，母公司意图进行战略调整并出售该子公司等。

企业特别要关注的就是这类高风险客户，在制定策略时要有明确的导向，如针对部分可能被兼并的运营商，在交易之前需要做好应对准备。

表5-10 不同客户信用等级的典型特征

华为评级	典型特征	穆迪/标普评级
A	长期高利润且稳定，无违约	AAA/AA/A
B	较高利润且稳定，还款良好，无超长期欠款	BBB
C	盈利低，不稳定，还款正常，无显著超长期欠款	BB
D	盈利少且不稳定，超长期欠款显著	B
E	亏损，还款意愿有问题，超长期欠款严重	C
SPM	已严重违约，不回款或很少回款	D

在客户风险授权上，华为分 BG 进行管理。对运营商 BG 而言，由于运营商市场较成熟，具有较强的客户黏性，因此其需要匹配公司战略，逐步降低风险水平，严格管理高风险业务，预防系统性风险。对企业 BG 而言，其需要拓展机会及渠道，承接快速增长目标；引入融资伙伴、购买保险，与华为授信相结合；将渠道授信与项目授信相结合。对消费者 BG 而言，由于对效率管理要求高，因此一般风险同收益及效率相匹配，定制化设备需要提前介入管理，严格控制出险项目发货，引入融资伙伴，购买保险，转移风险。

利用客户信用评级，企业可以对各项业务的风险授权加以限制，决定对哪些客户"加油"，对哪些客户"踩刹车"。比如，信用额度授予、备货发货信用检查、坏账计提比例等业务都会受到客户信用等级的影响。

案例1

给高风险客户"踩刹车"

A 客户是 I 国较早将 GSM 商用的运营商，2007 年，沙特阿拉伯电信公司（Saudi Arabia Telecom Company，STC，沙特阿拉伯境内最大的电信运营商）开始向其注资，持股 80.1%，与华为累计交易超过 8 亿美元，并且历史交易有较高的毛利。

但是 A 客户在激烈的市场竞争中连年亏损，市场份额和每用户平均收入（Average Revenue Per User，ARPU）均过低，自身无偿债能力。其在 2012 年的收入为 2.5 亿美元，息税折旧及摊销前利润（Earnings Before Interest, Taxes, Depreciation and Amortization，EBITDA）亏损 2.47 亿美元，需要母公司和外部融资支持，回款很差，有大量超长期欠款，且不确认债权，导致华为无法买贷提款，形成巨额敞口。

权衡收益和风险之后，华为决定对 A 客户"踩刹车"。2010 年 7 月，华为将其信用评级调为 E，新 PO 和发货总额控制在 2 000 万美元以内。2011 年 8 月，华为将其应收账款控制在 1.8 亿美元以内，下半年发货控制在 0.8 亿美元以内。2012 年 10 月，华为决定严格控制敞口（指风险敞口，即未加保护的风险，指因债务人违约、内部管理不善、外部遵从等而导致的可能承受风险的总量），要求融资框架外的销售有退出方案。2013 年 2 月，华为停止向其发货和 PO 接收。

华为按等级对风险进行管理。其将风险分为日常合同风险（低风险、中风险、高风险）、重大风险。低风险在代表处决策，中风险在地区部决策，高风险要上升到由 BG 决策，重大风险要上升到由公司决策，如表 5-11 所示。

表 5-11 风险等级与决策层级的关系

风险等级		决策层级
重大风险		公司 SDT
日常合同风险	高风险	BG SDT
	中风险	地区部/大 T 系统部 SDT
	低风险	代表处 SDT

除此之外，华为还建立了红线机制，明确重大风险不可触。笔者在此举几个重大风险的例子加以说明，如表 5-12 所示。

表 5-12 重大风险

风险点		风险描述
法务	法律法规遵从	通过虚构交易内容、扭曲交易路径或虚构交易价格等方式，配合客户或第三方操作涉嫌违反法律强制执行规定或逃避行政监管的交易，包括但不限于：通过虚构交易内容，帮助客户制造虚假财务记录，如虚构市场推广费用并向客户支付等；通过扭曲交易路径，帮助客户实现利益的非法转移或逃避外汇管制，如与客户指定的但在业务上不具有必要性的第三方中间商交易等；通过虚构交易价格，帮助客户进行虚假融资、偷逃税款等
信用	客户信用	对 D/E 类客户：超出战略授信包的项目；在战略授信包内，客户信用额度占用率＞1.5，且赊销金额＞3 000 万美元的项目；对 SPM 类客户：赊销金额大于×××万美元的项目
融资	融资用途	对客户投资入股，为客户提供现金融资、牌照融资等
	提供融资担保	为客户向其债权人提供担保
保函	保函金额	通过银行保函直接可以索赔到无上限的金额
	保函受益人	替无直接贸易关系的第三方开立保函或者开立受益人为无直接贸易关系的第三方的保函，或开立在不经华为同意的情况下可转让给无直接贸易关系的第三方的可转让保函
税务	公平税务	合同所涉及的本应由客户承担的税款和税务责任由华为承担的条款
付款	付款	与客户签订代垫清关税费、电力引入、站点租赁、路权获取等费用的条款，且与金额大于 1 000 万美元清单外的客户在合同中签订现金折扣条款
交付	回购租赁	从客户处回购其现有网络资产，负责维护运营，并以租赁或其他双方约定的形式提供给运营商使用
投资	合营	采用与客户成立合资、合营公司开展项目的交易模式

◆ 现金流授权

现金流授权是华为基于现金流管理要求，明确一线项目现金流入、流出的权利和责任，以确保现金流的安全。华为关注经营质量，要求实现持续健康经营，追求有收入的订货、有利润的收入、有现金流的利润。

华为现金流授权管理主要是对项目库存周转率（Inventory Turn Over, ITO，即存货在一个统计期内从确认入账到结转料本或以其他方式核销的平均周转天数）、应收账款周转天数（Days of Sales Outstanding, DSO，即从确认收入到应收账款收回所需的平均天数）、应付账款周转天数（Days of Payable Outstanding，DPO，即企业从形成应付账款到实际支付的周期）、赎期（从出账日至到期还款日的时间）、客户信用等级等影响公司经营现金流的指标的授权管理。

对于企业现金流的管理有一个著名的公式，即企业现金周转天数＝DSO＋ITO－DPO。这个公式表明：企业现金周转天数越少，企业现金周转越快，运营效率越高，所需要的资金占用成本越低。

很多企业加快现金周转的方法就是缩短 DSO、ITO，延长 DPO。华为注重通过提高内部运营管理效率来挖掘潜力，以提升现金周转效率。为了实现运营管理效率的提高，任正非在 2014 年市场大会上提出了五年实现"五个一"的目标：合同/PO 前处理时长为 1 天，从订单到发货准备时长为 1 天/到站点设备时长为 1 周，产品从订单确认到客户指定站点时长为 1 个月，软件从客户订单到下载准备时长为 1 分钟，站点交付验收时长为 1 个月。华为启动"五个一"变革的时候测算过：做好"五个一"能够减少库存、加快应收账款回收，可以释放 50 亿美元的现金流，进而降低运营成本，提高企业盈利水平。

华为之所以要推行"五个一"变革，是因为当时华为在 PO 处理、备货周期、运输周期、验收周期、软件下载准备时间等方面与竞争对手爱立信相比存在很大差距。比如，在合同前处理周期方面，华为当时的平均水平是 7.8 天，而爱立信则是 1 天；在交付周期方面，当时华为是 3 个月，爱立信则仅为 1 个月；在软件下载方面，华为是 2 天，而爱立信是 1 分钟。当时，一线部门为了满足客户对交付周期的要求，不得不采取提前要货和囤货的模式，而提前要货和囤货又会导致货物配置不准、一线拆箱挪货等问题，加之其对客户合同/PO 场景缺乏研究，合同（含 PO 及配置）的质量不高，从而导致整个运营链条效率低下，形成了恶性循环。

2014 年，华为时任轮值 CEO 郭平在《"五个一"的目标是什么？》的电邮中指出：在满足合同要求、让客户满意的前提下，持续改进 ITO、DSO 和现金流，支撑卓越运营战略的达成。

由于业务运营模式受产品及其商业模式、客户条款与交易模式等的影响，因此卓越运营战略需要产品、销售、计划、供应、交付以及客户界面等各环节协同努力才能实现。对于产品线来说，核心在于设计出可以均衡销售的灵活要求和供应交付的简单归一的矛盾的商业模式和配置，在产品中构筑可支撑全流程高效运营的 DNA，设计好产品配置及支撑销售的投标、配置工具，并管理产品在 E2E（End to End，端到端）各环节的导入与落地。

对于区域一线来说，核心在于合同条款的改善、客户流程的匹配与优化、PO 流程的清晰准确和处理效率的提高、计划预测的准确性等。这些也为供应链提供了一个清晰准确的输入。对于供应体系来说，核心在于根据产品的 DNA 设计及产品的特点，将基于囤货、推式、黑盒的供应体系转变为基于拉式的精益、柔性、敏捷、可视的供应体系。对于交付体系来说，核心在于积累站点信息，以支撑规划设计、交付计划的集成，以及一线项目作战装备的自动化和高效等。

商业模式与定价影响企业的运营资产（包括存货、应收账款等），运营资产又会影响企业经营现金流的流转。大量企业破产都是因为现金流断裂。对于企业而言，利润是"面子"，资产是"里子"，现金流是"日子"。如果没有现金流，那么日子就难以过下去。

针对影响经营现金流的几个重要因素，华为制定了详细的商务授权规范，以便一线能够按照规范进行运作。

◆ 商务授权

商务授权是指基于企业的授权原则，按产品、客户、区域、渠道和行业，确定各级 SDT 的交易定价权利和责任，以实现销售（含直销、分销）决策的及时、高效，从而支撑企业达成经营目标及基本价目标。

以企业市场为例，其特点是大部分合同订单的单价低，但是合同数量大，所以企业 BG 的销售既有直销渠道，又有分销渠道。因此，企业在制定产品商务授权策略的时候需要考虑两个渠道之间的授权如何配合、协同的问题，从而既保证直销渠道的授权和分销渠道的授权不冲突，又确保分销渠道的价格授权具有灵活性、简洁性。这些都需要在产品上市之前确定，企业 BG 渠道授权价格体系如图 5-10 所示。

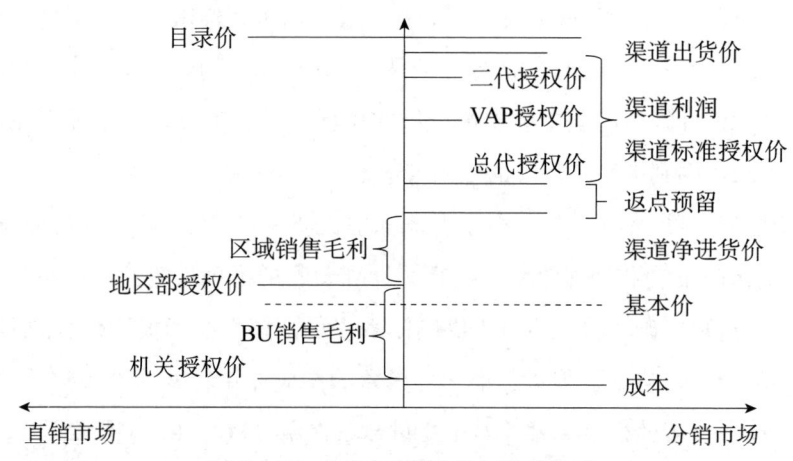

```
目录价 ─────────────────────────
                          ┌─ 渠道出货价
             ┌─ 二代授权价 ─┤
             │  VAP授权价   ├─ 渠道利润
             │  总代授权价  │
             └──────────────┴─ 渠道标准授权价
                          ┌─ 返点预留
   区域销售毛利 ┤          └─ 渠道净进货价
地区部授权价 ──┤
              │─────────────── 基本价
   BU销售毛利 ┤
机关授权价 ───┘─────────────── 成本

  直销市场                    分销市场
```

图 5-10　企业 BG 渠道授权价格体系

注：VAP，Value Added Partner，增值合作伙伴，相当于一级经销商。

　　目录价是华为向客户提供的产品、服务和解决方案的公开列表报价。企业市场的授权折扣相对比较稳定，并且客户的成交折扣不会很低，因此在考虑客户界面价格变动的时候，一般是调整目录价，而不是频繁调整授权折扣。

　　渠道出货价是最终客户目标成交价，也是市场指导价。

　　渠道标准授权价，又称为渠道授权进货价，是华为考虑对标竞争对手的平均渠道进货价和渠道价格管理策略而制定的正常出货的渠道价格。渠道标准授权价用于对外渠道（总经销商/总代、VAP/一级经销商、二级经销商/二代）价格授权，是华为与渠道商确定的价格，代表了华为的品牌定位、竞争导向，由企业BG渠道商务部门负责制定。

　　渠道净进货价是扣除销售返点和激励之后的渠道净折扣，一般要高于地区部授权价，同时给渠道特殊商务留有审批空间。

　　基本价是基于市场与竞争，结合业务目标制定出的全球平均目标成交价，是完成盈利目标的基线。基本价可以分为基本价价位和基本价价格。基本价的表现形式有模型单价、折扣率、毛利率等。

　　机关授权价是以基本价为基础，预留各地区部的授权空间后制定出的授予各专项解决方案销售部的决策底价。机关授权价是各地区部授权价的底线。

　　地区部授权价是在机关授权价的基础上，结合地区部的市场竞争和价格管理策略制定出的授予地区部的决策底价（授权形式为授权折扣＋小额授权包）。

比如，产品 A 的总代授权价（以折扣率表示）为 40%，地区部授权价为 33%，机关授权价为 25%，基本价为 30%。产品 B 的总代授权价为 45%，地区部授权价为 42%，机关授权价为 34%，基本价为 40%。

管理价格授权的重点是做好目录价、基本价、授权价、单独售价、基准成本、CIF 价这几个价格基准的管理。目录价和基本价前文已有介绍，此处不再赘述。授权价是各级 SDT 的价格决策底线。单独售价是法人主体向客户单独出售一项已承诺的商品或服务的价格。基准成本是总部的出厂成本价。CIF 价是全球统一到货价。

在产品商务授权体系中，目录价是基础，基本价是目标，各个地区部的授权价围绕基本价确定，支撑基本价的达成。基准成本、CIF 价是代表处的销售成本（基准成本只在项目概算时使用，确定采用 CIF 价后，拉通概算、预算、核算、决算四算）。CIF 价是全球统一的海关到岸价，包含产品成本、保险费和运费，是华为的确定成本，相对比较稳定。对于当地不确定性因素，华为授权代表处做定价决策，由此获取的超出 CIF 价情况下的利润不归机关，而是扣除机关应允的平均薪酬和奖金后，作为华为的全球共享利润，在全体员工间重新分配。华为价格基准之间的关系如图 5-11 所示。

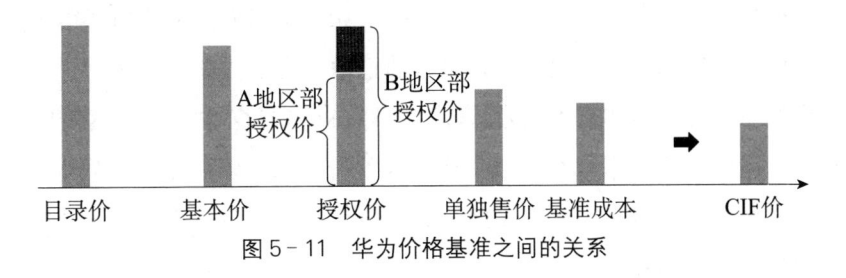

图 5-11 华为价格基准之间的关系

商务授权的形式

商务授权包括产品和服务的商务模式授权、价位授权和价格授权。

商务模式授权是指各级 SDT 可决策的销售项目或合同的定价模式，如 CAP（封顶价）、PAYX（PAYG、PAYU 等）、SnS 等特殊商务模式，还包括价格的条款和条件（Term and Condition，T&C），当定价模式突破规定时，则需要由更高级别决策。例如，PAYG（Pay As You Grow）是基于使用增量付费，该模式在无线网络、固定网络、核心网等承载网领域使用较多。再如，PAYU（Pay As You Use）是基于使用设备（主要是软件）的总量付费，该模式在增值类业务、应用类产品领域使用较多。SnS模式在独立软件领域使用较多。

价位授权是指各级SDT可决策的销售项目或合同的产品单价底线，当成交价位低于授权价位时，需由更高级别决策。

价格授权是指各级SDT可决策的销售项目或合同的总价底线，当成交总价低于授权价格时，需由更高级别决策。一般而言，价格授权要根据客户、区域和渠道，确定各级SDT的交易定价权利和责任，支撑对销售项目的及时、有效决策。价格授权有两个关键原则：一是要控制好价位；二是要支撑经营目标达成，提升商务决策效率。

价位授权和价格授权有三种常见的形式：折扣授权（基于目录价的百分比）、盈利性授权（基于概算基准成本的毛利率）、模型单价授权（绝对值）。在具体操作过程中，公司可以通过多种授权模式来灵活适配不同的业务场景。

折扣授权，一般用相对于目录价的折扣率来表示授权价。折扣授权常用于价值软件、服务销售、渠道销售等场景，如对独立软件和标准服务、企业BG渠道产品等的授权。独立软件之所以要采用折扣授权，是因为开发费用和销售费用是软件产品成本费用的主要构成部分，只有通过做大规模才能摊薄费用，而需要同时依靠市场份额和合理的价格做大规模，只有折扣授权才能反映真实的价格水平。相反，用销售毛利率来判断独立软件的盈利高低，会对决策产生误导。

为了方便渠道商或销售人员使用与管理折扣，一般会保持每种产品的折扣体系的相对稳定性，避免折扣率"大起大落"。

折扣授权主要面向一线销售人员或者渠道商，以便他们在面对客户需求及竞争对手投标报价时，能够快速根据产品价值特点和折扣授权情况更新产品配置和报价。折扣授权所具有的灵活性、直观性可以让销售人员和渠道商快速报出满足客户需求的价格。

盈利性授权，一般用相对于成本的毛利率来表示授权价，也称为毛利授权，其逻辑结构如图 5-12 所示。盈利性授权适用于有利润诉求的场景，如管理服务，授权直观，可以反映项目盈利水平，提升决策效率。盈利性授权受产品配置影响，不同产品配置下的盈利性授权也不同，难以适配所有场景。

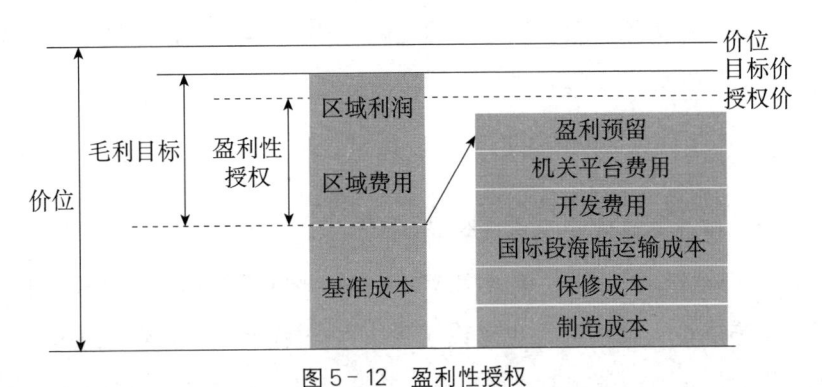

图 5-12 盈利性授权

基准成本是总部的出厂成本，也是区域的进货价，主要用于授权和概算（评估销售项目售前损益）。基准成本中的盈利预留、机关平台费用、开发费用、国际段海陆运输成本、保修成本、制造成本都是以基本价为基线，而不是以收入为基线。

盈利性授权还包括一些盈利性补充授权，如小额合同授权、特殊商务授权包、搬迁授权等。

特殊商务授权包，是每年授予特殊决策者的、在该审批层级可以突破价格授权的总金额，主要目的是提升决策效率。特殊商务授权包一般作为特定决策者在特殊场景的价格授权补充，可以用于某些特殊项目，但在各个项目中的使用金额不能超过授权包的总金额。比如，给企业 BG 总裁的授权包，每年不超过 5 000 万元（数据为虚拟值），企业 BG 总裁可以根据战略及竞争需要确定在哪些项目中使用。定价中心会定期监控特殊商务授权包的使用额度。

模型单价授权，是用价格绝对值来表示授权价，是折扣授权的一种简化方式，如光网络设备（Optical Network Terminal，ONT）授权价为 100 美元/台。该授权模式适用于配置清晰的产品，如手机、ONT 等终端。基站也常采用模型单价授权。

实际上，企业很难一次性制定所有授权价并保持其不变。在经营过程中，企业需要根据市场竞争、团队能力等多方面情况动态调整授权策略。

根据这三种授权形式，企业可以形成价格授权优化的三种途径：关注定价过程（折扣授权）、关注结果（盈利性授权）、关注特殊产品（模型单价授权）。在实际操作中，销售决策需要"用两条腿走路"，即既要关注盈利结果，又要关注过程（模式-价位-价格）。

商务授权原则

商务授权管理需要遵循以下几个原则：

第一，明确规则，提升决策效率。如果授权规则明确，就可以避免出现特殊情况时找不到决策人的情形，也可以避免决策效率低、凡事都向总部请示的情形。规模越大的企业，就越要讲究授权，并且授权要充分给到一线人员，让"听得见炮火的人呼叫炮火"。

第二，兼顾风险与效率，授权什么就要管理什么。授权就好比放风筝，手上的绳子拽得太紧，风筝就飞不高；拽得太松，风筝就可能飞到天上回不来了。要想放好风筝，需要眼观六路、耳听八方，而对绳子松紧的管理就是关键。

第三，注重灵活性，按区施策，授权与赋能双管齐下。授权不是"一刀切"，也不是完全放任不管。好的授权策略制定者会去了解一线的实际情况，根据不同情况制定不同的策略，并给授权对象提供赋能培训，让其有能力且有信心用好公司授予的权利。

第四，抓住关键调节因子，将重点资源向重点客户倾斜。

华为在集团定价委员会相关政策中对三大BG的商务授权做了说明：

运营商BG：关注有效增长，体现客户战略，分客户群和区域授权。其商务授权体现在三个方面：

（1）客户化授权，原则上要覆盖不低于80%的合同收入客户群，对其余客户按照区域维度授权。

（2）战略客户授权，对战略客户的授权要优于对非战略客户的授权。

（3）差异化授权，针对战略客户，要结合客户资信和交易规模，形成与客户战略相匹配的差异化授权。

企业 BG：构建合理的渠道授权体系，依据销售规模、信用等级等确定渠道级别，给不同级别渠道商预留不同的利润空间。

消费者 BG：逐步走向基于全球统一定价的授权。针对全球重点产品，商务授权要具体到零售价格；针对其他产品，要按照最基本的盈利诉求进行授权。

本章小结

GTM 定价就是在 GTM 过程中制定模式、定价策略、价位及相关使能。GTM 定价具有承上启下的作用，是帮助产品定价落地，打通产品定价与交易定价的关键环节。华为在 GTM 定价中区分了产业上市（Launch）、产业 GTM（全球上市）、产业细分市场（区域/国家上市）三种场景下的定价策略。

折扣与优惠是价格变动的一种形式，是用来调整成交价格的重要杠杆。在上市定价中考虑优惠的策略及幅度，是为了让一线人员在交易中使用优惠的时候可以做到合理、合规，从而降低后续的经营风险。

"价格瀑布"是用来衡量、理解和管理折扣与优惠的工具。"价格瀑布"能够形象地表述折扣与优惠的形式及其与客户成交净价之间的关系。"价格瀑布"描述了折扣与优惠的类型、时机、大小的关系。"价格瀑布"的关键点是价格杠杆、价格点、定价对象。华为三个 BG 的"价格瀑布"根据价格杠杆、价格点和定价对象不同而有所不同。

针对销售授权，华为制定了三类子授权：风险授权、现金流授权和商务授权。风险授权包括：解决方案风险授权、财经风险授权、商务与法务风险授权、服务与交付风险授权、渠道风险授权。风险授权的原则是风险量化、客户化。华为将风险分为日常合同风险（低风险、中风险、高风险）、重大风险这几个等级进行管理。现金流授权主要关注项目 ITO、DSO、账期、客户信用等级等。商务授权包括产品和服务的商务模式授权、价位授权和价格授权。其中价位授权、价格授权又包括折扣授权、盈利性授权和模型单价授权。

第六章　交易定价

　　交易定价是价值实现的关键环节，最能体现公司的经营策略，因为交易定价不仅影响当前的经营结果，还会影响中长期的经营结果。管理交易定价，不能只站在客户或自身的角度，而要有全局的视野和经营管理思想的牵引。

　　华为一向重视经营的稳健性与可持续性。早期，华为强调规模的重要性。随着外部环境及自身市场地位的变化，华为开始强调经营管理要"以生存为底线，实现有利润的增长，有现金流的利润，不重资产化"。任正非的很多讲话都体现出这种经营思维的转变，对一线部门所采取的"通过低价交易抢占市场"的做法也进行了批评。

　　2006年，任正非在市场年中工作会议上的讲话中指出，任何单项指标考核结果良好都不代表公司能实现可持续发展。如果单纯考核销售额，那么有些地区部、办事处，甚至有些产品线就会"拼死"向公司要战略补贴、要求公司把价格降下来，这是典型的销售无能、干部无能，因为其只有在最低价上才能卖出产品。这样获得的销售额越大，公司就"死亡"得越快。

　　2012年，任正非在运营商BG战略务虚会上的讲话及主要讨论发言中指出，一个领导者要构筑有效的竞争环境，尤其是产业整体的盈利空间。如果领导者到处抢市场，把价格压到底线，别人就没法玩了，因为这个行业没有生存空间了。

　　2018年，任正非在与定价体系部分员工座谈会上的讲话中要求一线做好价格管理，不要为了拿单就一味迎合市场或客户报低价。对于在交易定价中不担责的人员提出了批评并做出了指示：合同谈判时不履责，合同执行时不担责，挖了大坑还拿奖金，合同条款越改越差，为了提前确认收入，不惜牺牲公司整体的利益等，这些都是无能之辈的表现，应该处置！

可以毫不夸张地说：不懂交易，就不懂经营；不懂交易定价，就不懂经营的本质。在企业的销售活动中，企业正是要通过对交易进行定价及风险管理，才能获得回报、降低交易风险，实现价值闭环。

交易对象是根据客户需求确定的，可能是产品、解决方案，也可能是服务，这些都是在产品定价与上市定价中定义好的。交易定价环节主要是通过华为的产品、解决方案、服务形成客制化的方案，满足客户需求，为客户创造价值，进而实现价值的交换。

尽管交易定价是价值闭环最重要的一环，但是做好交易定价却不是一件简单的事情，这里面涉及交易定价的要素、步骤、工具、方法、策略、技巧等重要内容。企业只有经历过大的"阵仗"，才能搞清楚交易定价里面的门道，管理好交易中的风险。

搞清楚交易定价需要考虑哪几个要素，是企业做好交易定价的基础。搞清楚交易定价有哪些重要的步骤，是交易定价落地的行动指南。利用6421法签订高质量合同，是企业提升交易定价能力的重要方法。通过合同评审可以识别交易中的风险，提升交易的质量，助力企业行稳致远。通过项目概算可以优化交易方案、支撑交易决策、确定初始的经营目标。运用谈判技巧，可以改善合同条款，满足企业和客户的交易诉求。

6.1 交易定价4要素

华为现在每年都会签订大量不同类型的销售合同，因此华为在大量的实战中总结出了影响交易定价的4个关键要素：模式、价位、价格、条款。模式是面向中长期的报价模式或报价结构，决定了企业的收费方式；价位是交易的初始单价，决定了未来的收费金额，是中长期盈利的基础；价格是扣除优惠后的当期成交价，决定了企业当期的竞争力，优惠设计是当期交易价格设计的关键；条款主要支持商务目标和经营结果达成，包含对价位和价格的限制及管理。

◆ 模式设计

模式设计本质上是客户购买与供应商销售之间的博弈。在做交易定价时，交易定价模式要与产品定价模式保持一致，总体上要遵循产业商业模式、产品定价模式、交易定价模式的统一性，即在与客户交易时所采取的定价模式和在进行产品定价时确定的产业商业模式和产品定价模式在原则上要保持一致。

华为推荐的标准定价模式是基础硬件＋硬件 RTU＋基本软件＋可选软件＋版本升级费，逐条销售。以硬件为例，华为的硬件产品是通过持续不断迭代来实现新的价值的。对于构成简单、总价不高的设备，华为在其定价模式设计上推荐硬件一次性销售的模式，如"盒子类"硬件和外购件；而对于构成复杂、总价高、客户有能力支付但资金压力大的设备，华为在其模式设计上主要采用基础硬件＋硬件 RTU 模式，以实现容量、性能的分期销售。比如，华为波分[①]的盈利模式就是初期抢占市场，围绕子架扩展能力构筑客户黏性，未来通过多业务接入和传送、光电交叉容量、光电单纤容量、软能力扩容等获取利润，如图 6-1 所示。

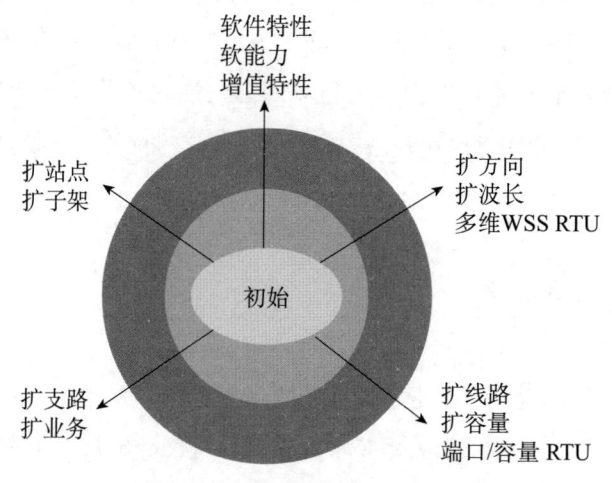

图 6-1 华为波分的盈利模式设计

注：WSS 指波长选择开关（Wavelength Selective Switch）。

---

① 波分可代替光纤进行远距离传输。

标准定价模式一般是首选的交易定价模式，能够保障公司持续盈利。但是，也有一些特殊的交易定价模式，如针对软件的特殊的交易定价模式主要有PAYX、CAP、AIS、SUS（Subscription but Support，订阅不含支持）、ASF（Annual Software Fee，软件年费）等模式。

华为一般不会主动推荐特殊的交易定价模式，只有在客户强烈要求的情况下才进行响应。值得注意的是，对于客户的特殊需求，不应直接拒绝，而应摸清客户背后的真实需求，找出双赢的解决方案，同时也要守住底线。比如，硬件许可并不是独立软件，而更像硬件能力分期兑现的"控制开关"，所以不得针对硬件许可设置CAP，否则硬件的真实价值就会被掩盖。在适当的情况下，需要针对特殊的交易定价模式提出条件。

系统合理的模式设计是一切商务设计的基础，设计一个好的交易定价模式，将是一个良好的开端。如果模式一开始设计得不好，那么后期几乎难以逆转。

◆ 价位设计

价位设计的主要原则是使公司长期持续盈利。价位是市场公允价，是合同、订单的初始价，要体现产品和服务的长期价值。价位设计的重点对象是长期增长潜力大、未来有较大扩容空间的硬件、硬件许可和重要特性，以及相关的软件和软件许可。针对这类对象的初始价位设计一定要考虑后续的持续盈利性。

◆ 价格设计

价格设计的关键是实现短期价格竞争力。实现短期价格竞争力的关键是做好优惠政策的设计。在设计优惠政策时有三个原则：

（1）优惠必须有条件限制。比如限定新产品、限定区域、限定搬迁场景、限定时间、限定数量、限定金额等。设置优惠条件的目的一方面是促进当下达成更多的交易，同时保护曾经的交易不会与当下的交易产生冲突；另一方面是促进将来达成更多的交易。当有多个优惠的时候，需要明确优惠是否可以重叠使用。

(2）优先选择优惠券之类的延期优惠政策，捆绑未来销售。比如赠送优惠券，促使客户购买新产品。优惠券的好处是能影响客户的购买行为，如果客户不使用优惠券，那么这对当期价格并没有影响；而如果客户使用优惠券，则将对新产品的推广和销售产生促进作用。因此，优惠券的发放策略尤为重要，因为其体现了企业的交叉销售策略与向上销售策略。

(3）优先采用总价优惠，慎用单价优惠。总价优惠是将所有产品打包，然后给予整体产品包优惠，更像是一次性优惠，可以避免某个具体产品降价对整体产品包产生影响，有效保护将来客户增购扩容时的正常价格。

笔者曾经在 2017 年参与过一个项目，该项目是某客户的 3G 工程建设项目。在进行项目规划的时候，项目组就意识到客户未来有建设 4G 网络的需求，因此，在 3G 项目签约的时候，项目方就对优惠措施进行了特殊设计，即发放了大额优惠券以备客户未来购买 4G 新产品时使用，并且在优惠券协议中约定了协议生效的条件，如采购 4G 设备的金额、数量，不能在其他服务项目中使用该优惠券等，避免了直接打折降价对项目利润的影响。

优惠使用过程中容易产生违规行为，主要体现为优惠发放未经评审决策、未限定使用条件等。如果缺乏有效的管控手段，那么优惠很容易影响后期财务报表数据的准确性。例如，A 项目标书中同时承诺给予客户多种商务优惠，包含 FOC（Free of Charge，免费）项目、项目内延期优惠及项目间延期优惠等，优惠范围涉及项目下所有 PO。在投标书阶段，项目投标书提供商务报价（Offer），同期客户确认标书优惠内容并签字。在项目框架合同签署阶段，项目框架合同中未包含标书中提到的商务优惠信息。到了 PO 下发阶段，项目组未在 iSales 系统中上载标书内容，也未录入 PO 优惠信息，但根据标书内容实际提供了项目内延期优惠。该项目的问题在于：标书中约定的内容未在合同和 IT 系统中体现但实际却已执行。

在合同签署之前，所有沟通内容（包括但不限于标书的内容）都需要落实到合同中。标书与合同有任何冲突，都应以合同为准。标书的内容如果没有在合同中体现，那么就不应作为后期履约的依据。

◆ 条款设计

条款是合同中规定的条目,是合同、订单中确定当事人权利和义务的根据。交易定价的关键是将交易双方的诉求落实到销售合同条款中,确保对双方的权利和义务起到约束作用。合同条款设计将直接影响合同的质量,也会对交易价格产生直接影响。解决方案和交付验收相关条款会影响FOB(Free on Board,装运港船上交货)净价及设备和服务成本计量,因此在条款超标或范围扩大的情况下,需同步考虑风险对价或价值溢价。定价相关条款会直接影响FOB净价的报价方案,因此需要准确量化模式、价位相关条款对长期盈利的影响,合理设置范围、周期等条件。财经和法务相关条款会影响报价的商务系数、概算中的各项期间成本和风险准备金,因此条款量化的商务系数、数值需确保在客户报价和内部测算两端都能落实。

通过对销售合同进行拆解,分析大量的历史合同数据,笔者总结了华为销售合同条款设计的几大要点:

(1)解决方案条款清晰可控,不做过度承诺。设备选型、备件、网元数量、建设场景(如新建、搬迁、扩容等)、容量分批销售等方案要素内容清晰,能够匹配客户需求。

不做技术上的过度承诺[性能、关键绩效指标(Key Performance Indicator,KPI)、服务等级协议(Service Level Agreement,SLA)、对接集成、兼容性和网络安全等]及无边界承诺,确保解决方案的假设条件(站点条件、配置、话务模型等)合理可兑现。

对于服务类项目,重点关注项目站点数量、站点位置等信息。服务方案中的这些信息会影响工期,如果不能准确评估,则可能产生违约罚款。

以B国移动二牌GSM项目投标报价为例,M客户的工期总体原则是站点的建设匹配发展用户数,其用户容量如表6-1所示。

表 6-1 M 客户的用户容量

	阶段 0	阶段 1	阶段 2
开始时间	2010 年 1 月 27 日	2010 年 1 月 27 日	2010 年 1 月 27 日
承诺时间	2010 年 6 月 1 日	2010 年 11 月 29 日	2011 年 11 月 29 日
用户容量	10.5 万	220 万	705 万

华为中标了 2 个区域，根据区域人口的情况，需建设的站点数量可能在 800 个到 1 000 个之间。按客户要求，华为最迟需在 2011 年 11 月 29 日前完成近 1 000 个站点的建设，这对没有实施过 GSM 项目的华为 B 国代表处来说将是一个巨大的挑战。面对这个挑战，华为项目组认为，工期存在巨大的风险，而标书中规定的罚款又与项目交付息息相关。

项目组领导要求工程组组长结合工期测算方面的材料、项目情况、当地情况测算客观工期，分析客户要求工期与客观工期的偏差。在一次项目分析会上，代表处主管、地区部商务主管、地区部交付副主管（Vice President，VP）、代表处交付副代表、产品经理共 5 人就工期和付款问题进行了讨论并认为，如果不承诺此工期并接受罚款条款，则有可能进不了短名单，因此可以先承诺工期并接受罚款条款，但要说明由华为不可控的原因导致项目工期延期除外。

要保证工期，最重要的一项工作就是尽快明确当地分包资源、配套物料资源和站点获取等情况，并尽快制订一个初步的华为自有资源投入计划。此前由于种种原因，B 国本地供应商体系一直未能确立。在该项目投标阶段，现有本地供应商资源均表现出产能不足，因此华为被迫采用总部供应商作为投标的基础，参考本地供应商的一些不能满足技术要求的报价和竞争对手的一牌报价信息。在此期间，项目组也新发现了一些能力稍强的本地供应商，但由于双方初次接触，从未合作过，所以双方均对对方所给出的方案持保守态度。还有一个令项目组非常头痛的问题：站点信息在初期非常不全面，因此每个站点的土建工作量非常难以确定，而且分包商给出的报价基本上都是比较笼统的价格，并有不少备注内容说明其报价不包含一些特殊情况。而华为在 B 国又没有此类项目经验，因此项目组很难客观评价分包商给出的价格是否合理以及是否虚报。针对这个问题，代表处和地区部领导要求项目组想办法拿到竞争对手在以往同类项目中的价格，并尽快和本地有经验的主流分包商建立合作关系，为项目提供可以信赖的数据。

（2）交付验收条款要明确责任分工，如合理则写入合同。规避不合理的交付范围和责任矩阵，降低超责任界面交付风险。分包责任"背靠背"，规避指定采购、保修和验收回款不匹配等风险。重点管理网络集成、数据中心集成、管理服务、业务软件定制等复杂场景的假设条件，避免过度承诺，管理好客户体验等KPI承诺。

（3）定价条款要设计优惠条件，落实模式的边界保护。正向/负向清单要设条件，规避独家供应、融合许可、重资产运营、AIS、License pool（专利池）等影响长期盈利的模式类条款。管理好软件年费、PAYX、RS（Revenue Share，收入分成）等模式的关键盈利条件（如兜底费、结算起点及周期、退出机制等）。合理设置产品范围、区域、场景、时间、数量、金额等优惠政策及使用的条件，保护价格和价位。

例如，2019年，华为在极端艰苦的形势下在S国D客户实现了5G核心突破和布局。华为的竞争对手为了实现市场的突破，几乎满足了D客户所有的商务诉求。而华为通过对模式、价位、价格和条款的引导，成功战胜竞争对手，并保护了未来的盈利模式。在与D客户交易的过程中，华为也一一满足了D客户提出的诉求。

针对模式，D客户要求2G、3G、4G和5G统一许可，现网许可免费升级。华为则提出了新的制式保留量纲：5G非独立组网（NonStandalone，NSA）设置单独的许可，现网2G、3G、4G升级为5G需要收费。华为引导子网G建设最小容量商用局，通过降低TCO，避免采购部介入，与技术部议标实现引导目标。然后通过D客户CEO工程与无线打包，复制子网G的议标结果至集团合同。

5G NSA/SA（Standalone，独立组网）不允许存在流量量纲。华为提出绑定单用户速率，设置下行速率不超过40kbps，为未来不可预知的5G流量增长保留盈利空间。

针对价位，D客户通过竞争压价，要求年费跟随竞争对手A的定价。华为与D客户深入交流，让D客户意识到华为未来能为客户带来的巨大价值。

针对价格，所有折扣进入单价。华为提出有条件优惠，设立集团价位，并按照子网规模给予不同的折扣。关于补丁，D 客户要求已停产的（Legacy）EPC（Evolved Packet Core，分组核心网）补丁免费，于是华为组织研发人员与 D 客户直接交流，证明其定制开发在其他运营商不可重复使用。最终，双方约定补丁费用的收取与 5G 核心合同分离，华为最终获得了上百万美元的收费。关于许可，D 客户希望许可在子网间自由转移，于是华为提出了限制条件，避免许可迁移，同时对许可池增加多个限制条件，并就迁移服务费报了价。

（4）财经条款中规定的税务和资金方案要合规、安全，回款方案应对准销售、交付、验收，且能够匹配对资金的需求。要设置清晰的签约模式、路径及贸易细则，确保税务遵从，降低交易成本；选择合适的交易币种，设定合理的外汇波动幅度和通胀保护条件，减少或者避免汇率波动导致的外汇损失；落实支撑收入确认的条件机制，降低开票、回款风险；等等。

例如，2013 年上半年，T 运营商准备在 M 国建设子网。这是一个五年 Turnkey（交钥匙工程，一个具备正常运转所需一切条件的系统）加八年代维修项目，订单金额高达十几亿美元，华为与 E 公司都参与了投标。这个标对华为的发展具有重大意义，因此大多数人都认为华为的报价应该低于 E 公司的报价，但是地区部 CFO 主张华为的报价应高于 E 公司的报价。其主要理由如下：

华为在 M 国有全网交付能力和经验，尤其是在山区，这是优于 E 公司的，这种比较优势需要体现在价格上。E 公司在 M 国没有子公司，在当地没有法律实体机构，而 M 国是外汇管制国家，没有汇路，美元进不来，当地货币出不去。但是华为有子公司，有汇路，这个竞争优势需要在整体解决方案中体现。更高质量的交付服务和财经服务通常意味着较高的成本。

后面经过总部运营商 BG 决策，同意了报价高于 E 公司的主张。但是当 T 运营商与 E 公司接触时，E 公司并没有满足 T 运营商的财务条款，于是双方中止谈判，T 运营商转而与华为谈判。T 运营商要求合同以 M 国货币签约和结算。但由于 M 国货币贬值速度太快，且项目周期长，而 M 国市场刚开放，有较大的不确定性，这项条款意味着大量利润会被汇率波动吞噬。

经过反复沟通，华为了解到 T 运营商的真实情况：其在 M 国设立子公司进行运营，赚取的都是 M 国货币，这些货币无处消耗。地区部 CFO 提出：设备合同以美元结算，服务合同以美元报价，但可以用 M 国货币结算，这样华为可以用当地货币支付给当地分包商；同时要求汇率保护，即在条款中明确加入 M 国货币兑美元汇率季度调整的机制。最终，T 运营商同意了华为提出的条款。

（5）法务条款中要规定合理的违约和纠纷处理机制。要保障业务安全，就要重视合规，避免无限违约赔偿责任，设定合理的责任上限；设定合理的合同解除、终止和不可抗力条款，规避和降低不确定性风险；明晰知识产权归属及许可方式，设置合理的索赔处理机制。那么应如何将管理诉求落实在合同条款设计中呢？

第一，在解决方案和交付验收条款中，条款超标或范围扩大时需同步考虑风险对价或价值溢价。

第二，在定价条款中，要准确量化模式、价位类条款对长期盈利的影响，合理设置范围、周期等条件。

第三，在财经和法务条款中，应确保条款量化的商务系数或数值在客户的报价和内部测算两端都能有效落实。比如，在概算中要体现相关的期间成本和风险准备金。

6.2 交易定价原则与方法

华为强调交易定价要围绕长期可持续盈利、短期有竞争力、实现良好现金流的目标来设计。长期可持续盈利是指通过模式和价位设计，结合条款来保障公司未来扩容盈利，支撑公司长期可持续发展。短期有竞争力是指通过价格设计，结合条款来保障当期竞争力，满足公司在市场格局方面的诉求，赢得项目。实现良好现金流是指通过交易价格与付款相关条款的关联，改善现金流。

例如，规定客户在 100％预付款的情况下可以享受一定折扣的优惠，具体的优惠方式和力度可以结合资金成本等相关情况来确定。

既然交易定价是对长期盈利性、短期竞争力与良好现金流的平衡，那么应如何设计交易定价呢？

◆ **确定交易定价原则**

交易定价原则是：既要满足当期竞争力需求，又要满足长期盈利及良好现金流需求。巴菲特说，只有当潮水退去的时候，才知道是谁在裸泳。形势好的时候，企业可以通过各种手段将收入做大，即使暂时牺牲了一些利润或者现金流，也不会出现大的问题；但是，在经济形势不好的时候，企业要有充足的现金才不会慌乱。因此，在经济不景气的时候，企业要优先关注利润和现金流，这关系到企业的生存。企业要坚决控制那些利润不好、现金流差的合同的签订与履行，做好风险管控，要把利润和现金流指标纳入制度和考核，正所谓有什么样的制度就有什么样的行为，有什么样的行为就有什么样的结果。

◆ **理解合同的本质**

合同是一系列交易条款的合集，也是后期合同交付履行的基础。价格是合同的一个重要构成要素，是总体解决方案在客户界面最重要的载体。交易定价不是简单打折，更不是在谈判过程中的成本探底，而是在充分分析的基础上对客户和竞争对手的预判。制定合理的商务策略、商务（定价）方案，需要对其他合同要素（如产品、交付、财经、法务等）进行组合考虑。所有合同条款的设计最终都会影响合同损益与现金流。概算是呈现合同损益和现金流情况的重要管理手段，也是优化交易方案、助力高质量合同决策的重要抓手。合同怎么签体现了公司的经营导向。交易定价水平则体现了企业的全局意识以及与客户谈判的能力。

◆ **选择合适的交易定价方法**

设计交易定价的方法一般是做好"三看"分析，即看客户、看竞争对手、看自己（见图6-2）。

《孙子·谋攻篇》中说："知己知彼者，百战不殆；不知彼而知己，一胜一负；不知彼不知己，每战必殆。"意思是说，在军事战争中，既了解敌人，又了

```
看客户
  · 项目预算、客户期望、TCO分析
  · 决策链和决策流程
  · 价格相关条款
  · 历史商务习惯

看竞争对手
  · 竞争对手目标和意图分析
  · 竞争对手历史价格分析
  · 竞争对手价格预测和模式推演

看自己
  · 目标、意图和诉求
  · 区域或客户历史价格分析
  · SWOT分析

制定策略并设计方案
  · 制定商务策略（定价策略）
  · 设计报价模式
  · 设计价位
  · 设计价格优惠方案
  · 设计价格相关条款
```

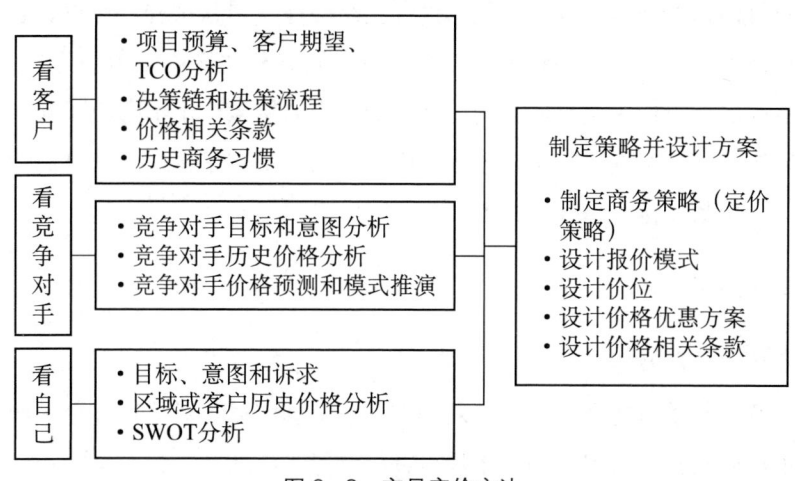

图6-2 交易定价方法

解自己，作战就不会失败；不了解敌人而只了解自己，胜败的可能性各半；既不了解敌人，又不了解自己，那只有每战必败的份儿了。

在商业竞争中同样如此，任何机会都是留给有准备的人的。在交易定价中需要准备的就是围绕潜在的机会对自身、客户和竞争对手进行充分的分析，制定商务策略（定价策略），设计报价模式、价位、优惠方案和价格相关条款，实现自己与客户的双赢。

看客户

看客户涉及以下方面：

（1）项目预算、客户期望、TCO分析。在进行交易定价时，企业应分析客户的财务状况，了解项目的预算金额，充分了解客户的核心需求，以及客户对投入及产出的要求，具体包括TCO、投资收益率、投资回收周期等。

（2）决策链和决策流程。首先分析客户的决策链上有哪些角色，这些角色一般包括使用者、评估者、影响者、执行者、批准者；其次将角色和客户中的关键部门及岗位对应；最后梳理客户和华为及竞争对手的关系对比，这些角色对交易项目的态度是强烈支持、支持、中立还是反对、强烈反对。销售的本质就是不断影响客户决策流程的过程，梳理客户的决策流程可以更加精准地推进决策流程。

（3）价格相关条款。其主要包括报价签约币种、回款币种、单价、总价、数量、优惠及条件等。在国际贸易中，由于各个国家和地区的货币稳定性不一样，选择什么样的货币作为交易回款的币种将会对交易结果产生不同的影响。

（4）历史商务习惯。这主要包括分析客户的历史交易模式、价格高低、交易折扣率、预付款比例、付款方式等。

看竞争对手

看竞争对手涉及以下方面：

（1）竞争对手目标和意图分析。例如，清晰理解竞争对手在各个区域的短期和长期的经营目标、战略意图、市场份额诉求等。

（2）竞争对手历史价格分析。这主要包括竞争对手的模式、价位、报价币种、成交折扣率、优惠策略、报价结构、盈利情况等。

（3）竞争对手价格预测和模式推演。例如，分析竞争对手可能的报价模式、报价币种、成交价格、成本及利润空间等。

看自己

看自己涉及以下方面：

（1）目标、意图和诉求。企业要清晰理解自身所在区域短期和长期的经营目标，明确战略意图、市场份额等诉求。只有看清了自己要去哪里，才不会走偏。

（2）区域或客户历史价格分析。这主要包括区域内同类客户的模式、价位、成交折扣率、优惠及各部分报价占比、盈利情况等。

（3）SWOT（Strengths，Weaknesses，Opportunities，Threats）分析。这主要包括分析自身的优势和劣势，包括产品、技术、服务、交付、品牌、口碑、价格、成本、资金、规模等；分析潜在的机会点和威胁，包括新需求、新市场、竞争对手等。

◆ **制定灵活的商务策略**

根据业务场景的不同，华为在商务策略上采取灵活的应对举措。比如，在投标场景下设定目标报价时，一般可以参考历史价格、竞争对手报价，也可以对客户进行摸底、进行成本分析等。其中，对客户进行摸底是非常重要的一步，因为客户的变化可能是多方面的，比如采购策略、竞价方式、采购模式的变化等。

采购策略的变化

从采购策略来看，运营商可能在多个方面发生变化，包括降低预算、引入PAYX和年费、延期付款、本币付款、最低中标价、本地化、引入业务连续性管理条款等。如果运营商的采购策略由分散采购变为集中采购，那么采购部的权力会进一步加大。例如，跨国大T（电信运营商）从原来的由各子网独立采购转变为由集团采购部集中采购，或者集团采购部运作子网项目后，将商务结果直接应用于其他子网。部分大T通过专业采购公司操作跨国大T项目，提出了Entry Ticket（入场券），Cash Voucher（代金券）、1美元软件买断等一系列颠覆性商务模式。除此之外，还有其他一些通信行业内的变化趋势，比如欧美创业公司以破坏性商务模式和价格配合大T采购部扰乱市场，并通过运营商持股、打包出售、股票增值等其他手段盈利。运营商中高层人员频繁流动，导致商务信息跨客户群扩散。

2019年5月15日，由于一项紧急行政命令，多家美国企业宣布中止向华为供应关键软件和零部件。在这种情况下，华为的一些客户在合同中提出了业务连续性管理的条款，以及由此产生的赔偿责任条款，核心诉求是要求华为承诺供应连续性。为了合理应对这一类条款，华为在商务策略层面增加了4条红线和3项中风险，提出了应对这一类合同条款风险的原则。比如，对于供应承诺风险，不对合同供应能力做出显性化的条款承诺，避免签订无拒绝采购订单权利的条款，对大项目分期签署合同，避免一次性承诺多年期交付量；对于"逃生"通道受限风险，保留未来制裁下的不可抗力权利，不签订有自动续约条款的合同；对于合规遵从范围广的风险，禁止承诺不被制裁，合规遵从主体限于华为签约主体，遵从范围仅限于华为和客户的交易界面；对于赔偿责任不合理的风险，坚持合同赔偿责任与客户采购承诺对等，不碰红线，使赔偿责任风险可对价。

对于客户提出的 PAYX 交易模式，华为选择有利的重复性收入模式，通过合同条款清晰定义和管理边界。

为了应对跨国跨运营商集中采购这一变化趋势，华为强调需要加强总部、系统部和参与投标代表处的统一策略联动，避免被逐个击破。

对于诸如 Buyin（法国电信和德国电信合资成立的采购公司）等专业采购公司的发标项目，华为要求实时拉通模式、价位、价格和条款，合理评估颠覆性商业模式。

对于创业公司，华为通过技术壁垒、定制开发等手段屏蔽它们，不轻易跟随创业公司提出的破坏性商务模式，加强对暂时丢标项目的"后管理"。

由于保密协议无法完全避免商务信息跨运营商泄露，华为强调要避免极端商务[1]对市场，尤其是未来无盈利预期的市场[2]的冲击。

竞价方式的变化

竞价方式从当期价格竞价向多年期的总价竞价转变。客户的标书时长和范围大体上出现了三个阶段的变化：第一阶段（2013 年以前），标书时长仅含当期，扩容空间大；第二阶段（2014—2018 年），标书时长为多年期，合同期内扩容空间小；第三阶段（2019 年以后），标书时长为多年期，合同期内无扩容空间。

多年期总价竞价的特点是：合同期内扩容量逐渐消失，实际项目落地节奏慢于标书预测节奏，实际采购范围有时候小于标书范围。

这种变化趋势对供应商的影响主要是：使供应商原有扩容价位的应用空间受到挤压，项目期内额外利润空间缩小，年度折扣和年度腐蚀率给商务带来的损失大于预估值，通过"画大饼，买小块"压低价位和价格，压缩了供应商的利润空间。

针对多年期总价竞价，华为采取了如下三个策略：一是合理设置价位。虽然

---

[1] 一般是指在报价时报出极低的价格。
[2] 指所有供应商的价格都被打得很低，未来无论怎么经营都很难盈利的市场。

扩容空间缩小，但仍需要设置合理价位作为新产品的初始定价基线。二是客观评估范围。客观评估项目范围外扩容空间和长期收益，如果项目范围远超实际需求，则需要通过采取合理的优惠政策，减少对价位的冲击。三是设置关联条件。年度折扣需和累计采购量关联。

采购模式的变化

从硬件 RTU 的变化趋势来看，大部分客户会直接拒绝强增长性 RTU，或者通过封顶、事实买断等方式抵消其增长性。华为采取平衡风险的措施，合理设置强增长性 RTU 金额占比，避免陷入强增长性 RTU 被砍掉而其他部分价格又无法提升的困境。还有部分客户限定了有限增长性 RTU 的种类和数量，部分客户要求买断或者频谱规划（Refarming）免费。客户接受程度相对较高的是一次性功能 RTU，这类 RTU 按网络规划一次性收费，如多模、制式。如果客户强制要求 RTU 按照目标站点满配比价，则公司应将 RTU 价格设计从容量型 RTU 转变为功能型 RTU，以使实际销售价尽量贴近比价。从软件特性的变化趋势来看，客户主张软件年费全包，且不接受排除名单，客户实际需要的特性通常都会直接包含在年费中。在技术换代时，年费溢价有限或者不接受溢价，通常也要求合同期内所有功能都包含在年费中，即使当前没有路标。华为一般采用功能隐藏的方法加以应对，即对跨代特性、独有特性进行合理隐藏。

6.3 交易定价 8 步

前面讲到了交易定价的四个要素：模式、价位、价格、条款。如果只是粗略地了解交易定价的四个要素，那只是了解了交易定价的轮廓，具体到操作层面，很多人还是会存在疑惑：具体怎么进行交易定价？交易定价有哪些步骤？按照任务拆解的思路，任何大的问题都可以拆解成小问题加以解决。同样的道理，交易定价也可以拆解成 8 个步骤。下面结合华为的实战案例，介绍华为交易定价的 8 个步骤。

◆ 第1步，客户分析

这一步主要是分析客户的需求和痛点，找到可能与客户达成共识的关键点，为后面的方案设计及合同谈判打好基础。

客户分析是交易定价的基础。只有真正了解客户的需求和痛点，才能找到交易的机会。进行客户分析可以从客户基本信息、客户经营、组织和流程、行业竞争环境几个维度展开。客户基本信息包括股权结构、行业地位、重大历史事件等。客户经营分析包括对客户的市场份额、增长率、盈利率、资金储备、投资等的分析。组织和流程分析包括对组织概况、决策链、采购决策模式和流程等的分析。行业竞争环境分析包括对宏观、行业、竞争和最终用户等的分析。

以B国M运营商为例，M运营商（简称"M"）是B国新成立的电信运营商，拥有全国范围内基本业务和增值业务的牌照。在M运营商的股权结构中，A集团占49%的股份，B国S公司占27.75%的股份，B国D公司占23.25%的股份。A集团为跨国运营商，总部在欧洲，在全球20多个国家运营移动业务，现金流充足，资信良好。

华为和A集团有较好的合作关系，但A集团在B国是新网新牌，且A集团没有对子网承担负债或担保的先例，因此B国投资方的资信、项目交付运营时间及实际盈利情况对M运营商的资信影响很大。在M运营商的运营管理团队组建过程中，A集团派了大量管理人员前往M运营商担任中高层管理人员。

华为的客户经理了解到M运营商的需求是：快速建网并快速发展用户，同时在6个月内实现商用，一期发展移动用户200万人，ARPU每月不少于15美元；二期再增加用户400万人，ARPU每月不少于20美元。

该项目的竞争对手主要有爱立信、诺基亚、西门子等几家公司。其中爱立信是A集团的战略合作伙伴，A集团的技术总监（Chief Technology Officer，CTO）是爱立信的铁杆支持者。爱立信的方案全面，代替维护（简称代维）能力强，但是价格高。诺基亚的方案完整，代维能力强，且价格具有竞争力。西门子在B国的运营历史久远，有很多合作厂家，是B国某运营商的供应商。

这些客户及竞争对手的信息有力支撑了华为项目组后续的方案制定、商务策略设计及谈判。

◆ 第2步，制定商务引导策略

商务引导策略主要包括商务溢价策略、规模与路径引导策略、盈利预埋策略、商务模式引导策略、商务隔离策略和竞争对手应对策略，具体介绍如下。

（1）制定商务溢价策略。溢价要有理由，即打铁还得自身硬。如果自身的解决方案不能给客户带来更多的价值，那么就不要随便溢价。溢价要从解决方案的价值出发，让客户认可解决方案的价值。制定商务溢价策略时需要综合考虑当期竞争情况及自身长远的利益诉求，也就是说在哪些定价项上溢价、溢价多少、什么时候溢价、溢价的理由等。

（2）制定规模与路径引导策略。了解客户的业务痛点及发展规划，比如总体目标、各个区域的网络建设规划，引导客户根据业务发展的节奏采用华为的解决方案来实现业务规划的目标，同时在这个过程中把销售的规模和路径融合进去。

（3）制定盈利预埋策略、商务模式引导策略、商务隔离策略。简单来说就是，考虑当前和未来的持续合作关系，引导客户采用对双方均有利的商务模式，并且说明商务模式的适用范围。

（4）制定竞争对手应对策略。了解竞争对手的方案及竞争诉求，采取对应的措施化解竞争对手的威胁。

以华为某多业务接入设备项目为例，华为提供的设备是MA5800，并为客户设计了四部分的报价项：公共部件、PON（Passive Optical Network，无源光网络）单板、PON光模块、基本软件。华为分析了竞争对手贝尔公司的7360 OLT（Optical Line Terminal，光线路终端）的报价，其中公共部件、PON单板、PON光模块、基本软件的价格在整体价格中的占比分别为9.9%、60%、30%、0.1%。华为认为，吉比特无源光网络（Gigabit-Capable PON，GPON）的盈利模式以PON单板扩容为主，各竞争对手每GPON端口收入中，PON单板和光模块总占比为80%~90%，公共部件（机框、主控板等）占比为8%~15%，基本软件占比为 0.1%～0.5%。在商务溢价策略方面，华为 MA5800 是分布式平台，优于贝尔公司的 7360 集中式平台（其架构难以支持虚拟化、PON 单板升级、平滑扩展）；华为的分布式平台具有更大的市场份额；华为的平台领先竞争对手 3 年左右。因此，华为考虑将溢价放在公共平台部件机框和主控板上，占比 15.1% 左右。

◆ 第 3 步，设计与引导商务模式

商务模式设计的核心是：清晰定义和管理边界，体现方案价值和差异化，对差异化的价值进行量化，以及重点与客户沟通产品的差异化价值特性、网络地位、TCO。

（1）引导客户选择商务模式条款和机制。重点是引导客户选择有利于华为的报价模式、价格条件与调整机制。例如，M 运营商每年需支付过亿元的电费，其迫切需要节能降耗。华为给 M 客户提供了 PowerStar 节能解决方案，该方案通过人工智能等创新技术，实现 2G、3G、4G、5G 多频网络协同调度节能，为移动网络提供深度节能，同时 PowerStar 还提供节能可视化，客户可以看到基站能耗、网络能效和节能增益的动态信息，从而进行更精细化的网络能耗管理。华为与 M 客户协商约定按照节省的电费进行分成，如按照保守估计电费节约比例为 8%，那么按照 55 分成，华为将获得节省的电费的 4% 作为收益。

（2）设计收入来源、量纲、结构（扩容、扩展、可持续性等）。收入来源就是报价对象，量纲是报价对象的计量单位，设计收入结构要考虑后续能否扩容等持续性问题。

（3）输出 TCO、总体拥有价值（Total Value of Ownership，TVO）、BP 分析。TCO 分析包括从产品采购到后期使用、维护的总成本。TVO 分析包括提升效率、提升网络质量、降低运维成本、提升用户体验、提升商业运营效率和收入。BP（Business Plan，业务计划）分析涉及痛点问题、解决方案、商业模式、市场预测、财务预测等。

（4）引导评标标准。通过客户关系，从资质、技术、商务、服务等多个角度

引导客户制定有利于华为而不利于竞争对手的评标标准，提高华为中标的概率。

◆ 第 4 步，设计与管理价位

价位设计要遵循价值定价、避免价位变价格、长期持续可盈利三个基本原则。

（1）实施商务隔离。实施商务隔离的目的是保护当前的价位水平所适应的子网、场景，避免将当前的价位用在别的子网、场景中。

（2）实施盈利、机会点预埋。在短期竞争力与长期可持续盈利之间寻找平衡，如果短期竞争激烈，那么就在降低短期价格的情况下，努力将合理的价位转移到高价值的报价项上面，寻求在后续的增量销售中实现盈利。

（3）确定商务降价节奏。根据竞争对手的价位水平、客户的价位期望、自身成交目标及成本综合考虑降价幅度，分次降价，尽量避免一步降到位。在每次降价的时候，需要向客户提出交换的条件，尽量避免无条件降价。

◆ 第 5 步，设计报价方案并生成报价

（1）优化产品配置，降低成本。主要做法有：调整产品配置方案，使方案中软、硬件的结构更加合理；变更产品配置，采用无线、电源搬迁等方式缩小规模；对于功能相同的产品，将其更换为成本更低的产品，或更换低成本、同规格的新版本部件，或更换大容量、低成本部件，或将处于生命周期末的产品更换为新产品。这些做法均可降低成本。

（2）设计优惠政策。根据客户当前和未来的需求，选择适当的优惠政策，说明优惠的范围及力度。

（3）设计价格。设计价格时主要考虑贸易术语、报价项、量纲、单价与总价、币种。由于华为对不同类型的项目有不同的签约主体要求，而不同签约主体对签约币种的要求不同，报价币种的选择将会影响后续的回款。比如，服务类合同如果使用本币签约，那么遇到汇率大幅波动时，本币大幅贬值，就会使企业遭受大额汇兑损失。如果在进行价格设计时采用美元签约，后续回款按浮动汇率，则可以减少汇兑损失。

（4）设计商务条款。企业设计商务条款时需要考虑自身产品在客户相关产品中的地位（占多少份额/是否为独家供应商）、避免罚款（如不能避免，则需要设置罚款上限）、风险敞口（尽量通过提高预付款比例、逐步开展业务合作、进行风险转移来降低风险敞口）、回款风险（通过提高早期节点的付款比例、缩短平均回款期、使用诸如信用证之类的信用力度更强的付款方式、延期支付罚款、允许华为转让应收账款）等。

以 B 国移动二牌 GSM 项目报价为例。标书中要求同时以美元和本币报价。为了报出一个合理的、有竞争力的价格，就一定要明确项目成本的构成。项目成本主要分为三部分：主设备、TK 分包外配套部分和华为自有人员投入。

其中主设备部分和 TK 分包外配套部分的报价方式如下：核心网设备按网元报价，无线设备按单板报价。站点获取采用合作方统一报价。铁塔采用当地厂家报价。油机作为可选配置，将来如果需应用，则按总部供应商中等价格水平结算。土建按照明确的工程物料及工程界面进行成本分析并进行成本加成报价，考虑到土建部分可能会存在多次进站的情况，因此在确定运费时应考虑出现多次运输的情况。

基于这些策略，华为产品经理汇总了第一轮地区部商务授权后的产品报价和服务报价。之后项目组召集了商务决策申请会，确定最终商务折扣系数和本地货币报价策略。对于本地分包采购部分，地区部总裁和代表认为："由于华为在 B 国没有 TK 项目经验，华为的报价可能偏高，需降低服务总包价格"。而且根据客户经理所了解的信息，竞争对手很可能在报价时采取降低配置的方式降低服务总包价格。

根据会议结论，项目组分头行动。技术支持部和采购分包的相关人员再次研究了分包商的报价、站点模型、地区部内其他 TK 项目的经验后认为，TK 分包外配套部分的加价率和 TK 工程管理费可以再降低，而土建工程部分则改为按工期要求和最基本业务场景评估工作量，简化工作内容，降低报价。经过这些调整后，服务总包价格降低了大致 30％左右，报项目组和地区部后获得了批准。

交标的当天上午，客户经理带回一条紧急信息：西门子部分价格跳水。危急时刻代表处紧急处理，经过多方权衡后，最终同意将总价降到 1 亿美元以下。

◆ 第 6 步，设计与管理盈利方案

设计与管理盈利方案主要包括分析经营、分析商务设计、制定盈利改进商务策略等。

（1）分析经营。这主要是通过概算来分析项目经营，具体可以从组织、产业、合同等多个维度分析项目盈亏情况及影响，通过与目标对比，找到差距，并驱动产品解决方案、交付与服务方案、财经方案、商法方案的优化。

（2）分析商务设计。这是根据提供的设备部件或服务的模式、价位、优惠、价格等维度分析商务的合理性。

（3）制定盈利改进商务策略。这包括提升商务感知和溢价、优化配置结构和成本、优化商务模式、优化价位设计、优化优惠和报价、优化商务条款。产品经理可以采用两种方法来改善盈利。第一种方法就是通过增加软件特性的销售、变更合同、中标后引导客户扩容等来提升盈利。第二种方法就是通过控制合同优惠发放节奏来减少商务损失，比如控制搬迁赠送节奏，使其不早于扩容，控制优惠发放节奏，即优惠发放不早于采购订单的获得。

◆ 第 7 步，评审与决策

交易定价方案设计完之后，还需要进行评审和决策。评审和决策要遵循模式、价位、价格的逻辑，其维度有五个：

（1）模式策略。评审客户界面报价以及条款，确保前面引导的商务策略、商业模式落地。

（2）价格水平。参考系统部基线目标、代表处预算目标、机关牵引目标、历史商务、全球平均商务，判断价格水平是否合理。

（3）总价。参照竞争对手价格、客户预算、战略补贴判断申请总价是否合理。

（4）经营。按照申请毛利率进行决策后，计算项目对代表处年度及当期经营 KPI 的影响。

（5）长期收益。按照量、价模型，对项目范围之外的长期收益做出预估，并进行闭环管理。

在交易定价中，需要特别关注的两个决策点是 ATB（Authorize to Bid，投标）决策、ATC（Authorize to Contract，合同签约）决策。

ATB 和 ATC 的依据来自销售授权，主要是看项目盈利性和风险。项目盈利性是基于对模式、价位及项目整体盈利（项目毛利）所做出的判断，其支撑工具主要是项目概算。项目风险则是基于"风险量化、客户化"原则所做出的判断，其支撑工具主要是风险评估报告。

项目组在提交 ATB 汇报时，需要确保信息真实、及时、完整和准确。SDT 在进行 ATB 决策时的主要关注点有三个：项目背景信息、项目财务信息、项目风险信息。项目背景信息包括客户背景信息、竞争信息。项目财务信息主要包括模式、价位及盈利（出价策略、竞争对手信息、优惠政策及其绑定的条件，如果价格特别低，则需要制定盈利提升措施并细化）、现金流（付款节点、各节点的验收标准是否清晰可达到、能否及时回款）。项目风险信息包括风险点及应对措施。

但是，在项目执行过程中，也难免有不到位的地方，ATB 决策的常见误区有四个。

误区一：绕过决策流程或执行不规范。

误区二：决策信息不完整、不准确，将决策会开成评审会。例如，在盈利性决策中，项目竞争策略信息、盈利改善计划不清晰；对时间、区域、产品和服务等的定义不清晰；概算假设、风险清单等关键信息与真实业务信息（方案信息、标书信息）不匹配。

误区三：与决策支撑人沟通不及时、不到位。决策支撑需核对大量的数据，过程中可能有反复。若不提前沟通到位，那么决策效率将无法保证。

误区四：决策意见未及时落实到标书文件中。

华为从三个方面入手，以避免走入这些误区。

一是深入理解决策流程。明确决策责任主体是 SDT 而不是单个评审人或者某业务部门领导；明确谁出具的决策支撑意见是有效的，以及机关/地区部/代表处/系统部具有评审资格的人有哪些；确定落实决策意见的责任主体，即项目主管（Project Director，PD），并将责任分解给项目组各解决方案责任人。

二是提前沟通。在策略及方案评审阶段，应该及时调用专业评审资源，甚至可以调用 SDT，让其对关键策略及方案给予指导。

三是用好决策支撑工具。这些工具都是华为从多年的经验教训中总结出来并固化到流程中的，具体包括综合类工具——决策报告模板，风险决策——风险评估工具（Risk Assessment Tool，RAT），盈利性决策——价格、价位评审表等。运用好这些工具，对提升沟通效率大有裨益。

对于 ATC 决策，如果其项目范围、条款及利润水平不劣于 ATB 决策结论，且经评审人复核属实，那么由代表处 SDT 确认 ATC 结果即可。如果 ATC 有变动且劣于 ATB 决策结论，则需要针对变动部分发起 ATC 决策，升级机制与 ATB 决策相同。

◆ 第 8 步，管理合同执行，确保价值兑现

合同签订后，应按照合同条款执行，确保交易双方的利益得到保障，实现双方的价值最大化。合同从接收、交付、回款、变更到关闭的整个执行过程中可能与目标存在偏差，所以项目组经营团队需要跟踪合同条款的落地执行，及时发现偏差并采取纠偏措施，确保价值能够按预期兑现。比如，在合同交接时，确认合同中是否有价值增加（奖励）的条款，或价值减少（罚款）的条款。奖励条款与罚款条款可能导致项目收入的增加或减少。笔者曾经在经营某管理服务项目时发现，客户没有及时按月兑现奖励，而验收报告中的 KPI 值确实超过了合同规定的奖励要求，后经与客户沟通协商，要求客户按照 KPI 达标后给予奖励的合同条款执行，并且开具发票给客户，客户也按照发票进行了付款，这给项目带来了额外的收入。

如果在交易过程中发生争议或者发生重大的风险，需要对合同后续执行进行风险预警，及时推动合同变更或者合同终止。如果客户在交易过程中存在持续经营不善，并且通过经营改善，依旧难以扭转亏损的局面，那么需要判断是否及时

终止合同，以减少损失。这个时候需要注意合同中对于提前终止的条款是否有罚款或赔偿的约定。

6.4 "6421"法

> 项目经营的核心是签订高质量的合同，基于合同进行高效、低成本、优质的交付，从而达成让客户满意的项目经营目标。
>
> ——华为项目经营管理政策

交易定价的核心要素、操作步骤都与销售合同的签订和管理密切相关。合同签订实际上就是企业与客户达成交易的结果。为了将交易定价落入合同管理，需要加深对华为合同管理的理解。

销售合同，主要规定了华为和客户的权利与义务、法务条款。华为的义务包括：提供解决方案与报价、交付解决方案、配合验收、开票。华为的权利主要是收取客户回款。客户的权利包括：验收、获取标的物（解决方案）的所有权/使用权。客户的义务包括：提供需求、配合交付、支付价款。法务条款包括：风险管理、违约责任、争议解决、遵从与合规。

华为的历史累计合同数量高达千万份，其在规模庞大的合同管理实践活动中，总结出了一套成熟的合同管理体系。在这一套合同管理体系中，华为明确了企业经营的目标，制定了清晰的度量、标准、管控、组织以及流程与IT，系统性地解决了经营过程中授权与决策、度量与评价、风险与管控的问题（如图6-3所示）。只有那些从合同签订到履行，达到合理的利润、正的现金流、风险可控、客户满意的合同，才能被认为是高质量的合同。高质量的合同不仅能给客户带来正的商业价值，还可以帮助双方规避潜在的风险，最终实现双赢。

在这个合同管理体系中，最关键的一个管理工具就是"6421"法。"6421"是合同的生成工具、度量方法和质量标准，提升了合同质量，改善了公司整体经营状况。"6421"中的"6"是指合同的6个核心要素，"4"是指4个单元（Unit，简称U），"2"是指"两棵树"，"1"是指1个风险管理体系。

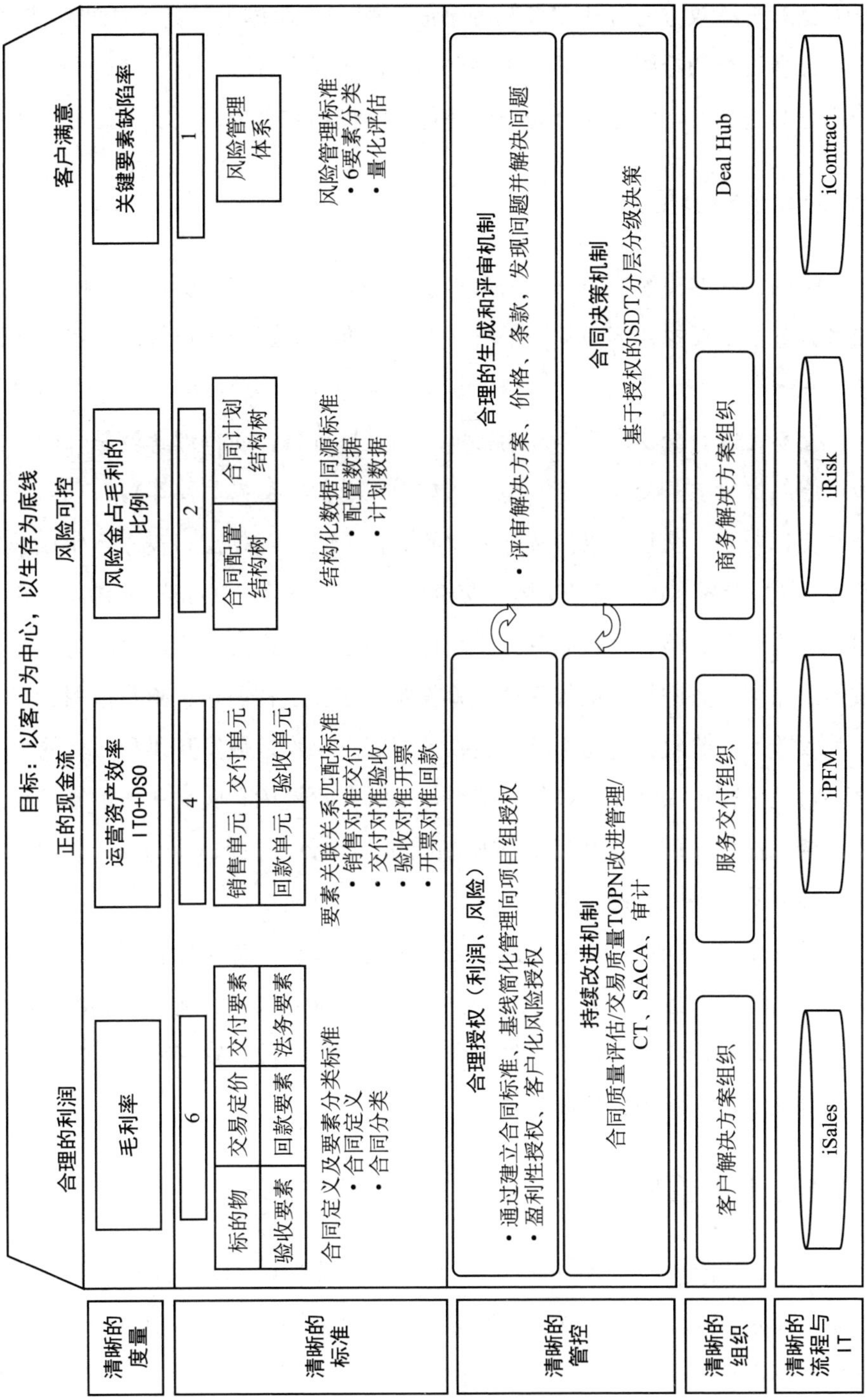

第六章 交易定价

		目标：以客户为中心，以生存为底线		
	合理的利润	正的现金流	风险可控	客户满意
清晰的度量	毛利率	运营资产效率 ITO+DSO	风险金占毛利的比例	关键要素缺陷率
	6	4	2	1

清晰的标准：
- 标的物、交易定价、交付要素、验收要素、回款要素、法务要素
- 合同定义及要素分类标准：合同定义、合同分类
- 销售单元、交付单元、回款单元、验收单元
- 要素关联关系匹配标准：销售对准交付、交付对准验收、验收对准开票、开票对准回款
- 合同配置结构树、合同计划结构树
- 结构化数据同源标准：配置数据、计划数据
- 风险管理标准：6要素分类、量化评估
- 风险管理体系

清晰的管控：
- 合理授权（利润、风险）
- 通过建立合同标准、基线简化合同管理向项目组授权、盈利性授权、客户化风险授权
- 持续改进机制
- 合同质量评估/交易质量TOPN改进管理/CT、SACA、审计
- 合理的生成和评审机制
- 评审解决方案、价格、条款、发现问题并解决问题
- 合同决策机制
- 基于授权的SDT分层分级决策

清晰的组织：客户解决方案组织 | 服务交付组织 | 商务解决方案组织 | Deal Hub

清晰的流程与IT：iSales | iPFM | iRisk | iContract

图 6-3 华为的合同管理体系

合同是对交易双方的责任与权利的书面分配和法律体现，具备法律约束力。如果想签订高质量的合同，就需要知道合同的构成要素有哪些。销售合同由采购方和销售方共同签订，双方在合同中约定各自的权利和义务。

◆ 合同的 6 个核心要素

（1）标的物（客户解决方案）。标的物是合同中约定的交易对象，即卖什么产品或者服务，主要描述客户的需求与痛点、咨询与诊断、客户解决方案设计以及配置方案。

（2）交易定价。交易定价涉及销售单元和交易价格，简单理解就是合同中标的物所对应的报价项、交易价格（单价、数量、总价、交易币种等）。

（3）交付要素。交付要素涉及标的物的交付方式，包括交付需求、集成服务交付三方视图、交付范围、责任矩阵、交付单元、交付流程与标准、交付计划等。

（4）验收要素。验收是合同双方按照合同约定的流程及标准，对履约方所交付完成的产品和服务进行确认的活动。验收要素涉及验收需求、验收范围、责任矩阵、验收单元、验收流程与标准、验收计划等。验收是触发开票和回款的关键节点之一，是工程进入维保阶段的交接点，及时验收是按时回款和增加维保收入的重要保证。比如，网络优化服务按照站点进行交付，按照 Cluster（集群）进行验收，签署 Cluster 验收证书。

（5）回款要素。回款要素主要描述回款的相关事项，包括回款单元、开票回款规则、开票回款计划、开票回款流程与标准、开票回款责任矩阵、发票模板等。

（6）法务要素。法务要素主要包括合同结构基本构件、知识产权、遵从与合规、法律责任界定与承担、争议解决等。

◆ 拉通 4U，提升交易效率

4U 分别指：销售单元（Sales Unit，SU）、交付单元（Delivery Unit，DU）、验收单元（Acceptance Unit，AU）、回款单元（Payment Unit，PU）。

之所以会出现 4U，是因为在一些较为复杂的场景下，销售、交付、验收、回款并不是在同一个时间点完成的，业务流在往下进行的时候可能会发生转换，导致各个单元的"颗粒度"不一致。要实现从销售到回款，就需要拉通这4个单元，提升交易的效率，降低交易的成本，进而获得销售价格方面的竞争优势。交易的目的就是用最合适的成本实现价值的变现，只有把钱更高效地收回来，才能让华为获得持续发展的动力。

拉通4U的目的就是要保障合同可销售、可交付、可验收、可回款。拉通4U，就是拉通配置与计划信息，做好销售语言与交付语言对接，目的就是确保销售对准交付、交付对准验收、验收对准开票、开票对准回款。

在多数情况下，销售单元、交付单元、验收单元和回款单元的"颗粒度"是一致的，即它们天然是拉通、匹配的。但是由于有些客户在销售单元、交付单元、验收单元和回款单元上的"颗粒度"不一致，因此这时就需要建立4U之间的拉通和匹配关系。比如，在某些特殊情况下，销售单元按照站点确定，交付单元按照集群确定，验收单元按照整网确定，回款单元按照站点确定，这样就可以实现4U的拉通和匹配。

销售单元应遵循的原则

（1）SU应清晰明确，并与DU、AU、PU相匹配，支撑验收与回款。

（2）对于服务而言，如果客户提供了报价模板，那么报价条目须与客户模板保持一致。如果客户没有提供报价模板，那么就需要以华为服务BOQ（Bill of Quotation，价格清单）作为报价条目。客户条目需要与服务BOQ及华为服务解决方案对应，BOQ条目需与服务解决方案的工作说明书（Statement of Work，SOW）一一对应。

（3）应对销售"颗粒度"和配置进行对象化、编码化管理，与交付、验收和开票的"颗粒度"、配置形成清晰的对应关系，以便进行全流程的信息传递。

交付单元应遵循的原则

（1）合同签订前，公司应通过客户标书、客户交流等，明确客户的交付需求/要求，如客户当前痛点、目标网络建设需求、交付场景、交付资源需求、质量要求、KPI要求等。

（2）客户对服务解决方案交付的相关需求，包括 SOW、交付计划、服务范围、服务等级、责任矩阵等要明确。

（3）各交付单元的交付任务要有清晰的、合理的交付标准。

（4）禁止对客户的无边界技术条款直接做出承诺。

验收单元应遵循的原则

（1）满足客户对网络解决方案验收的相关需求，这些需求主要包括验收流程与标准、验收节点、验收测试项、验收方式、验收地点等。

（2）禁止对客户主观性很强的验收条件的相关技术条款直接做出承诺。

（3）合同中的验收标准和方法应明确限制条件和假设，避免做出超出华为规格范围的承诺。

回款单元应遵循的原则

（1）合同中应有明确的开票回款节点，节点通常按照预付、进度、验收设置，各节点的回款比例之和等于 100%。

（2）节点回款比例需要与当期成本匹配，保证公司有正的现金流。

（3）开票回款节点理论上可达成。

（4）通常情况下，大型项目销售合同的客户付款比例应前重后轻，预付款和到货款比例之和应超过 50%，终验款比例不超过 10%；对于小型设备（如路由器等数据通信终端设备）、散件、备件销售合同，应采用预付款加到货款比例之和为 100% 的回款模式。如果华为与该客户有历史交易记录，那么本次付款条款跟前期同类产品的付款条款相比不应该恶化。

（5）如果合同中的回款币种钉住开票币种，且回款币种与开票币种不同；或合同中的回款币种钉住签约币种，且回款币种与签约币种不同，那么合同中必须有清晰的回款汇率条款。回款汇率一般以回款前三日以内的当地官方权威部门发布的汇率为准。

（6）禁止以客户资金来源到位或客户自身经营发展状况（特殊商业模式除外）作为回款节点。

以 B 国移动二牌 GSM 项目为例，项目组在结合报价请求（Request for Quotation，RFQ）的回款条款进行综合分析时，意识到项目将出现大额资金流动和垫资的情况。若客户正常付款，阶段 0 和阶段 1 的垫资约为 2 400 万美元；而若客户使用延期付款，那么华为在阶段 0 和阶段 1 的垫资约为 4 500 万美元，且收支时间无法匹配，仅靠当地注册机构无法处理。因此，地区部领导要求项目中分包外配套部分的付款必须采用"背靠背"方式，同时在回款条款方面，提出分时间、分内容进行各项内容款项回收的条款答复，避免回款风险，减少垫资数额，缩短垫资时间。RFQ 的回款条款是：

LOT1（现场勘查）：在移交站点的 30 天内支付。

LOT2（网络子系统）：款项的 2％在详细的系统设计方案交付后支付，28％在方案初验后支付，40％在方案终验后支付，30％在缺陷期过后支付。

LOT3（基站子系统）：款项的 2％在详细的系统设计方案交付后支付，28％在方案初验后支付，40％在方案终验后支付，30％在方案缺陷期过后支付。

同时，提供 3 年延期付款服务。

针对这些回款条款，代表处提出了两种融资方案报公司决策，两种方案均涉及本币融资问题，而本币融资和当地收支存在货币风险，代表处要求公司融资部在交标前给出最终决策。这两种融资方案的具体安排如下。

第一种融资方案是卖方信贷：期限为 3～5 年，利率为标准利率＋加成（如按美元标准计算，则标准利率为 2％～2.5％，采用浮动利率；如按本币标准计算，则标准利率为 18％～20％，此利率为市场同类型公司本币利率平均水平，无母公司担保）。

第二种融资方案是延期付款：期限为 18～30 个月，利率为标准利率＋加成（如按美元标准计算，则标准利率为 2％～2.5％，采用浮动利率；如按本币标准计算，则标准利率为 18％～20％，此利率为市场同类型公司本币利率平均水平，无母公司担保）。

◆ **拉通 2 棵树，建立数据同源标准**

2 棵树分别指合同配置结构树（见图 6-4）、合同计划结构树。拉通 2 棵树，使得合同配置和计划匹配，可以支撑 4U 匹配落地，保障销售对准交付、验收和回款。

拉通 2 棵树，意味着打通售前配置和售后交付，售前配置所输出的设备 BOQ 要匹配服务 BOQ。在售后环节，通过拉通合同配置结构树与合同计划结构树，将交付与配置数据对应，明确各个 SU 的站点工勘、发货、交货证明（Proof of Delivery，POD）、站点准备、仓储及二次物流、安装调试、初验、终验的具体计划时间。将合同配置数据与合同计划数据打通，可以保障从销售到回款过程中运营效率的提升，加快运营资产周转速度，降低运营成本。

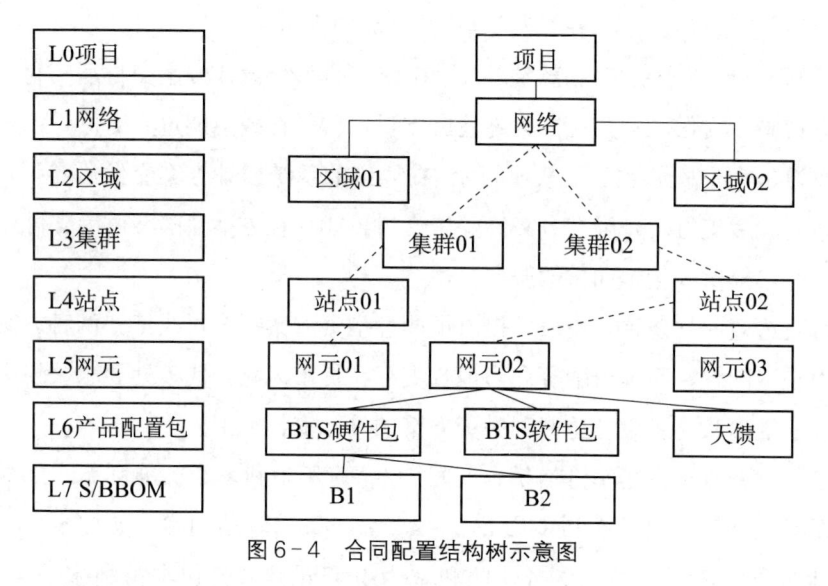

图 6-4 合同配置结构树示意图

◆ 1 个风险管理体系

1 个风险管理体系（如图 6-5 所示）是指围绕经营目标，拉通售前售后风险管理，从风险识别、风险评估、风险应对、风险监控 4 个方面进行全流程闭环管理。

华为在战略规划和业务计划的制定流程中嵌入了风险管理要素，即通过战略规划，系统化地识别、评估风险；在年度业务计划中制定风险应对方案，并以管理重点工作的方式实现日常运营中的风险监控和报告。在战略决策与规划中明确重大风险要素，在业务计划与执行中控制风险，为华为的持续经营提供了有效保障。

第六章　交易定价　201

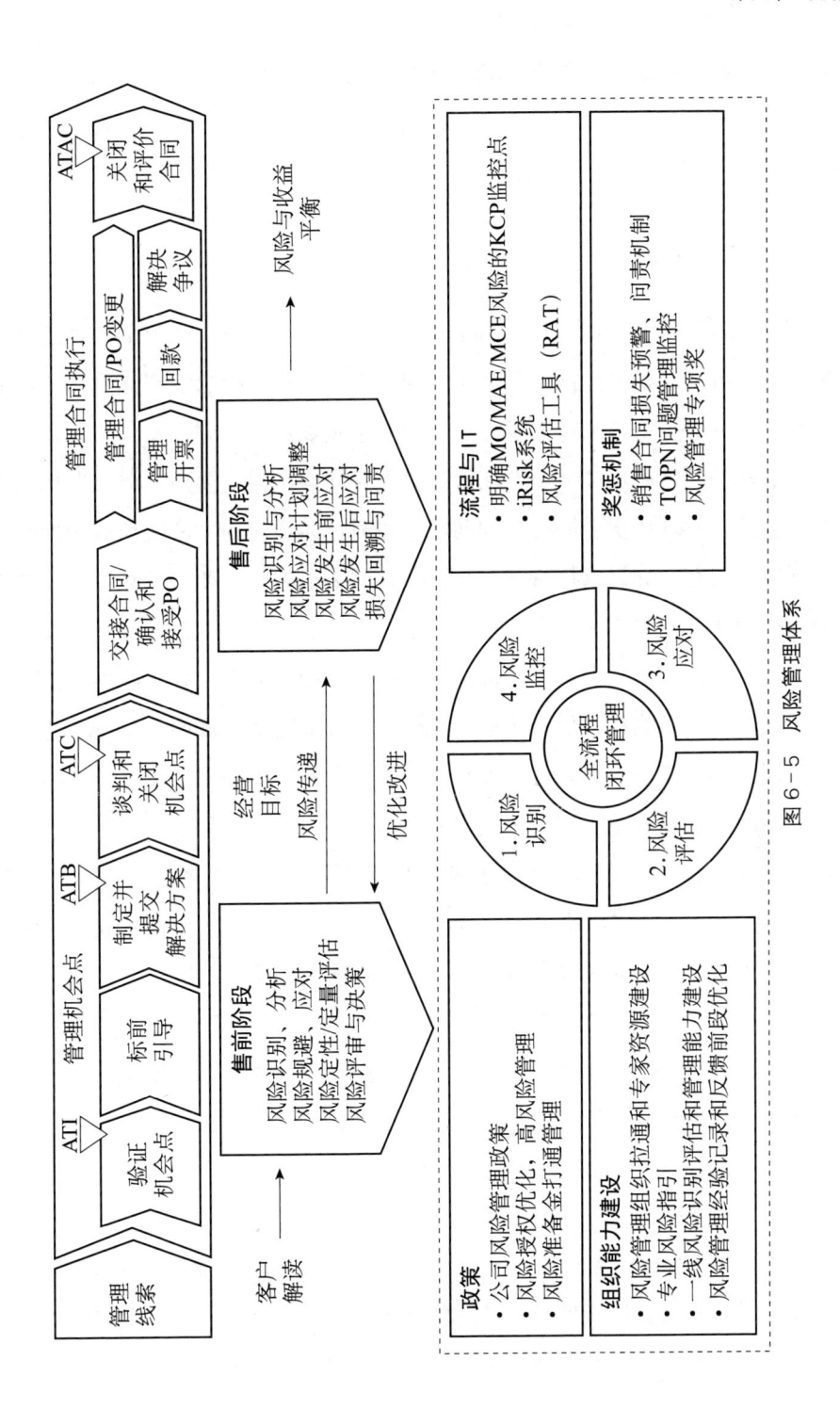

图 6-5　风险管理体系

在IT系统的建设上，iRisk系统是履行合同风险检测的系统。在项目运作过程中，从风险准备金的发布到风险准备金的使用申请、审批，再到风险准备金的使用、分析，都在iRisk系统中进行。

◆ "6421"法的运用

"6421"法是华为生成高质量合同的一个重要工具，用好这个工具，能够持续帮助公司签订具有"合理的利润、正的现金流、风险可控、客户满意"特征的合同。运用"6421"法，大体需要经过下面6个步骤：

（1）诊断问题。基于"6421"法诊断历史合同问题时，要用"6421"标准去分析历史合同，发现历史合同存在的问题，并通过体系化的方法避免后续的合同再产生同样的问题。如果这样持续优化下去，那么很多问题便可以在早期就被发现并被解决。比如，对于交易定价要素，华为设置了几大标准：定价不应大幅低于该国市场平均价，必须明确交易价格所适用的币种和汇率，必须明确贸易术语和报价假设，必须明确相关税费构成，必须明确价格变动的规则，应避免签订固定总价合同，禁止签订含有总价封顶及"多退少不补"等条款的合同，应明确合同价格有效期、软件升级费用及相应服务费用。

（2）建立基线。基于"6421"标准和历史交易，建立客户化合同要素基线，具体包括价格基线、回款节点基线、验收基线、罚款上限基线等。基线是后续合同生成和评审的基础，如果没有基线，参考标准就难以建立。以罚款比例上限为例，华为建立服务合同罚款的基线为：对于网络技术服务（Network Technology Service，NTS），罚款总额不超过服务金额的10%；对于网络部署（Network Roll Out，NRO）服务，日罚金为延期部分金额的0.2%，上限为延期部分合同金额的15%或合同总金额的10%；对于客户支持（Customer Support，CS）服务，每年维保服务赔偿上限不超过年度维保服务金额的15%；对于SPMS，罚款的上限不超过当期罚款金额的20%；对于管理服务，由KPI和SLA不达标所造成的累计总罚款不能超过管理服务合同总金额的10%，因此每次KPI和SLA的罚款金额不超过该段付款周期内管理服务合同金额的10%；对于培训服务，培训赔偿上限不超过当期培训付款金额的 5%。

（3）建设模板。基于标准和基线，建设客户化合同模板草案。高质量的合同标准主要看几个指标：毛利率、运营资产效率（ITO＋DSO）、风险金占毛利比例、关键要素缺陷率。

（4）生成合同。将"6421"标准嵌入合同生成流程，以生成高质量的合同。在 LTC 流程中，华为嵌入了"6421"标准，并在 ATI（立项评审）、ATB（投标）、ATC（合同签约）、ATAC（合同变更）几个关键决策点，对机会、标书、合同进行评审。项目立项是项目管理的基础和起点，华为规定，未经过 ATI 的项目，不能提交 ATB 和 ATC。

（5）评审合同。基于"6421"标准和基线对合同进行评审，提升评审效率和质量。通过对解决方案、价格、条款进行评审，发现问题并加以解决。比如，对于某个竞争激烈的项目，拟定的合同条款过于激进，经过合同评审，发现合同存在价格优惠方式不合理、价位保护不充分、交易模式不规范等问题。

（6）改进合同。基于目标和基线持续改进合同质量。针对合同评审中发现的问题，优化合同方案，积极与客户谈判，推动合同条款的改善，在正式签约之前确保合同符合自身经营管理诉求。

"6421"法是提升合同管理质量的利器，"6421"这套组合拳为后续的交易管理打下了坚实的基础。要想对交易进行定性评价和定量评价，还需要借助合同评审和项目概算这两个工具。

6.5 合同评审与项目概算

◆ 合同评审

合同评审是各级专业部门根据专业要素评审指导书，对合同中的专业要素进行评估和分析，并给出评估意见和建议，以便识别合同风险的过程，其目的是提升合同签约质量，为后续产品交付与公司经营打好基础。

华为在 LTC 流程中设置了 ATB（投标）、ATC（合同签约）、ATAC（合同变更）三个关键控制点。各专业要素评审人给出评审意见之后，由综合评审责任人（一般为代表处产品解决方案副代表、交付副代表/合同商务专家/投标业务主管或专家）综合多方意见，平衡风险与机会，给决策团队提供决策建议。

专业要素包括技术方案（方案和条款）、客户需求承诺、供货/物流、服务解决方案（方案和条款）、法务、融资、信用、回款、税务、保险、外汇、保函、特殊商务优惠条款（含代金券）、综合条款、产品/服务价格等。

解决方案专业要素评审主要包括对技术方案（方案和条款）、客户需求承诺、产品价位/价格三个专业要素的评审。其中产品价位/价格要素是解决方案专业要素评审中必须经过解决方案要素评审人评审的要素。

服务交付专业要素评审主要包括对服务解决方案（方案和条款）、供货（第三方采购和分包）/物流、服务价格三个专业要素的评审。

商法专业要素评审包括对法务、综合条款两个专业要素的评审。

财经专业要素评审包括对融资、信用、回款、税务、保险、外汇、保函、特殊商务优惠条款（含代金券）共八个专业要素的评审。

解决方案解决卖什么的问题，服务交付解决实现途径的问题，财经和商法解决风险和盈利等相关问题。

以财经和商法专业要素评审为例，某个项目在进入ATC决策之前，由专业线给出的评审意见如表6-2所示。

表6-2 财经和商法专业要素评审意见

专业要素	评审意见
财经 融资、信用、回款、税务、保险、外汇、保函、特殊商务优惠条款（含代金券）	（1）付款。实现如下付款条款，设备：15%预付，85%交付时付款（Payment on Delivery, POD），赎期45天；服务：30%预付，55%交付初验时付款（Preliminary Acceptance, PAC），15%终验时付款（Final Acceptance, FAC），如果在合同签订后才签订补充协议实现该条款，则需要考虑从合同签订到补充协议签订之间的风险敞口。 （2）信用。需要客户母公司出具付款担保函。 （3）外汇。以美元签约，如果本币签约且未钉住美元，则在项目概算中需要增加外汇波动风险成本。 （4）融资。需要避免85%的设备POD回款绑定融资协议等过度承诺，以规避因融资协议签订出现问题而产生争议等风险。

续表

专业要素		评审意见
商法	法务、综合条款	地区部整体同意，但是需要在后续项目执行过程中加以规避，特别是针对不能按时商用延期罚款的条款，争取和客户提前谈判。

大部分亏损项目都是在合同签约前没有真正做好评审，导致后期无论如何经营优化都难以扭亏。商务评审是合同评审中的重要要素，通过商务评审和决策，可确保交易定价策略的落地。

◆ 项目概算

项目是华为经营管理的基础和细胞。只有做好项目经营管理，才能保证公司正常经营。为了激励一线，华为明确强调，公司的经营管理机制就是以项目为中心，这也意味着功能部门是能力中心、资源中心，而项目则是权力中心，项目经理拥有指挥作战的权力。在华为一线代表处和系统部的项目中，销售项目、交付项目是两种最常见的项目。

项目概算是在对客户需求进行解读之后，对项目解决方案（产品、交付、商法、财经等）及交易风险敞口进行财务量化，计算项目的盈利和现金流，并进行成本分析与方案优化的过程。这个过程实际上就是华为量化项目利润、现金流以及运营资产效率的过程。

项目概算不是一个孤立的工作，实际上概算与投标、谈判以及后续的项目经营都有密切的联系，也是项目四算（概算、预算、核算、决算）的基础工作之一。项目概算是合同谈判的基础。项目报价要有成本基线的支撑，要满足公司的模式、价位、价格授权。项目报价结果作为项目交付的预算，是贯穿整个项目管理的主线。

华为在做集成财经服务（Integrated Financial Services，IFS）变革项目的时候，特别强调了概算的作用，要求把概算和合同谈判能力融成一个能力中心，将优秀员工组成专业团队，建立面向全球的投标、概算和谈判的能力中心，将投标、概算、谈判等活动拉通。

概算应由经营主体来做，各级部门"一把手"就是项目概算经理。作为华为的项目经理，其心里要有一本账，要时刻关注项目的财务指标变化。可以想象，如果项目概算都没有做好，又怎么能谈出对企业有利的合同条款呢？怎么能把钱赚回来呢？因此，项目概算经理要深刻理解项目概算的目的。

项目概算的目的

（1）促进方案优化。项目概算是对投标方案/合同进行财务量化和集成，70%的项目成本须在销售阶段确定。根据财务分析输出，项目组应共同识别投标方案/合同优化点，优化业务方案。

（2）支撑销售决策。项目概算支撑销售项目授权要素中盈利性/现金流授权的行权，支撑LTC流程关键决策点中项目经营管控要求。

商务决策应基于市场竞争而非成本，公司不允许由于商务决策的需要而不合理地、人为地调整概算。

产品价格由客户（价值）和竞争决定，报价是概算的输入之一。

（3）确立初始经营目标。概算应用于确立初始经营目标；最后一版概算归档签发，向预算部门交接，实现合同交接"明明白白"、数据可回溯和责任闭环。

项目概算的构成

如果把项目概算看作"一本书"，那么其就有四个套件，分别是概算表、概算假设清单、风险清单、SDT决策意见，简称"四件套"。

（1）概算表。其是基于客户需求，对方案量化结果的记录。通过分析成本，可促成方案的进一步优化，包括利润表及现金流量表等。项目概算表如图6-6所示。

概算表是对业务方案进行量化并集成的财务结果。需要重点注意以下几点。

一是硬件成本。在概算硬件成本中，华为考虑了知识产权（Intellectual Property，IP）费用分摊，这相当于在集团层面穿了一层"棉袄"，使集团层面有了缓冲的成本区间。

第六章 交易定价

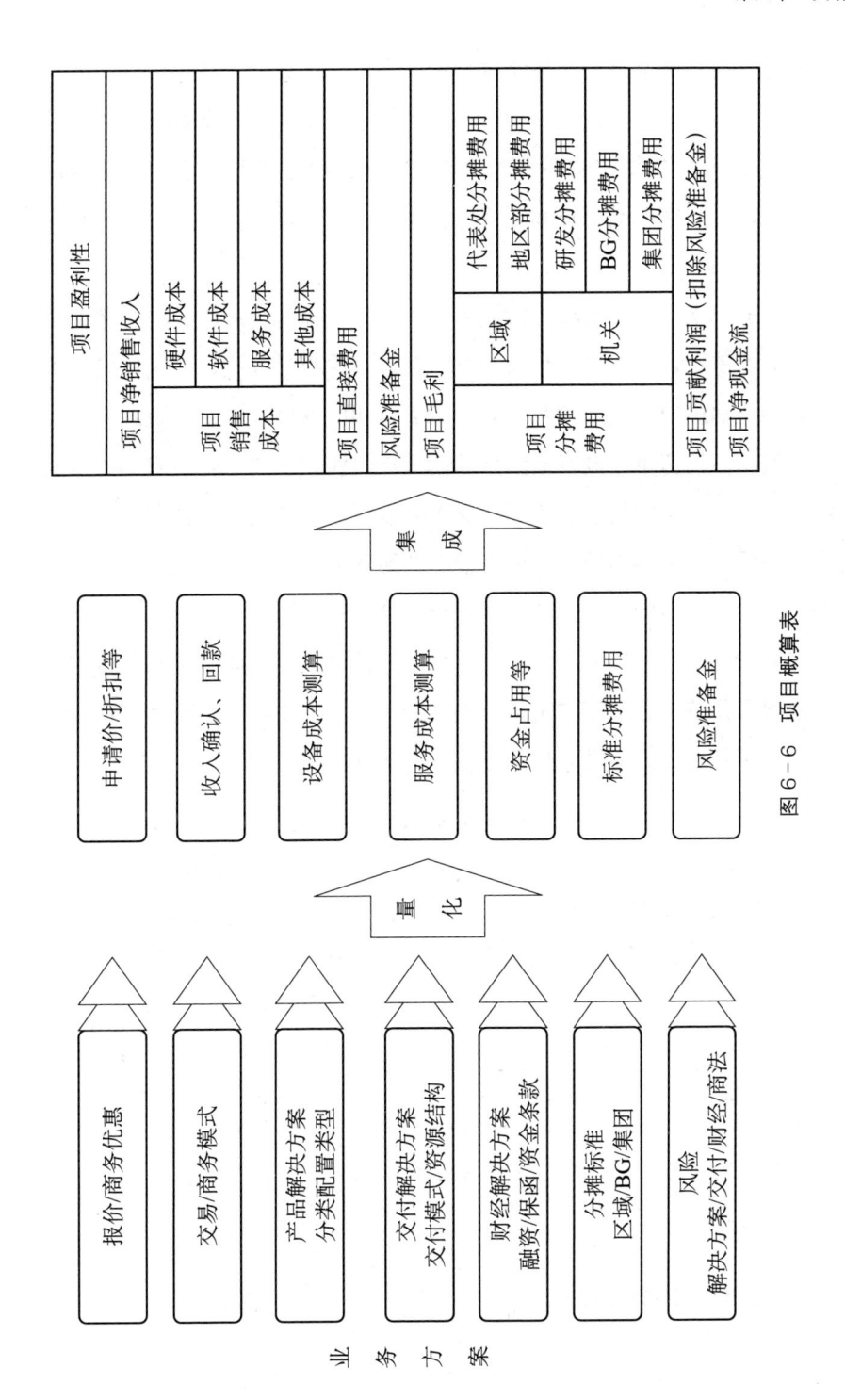

业务方案:
- 报价商务优惠
- 交易商务模式
- 产品解决方案配置类型分类
- 交付解决方案交付模式/资源结构
- 财经解决方案融资/保函/贷资条款
- 分摊标准区域/BG/集团
- 风险解决方案/交付/财经商法

↓ 量化

- 申请价/折扣等
- 收入确认、回款
- 设备成本测算
- 服务成本测算
- 资金占用等
- 标准分摊费用
- 风险准备金

↓ 集成

项目盈利性:

项目净销售收入		
项目销售成本	硬件成本	
	软件成本	
	服务成本	
	其他成本	
项目直接费用		
风险准备金		
项目毛利		
项目分摊费用	区域	代表处分摊费用
		地区部分摊费用
	机关	研发分摊费用
		BG分摊费用
		集团分摊费用
项目贡献利润（扣除风险准备金）		
项目净现金流		

图6-6 项目概算表

成本与收入结构也是公司战略选择的体现。从联想的"技术—加工—贸易"，到华为的"贸易—加工—技术"，真正有价值的战略是科技战略。核心技术是知识产权、文化 IP 收费模式的关键。科技战略真正决定了一个国家在全球产业分工中的地位，也是掌握话语权和定价权的关键。要坚持科技战略，否则也只是大而不是真正的强。

二是服务成本。在项目概算阶段需要交付人员提前介入，并对方案的可交付性和交付成本负责，这要求交付人员基于项目具体交付场景，应用国家基线，形成项目基准，输出交付成本测算，并经过交付团队评审、签字确认。

（2）概算假设清单。概算假设指编制概算时所识别的、对财务结果（损益及现金流）产生重大影响的业务假设。此类假设通常包含项目组针对客户界面未清晰定义或不属于客户界面约定的内容设定的履约方式及执行措施。

假设条件是风险的主要来源，对项目概算有重要影响，假设条件要尽可能贴近业务实际情况，与解决方案、交付计划、报价（包括整体报价和可选报价）相匹配，确保工作范围、工期和价格（包括变更后的价格）的一致性，避免在后续经营管理中不断恶化。假设条件的影响和风险如表 6-3 所示。

表 6-3 假设条件的影响和风险

	常见假设条件	有利影响	潜在风险
解决方案	规划设计：按理想情况和最简单的要求来规划、设计，降低配置	站点数少、配置低、报价低	现有配置无法满足指标要求，无法通过验收，面临罚款和赠送配置的风险
	现网配置：无工勘情况下，对现网配置做假设	实现标准配置，降低报价	站点实际情况与假设不一致，若发生变更，将增加成本，影响工期
	产品性能：预期产品未来版本可以实现相关功能	超标承诺，确保技术标得分	功能无法实现，引发客户投诉，影响网络质量和验收
服务交付	KPI：基于理想模型等假设来计算 KPI，以满足客户要求	超标承诺，确保技术标得分和商务竞争力	KPI 不达标，需增加站点和设备，产生额外成本并延误工期
	工期：基于客户要求和理想条件假设，工期短	承诺客户快速交付时间点，提升技术标得分	赶工产生的额外成本；工期延误造成的罚款风险和管理费增加风险

续表

	常见假设条件	有利影响	潜在风险
服务交付	分包商选择：以中资分包商、中小分包商为主	分包价格低，报价进一步降低	无法获取足够的高质量的分包资源，影响工期，甚至不得不通过提高价格来吸引分包商
财经	通货膨胀及汇率：相对稳定	降低报价	实际成本上升，以美元计价遭受回款损失
财经	预付：预付比例超过50%	降低资金占用成本	预付款比例无法兑现，增加资金成本，影响经营现金流
商法	法务：罚款比例上限过于理想	降低风险准备金	无法兑现承诺，增加罚款成本
商法	商务：后续4年价格逐年下降5%	降低报价	实际降价比例和年限与假设不一致，影响收入

项目概算假设具体输出文档为假设跟踪表，示例如表6-4所示。

表6-4 假设跟踪表示例

假设分类	解决方案	服务与交付	商法	财经
通用场景	为满足客户对无线覆盖率99.5%及对接通率98.5%的要求，每个基站配置8个载波	分包采购每年降价，降价比例自第二年起分别为10%、8%、5%	融资费率为SOFR（担保隔夜融资利率）+1.5%	设备合同100%按美元回款
管理服务	维护4G物理站点数3 000个	转移300人到华为，转移1 000人到分包商，转移期为5个月	第一年合同终止费为6个月服务费；第二年至第五年合同终止费为3个月服务费	通胀率为5%；回款账期为开票后30天

假设跟踪表对不同假设分类的解决方案、服务与交付、商法、财经进行跟踪管理。假设分类的维度主要有专业模块、交付场景、客户、国家、项目划分等。例如，某个项目在概算时的假设如表6-5所示。

表6-5 项目概算假设示例

	项目概算假设
交付	(1) 预计网规网优部分分包商资源充足，且3家询价分包商的能力均可满足要求，因此选择价格最低的分包商。 (2) 网规网优部分自有人力中中方人员与本地人员比例为1∶1。

续表

	项目概算假设
供应链	(1) TK 站点全部为新建站点,且新建站点 12 米、30 米、54 米规格的铁塔数量之比为 18∶58∶21。 (2) 设备全部采用海运方式,从深圳运往 B 国。 (3) 考虑 B 国运输条件,在 B 国物流费中增加了 5% 的二次进站费用。
财务	(1) B 国当地子公司签约部分,需缴纳 7.8% 的社会保障义务税。 (2) 设备合同额中 35% 以美元签约、按照回款日汇率回款部分,无须风险加成;65% 按照固定汇率回款部分,等同于本币报价本币回款,风险加成率为 8.6%;服务部分,收本币付本币,预计项目需要垫支 8 400 万美元,垫支时间为 1 年,垫支部分的风险加成率为 4.3%。 (3) 根据对交付风险的评估,预计阶段 1 的工期延期 3 个月。

为了提升项目概算假设的质量,华为从三个方面入手对项目概算假设进行了管理:

第一,按典型场景、客户/国家、专业等建立项目概算假设清单库,以便公司在项目运转过程中逐渐丰富公司项目概算假设经验库。

第二,项目概算假设清单化。将项目概算假设录入 IT 系统中,定期跟踪项目概算假设的落实情况。

第三,闭环管理。项目概算阶段输出的假设只是假设管理的开始,预算假设继承概算假设,从业务范围(站点数、站点方案、运输方式等)、交付计划(人力计划、物流计划、采购计划等)、采购基线(采购单价、采购策略等)、财经和商法(客户信用、外汇、融资、税务、罚款)等维度进行假设差异对比分析,及时刷新假设清单,并将其转化为执行措施,跟踪闭环管理,直到完成项目决算,如图 6-7 所示。

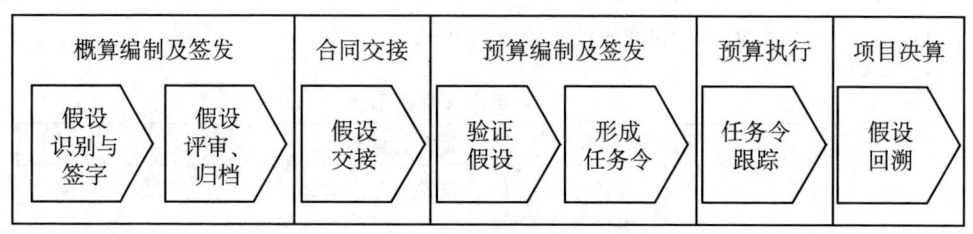

图 6-7 项目概算假设清单闭环管理过程

(3) 风险清单。具体输出文档为风险评估工具（Risk Assess Tool，RAT）。RAT 列出了项目的产品解决方案、服务与交付、财经、商法四个专业要素的风险事项及其风险决策等级，并对风险进行了量化，根据量化规则将风险转化为风险准备金集成到不同概算表中，操作过程如图 6-8 所示。

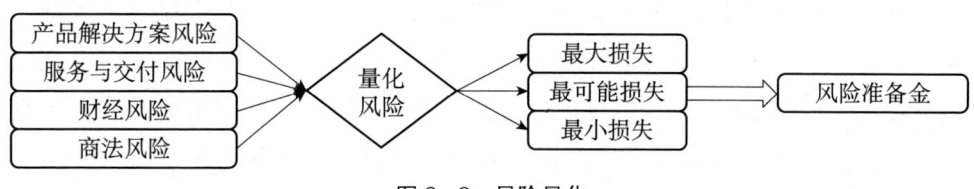

图 6-8 风险量化

在风险量化的角色分工上，销售项目组识别、应对、评估、量化风险；商务责任人总成风险，输出合同风险评估工具；项目概算编制人总成风险准备金以及概算利润表；决策组织人提交 SDT 决策。

俗话说，"富贵险中求"，企业只有提前量化风险并做好售后风险精细管理，才能守住利润金。

(4) SDT 决策意见（如表 6-6 所示）。SDT 决策意见是预算生成、项目交付的重要输入和参考依据，作为待交接概算"四件套"之一在合同交接活动中向后传递。

SDT 决策意见同概算表、概算假设清单、风险清单一起构成项目概算"四件套"，是概算、预算拉通和预算执行的重要输入，形成项目经营合同书中的执行措施。

表 6-6 SDT 决策意见汇总表

决策层级	审批意见	审批人	审批日期
代表处	解决方案侧决策意见：同意/有条件同意/不同意…… 服务交付侧决策意见：同意/有条件同意/不同意…… 财经侧决策意见：同意/有条件同意/不同意…… 商法侧决策意见：同意/有条件同意/不同意……		
地区部	……		
BG	……		
公司	……		

对于 SDT 决策意见中涉及报价和财经条款（如保函、付款条款）等对概算结果有影响的结论，公司应根据需要刷新概算或将其纳入决策意见闭环管理。

项目概算责任人

项目概算"四件套"的输出结果所涉及的人员较多，主要包括华为"铁三角"中的 SR（解决方案经理）/SSR（服务解决方案经理）和 FR（交付经理）、概算编制人、概算分析师、商务责任人、评审与决策组织人。SR 在设备成本测算时，要提供 BOQ。商务责任人在总成时要输出总成的风险准备金、汇总的 RAT。评审与决策组织人需要将各级 SDT 决策意见记录、归档，并传递到后端（财经、交付等部门）。为了确保责任明确、到位，华为明确了项目概算"四件套"的责任矩阵（如表 6-7 所示）：

表 6-7 概算责任矩阵

输出件	相关内容	SR	SSR	FR	概算编制人	概算分析师	商务责任人	评审与决策组织人
概算表（含利润表、现金流量表）	报价单	√	√					
	设备成本测算					√		
	输出服务成本		√					
	确认服务成本及评审			√				
	财经/商法费用				√		√	
	总成概算					√		
项目概算假设清单	假设识别	√	√	√	√		√	
	总成				√			
风险清单	风险识别及量化	√		√	√		√	
	总成						√	
SDT 决策意见	各级 SDT 决策意见							√

6.6 交易与谈判

在交易过程中，合同的每个条款都是交易双方经过谈判博弈形成的。我们经常看到，交易过程中存在讨价还价，这实际上就是双方就"价格"问题进行谈判。当然这里的"价格"不仅仅包括当期的价格高低和优惠政策，还包括中长期的模式、价位、回款等商务条款。因此可以毫不夸张地说，谈判是实现交易的最重要的手段之一。谈判所要面对的最大的议题就是价格和标的物，即对标的物进行定价决定了销售方能获得的价值成果、付出的成本代价。理解了这一点，我们就能明白：企业所规划的定价模式、价位与价格都是理想情况，而只有通过合理的交易才能将理想变为现实。合同是谈判成果的承载物。合同条款的每次变动，可能都会影响签约双方的利益。要想得到自身满意的结果，公司相关谈判人员就必须掌握谈判的方法、技巧。

对于销售方而言，其目标是签订高质量的合同；而对于采购方而言，其目标则是确保自身利益的最大化。双方的诉求有时候是矛盾的，因此双方存在分歧也是在所难免的。要想合同签订双方达成交易，就需要进行谈判，而复杂的交易往往需要进行多轮谈判，合同条款也需要经过很多轮修改。合同条款在本质上是妥协与利益交换的结果。

大部分情况下，谈判是在私下完成的，谈判桌上的谈判往往只是确认私下的谈判内容。按照"二八原则"，正式谈判所占用的时间与精力可能只占全部谈判时间与耗费总精力的20%。

谈判是一项很专业的技能。为了使一线人员快速掌握谈判的要点，华为大学提供了大量的谈判赋能培训。笔者在被华为外派海外之前在华为大学封闭培训了2个多月，其中就包括一些商务谈判的培训课程。这些课程涉及大量的谈判技巧，笔者在此简单介绍一下双赢谈判法。

◆ 双赢谈判法

所谓双赢谈判法，是指对自己和对方的立场进行仔细探索、研究、分析，以便达成双方都能接受的结果，尽可能满足双方的需求。双赢谈判法强调的是，通过谈判找到最好的方法，以满足双方的需求。谈判就是妥协与交换的过程。

哈佛大学法学院教授罗杰·费希尔（Roger Fisher）和学者、人类学家、谈判专家威廉·尤里（William Ury）以及布鲁斯·巴顿（Bruce Barton）在他们合著的《谈判力》中提出了双赢谈判法的五个基本原则：

（1）把人和问题分开。避免将对方同职级人员认作自己的"对手"，一定要关注眼前的问题，尽量忽略个性差异。要做到这一点，要注意三个因素：感知、情感和沟通。

（2）关注利益，而不是立场。每个人看待问题的方式可能受到许多因素的影响，比如他们的价值观、信仰、地位、责任和文化背景。谈判时应尽量保持谈话礼貌，避免指责他人。一旦对方知道其利益得到了考虑，他们就更有可能接受不同的观点。

（3）创造互惠互利的选择。不同的人会有不同的立场，而造成立场不同的原因有利益不同、经验不同、掌握的信息不同、角色不同等。找出对方立场的方法可以是问"为什么"。把焦点放在立场背后的利益上，方能创造出各种互惠互利的选项。

（4）坚持客观标准。客观标准包括效率、成本、平等对待、科学论据等，坚持客观标准不应是仅"列出事实"，因为不同的潜在需求、兴趣、观点和目标可能会导致人们以不同的方式解释事实，或者导致人们只选择那些支持其立场的事实。

（5）提供多种双赢解决方案。要在原有方案的基础上，提供多种替代方案，这样的话，即使目前的方案谈不成，也有其他的替代方案。

◆ **PEC 谈判流程**

在掌握谈判原则之后，应如何开展谈判工作呢？笔者在这里介绍一种"准备—实施—跟进"（Preparation-Execution-Contracting，PEC）谈判流程。

谈判的准备

谈判的准备包括以下 5 方面的内容。

（1）确定谈判的目标。其包括客户的目标（要明确客户目标中哪些是必须被满足的，哪些是可以妥协的）、企业自身的目标（主要有最优目标、可接受目标、底线目标三个，企业自身目标要明确、清晰、可度量）及其优先顺序。

（2）做好谈判分析。可以参考 CSC（Customer，Self，Competitor，客户、自身、竞争对手）模型进行谈判分析。所谓 CSC 模型，就是从客户、自身、竞争对手三个维度出发所建立的分析模型。

客户维度的分析可分为四个方面：第一，人员分析。人员分析主要包括分析责任人、确定其是否被授权及了解其谈判风格；分析配合的角色及其谈判风格。第二，组织分析。组织分析主要包括对客户的历史购买记录、预算、财务状况、决策流程、强项及短板的分析。第三，内容分析。内容分析主要包括对客户需求/项目背景、目标、项目运行必需的条件、客户想得到的、主要条款等方面的分析。第四，流程分析。流程分析主要包括对假设、最后期限、优先顺序、谈判策略等方面的分析。

自身维度的分析可分为三个方面：第一，了解自身，主要包括了解自身强项及短板、独特价值、目标、客户关系。第二，加强自身，主要包括聚焦谈判核心内容、准备问题、建立信心。第三，走向成功，主要包括确定适合自身的谈判战术、制定有价值的方案、做好谈判准备。

竞争对手维度的分析可分为四个方面：第一，建议书，主要包括分析竞争对手的技术方案、条款和条件、时间表、特别承诺。第二，目标，主要包括分析竞争对手的决定、政策、优先顺序以及了解竞争对手成立的特别工作组。第三，市场地位，主要包括分析竞争对手是市场中的领导者、跟随者还是新入者，及其价值所在、强项。第四，关系，主要包括分析竞争对手的过往业务记录、资源、客户满意度。

（3）准备谈判方案。第一步是准备方案：确定可能存在的分歧，针对每一个分歧准备多种方案。笔者在这里列举解决分歧的 5 种方法：利益交换、附加利益、折中、妥协、放弃。利益交换是双方利益的交换，是解决分歧应优先选择的方法，可使双方获利。附加利益是在无法完全满足客户需求的情况下，用其他的价值加以弥补。折中是双方各让一步。妥协是单方面让步，以满足客户需求。放弃是明确表示放弃谈判。第二步是方案整合：找出客户可能接受的组合方案，强调每一种方案对客户的利益，澄清需要验证的假设。企业应准备至少三种谈判方案，即最优方案、折中方案、底线方案。

（4）建立高效的团队。这包括建立团队、对团队成员进行角色分工、召开谈判准备会议、确定谈判地点等。通过建立谈判团队，可以多个角色分工谈判，各负其责，相互配合，各自攻防。

（5）了解谈判对手的谈判风格。按谈判风格分类，一般有四种常见的谈判者：分析型谈判者、调解型谈判者、激励型谈判者、进攻型谈判者。

分析型谈判者的特点是表达能力差，情感度也非常低，属于冷酷型人物。这种谈判者天生就喜欢分析，不喜欢与人交往，做事不果断，不情绪化。这种谈判者会过分依赖材料、数据做出谈判决策，决策速度会比较慢。面对分析型谈判对手，要摆事实、讲逻辑，确保谈判方案的正确性，做好周密的准备。

调解型谈判者，又称为亲切型谈判者，这种谈判者注重友好关系，其虽然表达能力比较差，但是情感度非常高，情绪比较稳定，待人热情，做事比较有耐心，乐于认真倾听，追求双赢。面对调解型谈判对手，语速要相对放慢，以友好的、非正式的方式与其沟通，通过提供个人帮助，建立彼此间的信任关系。

激励型谈判者，又称为表达型谈判者，这种谈判者的表达能力强，喜欢参与，具有创造性和想象力，比较热情，注重感情，做事条理性比较差，能够促成合作。面对激励型谈判对手，要不断提出新的和独特的观点，给其更多的时间让其表达，对于与工作相关的事情，要以书面方式与他确认。

进攻型谈判者，又称为支配型谈判者，这种谈判者在谈判中表现出强势的特点，做事比较冷静、独立，以自我为中心，喜欢支配别人，在气势上显得咄咄逼人，很难妥协。进攻型谈判者容易产生敌对情绪，与其谈判时，如果谈判方法使用不当，那么容易在谈判中失利。面对进攻型谈判对手，要准备充分，以事实说话，不挑战其权威，直接为其提供多种方案供其选择。

谈判的实施

谈判的实施阶段一般包括以下几方面内容。

（1）实施谈判的步骤。谈判步骤包括开局、磋商、收尾。作为销售方，华为从大量谈判案例中提炼出了一套谈判战术并将其赋能给一线人员，使一线人员了解如何在谈判中开局、如何与客户磋商、如何收尾，大大提升了华为与客户谈判的水平。

①开局。

开局时,一线人员需要做好三件事:第一,总结到目前为止已经达成的共识,强调利益;第二,确认所有分歧;第三,确定谈判议程。

如果说开局谈判有什么技巧,那就是"摸底探路"。此阶段的主要战术及技能重点在于掌握下述三个过程。

过程一:营造气氛。以轻松、愉快的话题切入,营造良好的气氛,为双方的"破冰"暖场。

过程二:交换意见。对谈判议题、目标、进度进行意见交换,以及沟通双方对彼此人员的相互认知。

过程三:"摸底探路"。理解对方真实的想法,掌握对方人员的谈判风格、心理特征、思维方式,了解对方的期待、条件、合作意愿。

开局前的情报收集、临场的敏锐洞察及判断是谈判工作中必不可少的。这里介绍几种常见的开局谈判策略:

寒暄赞美:谈判开局,双方人员见面时,应先打招呼并寒暄,谈论一些与谈判无关的话题。

假设策略:以假设性的提议来测试或验证对方的态度。

代理策略:利用代理人的身份谈判。

一锤定音:避免对方内部在条款及签约主体上刻意互相推脱,且不断提出新的要求,以此来消磨己方的意志力,拖延谈判签约时间等现象发生。

虚张声势:让对方感觉到己方知道很多内幕信息,有很好的高层关系,以此来增强自身谈判的实力。

声东击西:将对自身重要性不高的目标假装成重要性非常高的目标,将对方的关注重点转移到此目标上,减少对方对己方真正重要的目标的关注。

②磋商。

磋商时,一线人员应做好五件事:第一,陈述具体的分歧点。第二,确认客户需求。第三,陈述己方需求与困难。第四,协商解决方案,有技巧地提出己方的方案并获取客户的反馈。如果客户同意,则可以让客户有赢的感觉;如果客户不同意，则询问客户的建议。第五，总结并结束该议题。

最常见的磋商谈判技巧就是"讨价还价"。针对谈判经验丰富的客户，供应商就没有应对之策了吗？俗话说，"买的没有卖的精"。这里介绍两个卖方讨价还价的场景。

场景一：谈判对手咄咄逼人。

哭穷求饶：表现出己方的弱势与无奈，发出投降信号，博取对方的同情，避免对方再次讨价还价。

黑脸白脸：由谈判团队中两人分别扮演不同的角色，并在同一议题的态度上表达截然不同的看法。

拖延战术：千方百计地利用各种不同的借口，刻意拖延己方不能或无法回答的问题，或设法让对方只能与己方谈判，压缩对方与己方竞争对手沟通和谈判的时间，增加对方与己方合作的黏度。

沉默是金：以无言或面无表情的方式来表达不理解、不满意或无法接受的态度。

以退为进：表面上看是在让步，实则是在进攻，目的是使自身利益更大。

以牙还牙：抓住对方暴露的短板，对其在谈判中表现出的不合理行为表示抗议，以示警诫。

场景二：谈判陷入僵局。

客观标准：利用权威机构、行业行为、法律规定以及具有公信力的第三方等客观标准来强调自己的立场，说服对方。

化繁为简：将复杂或关联性比较强的条款或议题，拆分为几个小单元，并对可能发生的风险进行规避以及寻找消除风险之道。

见风转舵：当谈判对手不易沟通时，需要见机行事。

③收尾。

收尾时，一线谈判人员应做好三件事：第一，总结最终的整合方案；第二，强调最终方案给双方带来的利益；第三，确认后续工作安排。

（2）建立威信。威信来源于专家/权威、信息、地位、奖励、强制力、关系。

（3）处理僵局。第一步，一线人员应了解僵局的起因是需求方面的真正差距、故意设置的障碍，还是沟通上的障碍。第二步，通过找出真正的原因，提升信任等级，调整谈判节奏，分析情绪因素等。第三步，通过改变议题、人员、团队、重点、地点、时间、议程、优先事项等打破僵局。第四步，介绍别的可选方案来弥合差距。第五步，申诉、取消或休息。第六步，透露新信息和证据。

（4）注重提问技巧。提问一般包括开放性问题和关闭性问题。开放性问题主要有探询真正原因的问题、假设性问题。关闭性问题主要有引导性问题、澄清性问题、假设性问题。

（5）了解谈判对手（客户）的常用招数。商业谈判就像一场无硝烟的战争，必须做到知己知彼，方能百战百胜。

①谈判常见套路。

"画大饼"：客户为了引导供应商提供更低的价格，故意夸大需求量。

预设结论：客户预设不可谈判的条款，此条款背后隐藏着复杂且难解决的问题。

圈套：客户故意模糊信息，使对方将注意力转移到非重要问题上。

钝刀子割肉：客户逐个提出大要求。

虚假信息：客户故意提供错误的信息/数据/资料。

虚假期限：客户故意缩短期限。

借刀杀人：客户借用第三方的信息威胁供应商同意其条件。

威胁离开：当客户发现再无更多利益时，借离开谈判桌以示威胁。

②心理博弈。

交互杀价：客户传递真假难辨的价格信息，让供应商之间互相拼杀。

迫在眉睫：客户设置最后期限，制造紧张气氛，促使供应商仓促中报出低价，甚至出现报价错误而被利用。

层层割肉：客户循环往复，不停地要求新的报价，不停地要求供应商继续让步。

只给一家：客户只让一家中标，不分标，避免供应商之间相互串通，保持价位。

末位淘汰：网络上有几个供应商共同组网，大家默契地不降价，客户让供应商相互竞争，并扬言要末位淘汰，这是典型的"囚徒困境"。

欲扬先抑：客户通过别有用心的技术排名，如短名单、意向书（Letter of Intent，LOI）、中标通知等，以获得最有利的商务条件。

捏造对手：引入恶性对手，但并非真心想购买此对手的产品和服务，而是利用其来要求供应商。

"画大饼"：客户故意提出夸大的需求，通过虚拟的高回报来引诱供应商投入更多资源，或做出更多让步。

分离谈判：客户在谈判时割裂价格和付款条件，让供应商无法暗报风险成本。

利用弱点：客户利用供应商组织的弱点，巧妙地迫使供应商让步（从内部攻破）。

吹毛求疵：故意寻找问题，打击供应商的信心以获得谈判上的心理优势。

不可谈判：对供应商难以接受的个别条款，客户表示不可谈判，除非供应商不想要这个合同，否则供应商只能答应。

预设立场：客户跳过第一个问题，直接提第二个问题。

③设定规则。

"老实交代"：客户不准供应商一次性降价或提供优惠券、赠送等优惠，必须老老实实报单价。

打回原形：如将一次性降价按比例计入单价，将优惠券计入总价，将赠送部分设定为永远赠送。

逐项比较：对每一项比较其单价、商务条件，不管供应商哪一项单价比对手高，客户都要求供应商接受对手的低价。

解剖成本：对成本比较透明的报价，客户会对成本进行解剖，让供应商的报价策略无处藏身。

封顶策略：客户要求某项费用封顶，甚至要求整个项目的总价封顶。

朝三暮四：表面上，标书要求报今年和明年两年的总价格，但是客户实际上仅关注当年的价格。

不公比价：客户希望获得最大的收益，故意使用手段操纵比价规则，让供应商之间互相杀价。

或有收益：如果不一定发生的事情最后发生了，就要求供应商赔偿。

谈判的跟进

谈判的跟进包括谈判成功时的跟进和谈判不成功时的跟进。

谈判成功时的跟进主要指祝贺并组织庆贺。企业要确保所有条款已录入系统并且可以顺利完成交付；完成合同文档并签字确认；复盘谈判中的得失并总结改进；总结分析客户谈判代表的风格和特点，为下一次谈判做好准备。

谈判不成功时的跟进主要指明确主要分歧点。企业要复盘谈判中的得失并总结改进点；重新考虑所有的分歧点；然后制定新的方案并申请管理层审批。若管理层审批通过，就着手安排下一轮谈判。

案例 1

B 国移动二牌 GSM 项目谈判

2009 年 12 月 5 日，M 客户发标书给华为、爱立信、诺基亚、西门子四家企业。按照客户计划，四家企业于 2010 年 1 月 2 日交标，M 客户于 1 月底完成评标，时间很短。提交标书时，企业不需要提交投标保函，但中标后需要提交履约保函。该项目分为三个标段（LOT）：LOT1 是现场勘查；LOT2 是网络子系统（Network Subsystem，NSS）部分；LOT3 是基站子系统（Base Station System，BSS）部分，分布在 M 国全国 6 个区域（含基站传输和 TK 部分）。三个 LOT 分三个阶段（Phase）建设：阶段 0 建设网络容量为 10.5 万用户，覆盖 6 个重要城市；阶段 1 建设网络容量为 220 万用户；阶段 2 建设网络容量为 705 万用户，实现智能用户占总用户的 60%～80%。该项目涉及的产品和服务包括：GSM&GPRS（HLR、MGW、MSC Server、SGSN/GGSN、CG、PCU、BSC、BTS）；业务软件（WIN、WDSP、呼叫中心等）；数据（NE80、NE40、NE16E）；固网（STP）；TK 分包部分包括站点获取、油机、电力引入、站点机房/护栏、铁塔等；TK 分包外配套采购部分包括微波传输。

对于企业而言，该项目的投标时间非常紧，华为项目组制定了基本的投标策略和时间计划：要求商务排名第一，技术排名中 NSS 侧排名第一，BSS 侧排名第二，综合排名第二。华为项目组应在 12 月 19 日完成投标计划总体方案评审，28 日完成报价总成，2010 年 1 月 2 日完成标书打印并交标；同时申请增加 B 国授权。由于在立项阶段已经对客户和竞争对手做了分析，所以项目组很快就确定了其核心销售策略：快速建网、快速发展用户。因此，客户肯定会选择 2~3 家设备供应商同时建网，因为这样更有利于供应商获得较好的商务条件。于是华为代表处据此设定了项目最大目标：NSS 侧全中，BSS 侧中标 6 个区域中的 2 个区域。

....

2010 年 2 月 3 日，项目开标，客户宣布了短名单（LOT1 包含在 LOT3 中）：诺基亚和华为进入 LOT2 短名单；诺基亚、西门子、爱立信和华为进入 LOT3 短名单。

为了确保拿到足够的份额并保证合同质量，在短名单公布之前，华为代表处于 2010 年 1 月 28 日特别成立了二牌项目谈判组，并将该谈判组分为六个小组：财经、技术、交付、商务、本地内容、价格。地区部总裁对项目谈判提出了要求：首先要满足客户要求，在此基础上要创造机会，突出亮点；同时要给竞争对手设置障碍点，以突出华为的优势。谈判从 2010 年 2 月 25 日持续到 4 月 14 日，华为最终获得了如下关键成果：

(1) 中标情况：LOT2 诺基亚中标；LOT3 诺基亚中标 1 区和 3 区，爱立信中标 5 区和 6 区，华为中标 2 区和 4 区，共 970 个站点，以及全部 TK 部分，含规划、站点获取、土建、电力获取等内容。

(2) 罚款：遵从投标阶段的承诺。

(3) 合同的付款方式：与 M 客户的主合同金额约 1 亿美元，主合同金额的 35% 按照市场汇率折算成本币支付，65% 按照一个固定汇率折算。付款条款是合同总金额的 15% 作为预付款，40% 初验后付款，35% 终验后付款，10% KPI 达标后付款。

(4) 融资方案：卖方信贷（标准利率为 +1%~5%）。卖方信贷的份额占合同金额的 80%~98%，期限为：阶段 0，借款日后的 48~54 个月；阶段 1，借款日后的 42~48 个月；阶段 2，借款日后的 36~42 个月。

（5）合同签订：合同采用分签模式，其中设备及服务部分与中国香港华为签约，TK工程及项目管理部分与B国华为子公司签约。

在谈判过程中，客户的部分条款比较苛刻，有一些禁止条款，客户抓住华为希望尽快拿下项目的心理和来自竞争对手的威胁，在条款上非常坚持。华为则希望尽快拿到合同后在交付的过程中逐步改善条款。经过1个多月的艰苦谈判，2010年4月14日华为正式中标。

本章小结

交易定价的4个关键要素：模式、价位、价格、条款。交易定价要围绕长期可持续盈利、短期有竞争力、实现良好现金流的目标来设计。

做好交易定价的方法是：确定交易定价原则、理解合同的本质、选择合适的交易定价方法、制定灵活的商务策略。

交易定价8步分别为：第1步，客户分析；第2步，制定商务引导策略；第3步，设计与引导商务模式；第4步，设计与管理价位；第5步，设计报价方案并生成报价；第6步，设计与管理盈利方案，第7步，评审与决策，第8步，管理合同执行，确保价值兑现。

"6421"是合同的生成工具、度量方法和质量标准，提升了合同质量，改善了公司整体经营状况。"6421"中的"6"是指合同的6个核心要素，"4"是指4个单元，"2"是指"两棵树"，"1"是指1个风险管理体系。

合同评审是各级专业部门根据专业要素评审指导书，对合同中的专业要素进行评估和分析，并给出评估意见和建议，以便识别合同风险的过程，其目的是提升合同签约质量，为后续产品交付与公司经营打好基础。

项目概算是在对客户需求进行解读之后，对项目解决方案（产品、交付、商法、财经等）及交易风险敞口进行财务量化，计算项目的盈利和现金流，并进行成本分析与方案优化的过程。

PEC谈判流程包括：谈判的准备、谈判的实施、谈判的跟进。

第七章　经营定价

如果说产品定价、上市定价和交易定价是面向客户,那么经营定价则是面向企业内部各级经营管理者、各法人实体,通过经营定价,可以厘清华为内部经营责任主体之间的交易关系,从而为实现精细化的经营管理、业绩考核提供支撑和保障。

华为的业务经营管理涉及区域、BG、产品线三个维度。根据华为的管理要求,财务需要核算各个区域、BG、产品线的经营结果,为经营管理者提供及时、准确的财务信息,以支撑各个维度的经营管理决策。

但是,面向客户的区域组织,如系统部、代表处、地区部等,与BG和产品线的利益交织在一起,让公司的经营管理变得更加复杂。比如,总部与区域之间存在产品结算、资源结算等关系。由于华为在全球设置了多个子公司,而每个子公司所提供的业务内容不同,因此子公司之间也存在广泛的关联交易关系。华为在区域最小的经营单元为项目,一个项目有多个合同,涉及多个产品线产品的销售和交付,因此项目之间存在产品线之间的合同拆分关系。

由于这些关系往往都涉及企业经营活动,不同维度的企业经营活动的诉求不同,因此管理者需要考虑的是如何实现不同维度的经营诉求,同时还能实现整体利益最大化。华为采用的方法是通过面向内部的经营定价来驱动相关责任主体对交易进行改进与优化。

经营定价是华为内部经营责任主体之间"交易"的定价,本章重点讲述产品结算定价、关联交易定价、合同拆分定价。

7.1 产品结算定价

产品结算定价（Product Settlement Pricing，PSP）是华为总部给代表处的批发价，是激励代表处"多打粮食，增强土地肥力"的一种内部产品定价，目的是实现华为总部与代表处的双赢。

将产品结算定价运用在经营授权上的做法发生在华为持续加大对一线代表处的授权管理的背景下。2018 年，华为常务董事会形成决议，将合同审结权利下放到代表处，提升了一线决策力，使一线在拥有决策力的同时也承担责任。

华为的代表处是利润中心，代表处下属的大 T（运营商）系统部是协调组织，其拥有一定授权范围内的决策权。实行 CIF 价（到岸价）方案后，代表处购买价格全球一致，但具有不确定性的通关成本、工程费用、交付费用等全球不一致，所以最后的销售价格不统一，并且大 T 不得干预最终交付价。代表处的责任、权利、利益是就当地不确定性进行决策。华为采购体系会公布辅料全球价格参考表，代表处可以自愿选择在公司采购辅料还是在当地自采辅料。

华为希望通过提升一线的权利和责任来牵引公司的经营，将区域打造成能力和资源中心，为一线提供"炮弹"。合同在代表处审结本质上是华为进行的一次组织变革，即通过组织内部权、责、利的重新分配，让作战指挥权前移，精简后方行政组织，进而实现组织整体效率的提升和经营风险的降低。

当然，任何组织变革都会涉及组织权利和责任的变化，在此期间也会遇到很多阻力。华为推进合同在代表处审结这一变革所面临的最难的问题是如何处理代表处、地区部和 BG 三者的关系，以及代表处业务端到端的关系。

在华为这次组织变革中，产品结算定价发挥着重要的作用。以产品结算定价和资源市场化机制为核心，形成了代表处和公司两级经营循环。两级经营循环是公司大循环和代表处小循环。大、小循环间用产品结算价结算，实际上是把经营权还给代表处，实现代表处自主经营、自主决策。公司大循环是华为作为产品公司，基于长期的战略诉求所开展的产品研发、采购、生产、供应等经营活动。代表处小循环是华为各个代表处在公司的业务规则之下，基于合规和内控要求，按照经营目标所开展的经营活动，主要是进行销售、交付与服务等活动，以实现回款。代表处用 PSP 作为成本，实现项目"四算"口径的拉通、项目经营和国家经营的拉通。如果把代表处看成一个销售服务公司，那么 PSP 就相当于华为公司给代表处的批发价，代表处要自负盈亏。

两级经营循环简化了机关（包括职能平台、BG、产品研发、公共服务平台等）和代表处的管理关系，机关负责将产品和服务"卖"给代表处，代表处负责将产品和服务销售给客户，各自实现自身的盈利诉求，如图 7-1 所示。

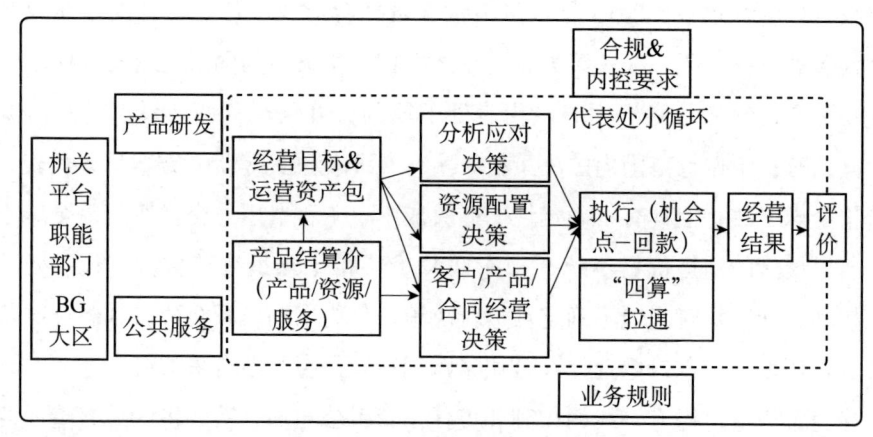

图 7-1 两级经营循环

在两级经营循环中，公司的经营目标和代表处的经营目标相互锁定，公司对代表处的目标完成情况进行评价；公司负责长期战略和能力投资；公司作为产品公司负责研发、采购、生产、供应等，并制定产品结算价。公司以产品结算价为基础，让代表处可以完整地进行概算、预算、核算、决算，实现"四算"拉通，简化了一线（销售与服务公司）和机关（产品公司）的产品结算关系（如图 7-2 所示）。

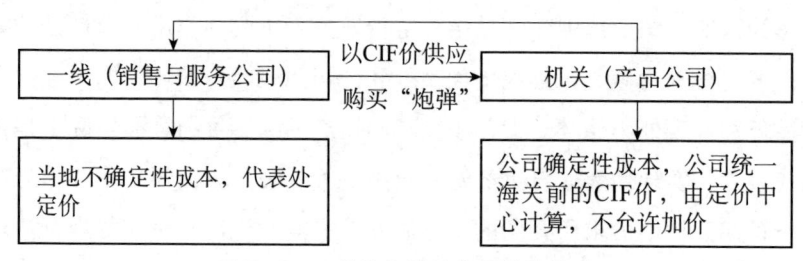

图 7-2 一线和机关的产品结算关系

一线代表处和机关产品线之间通过内部划断，以 CIF 价（CIF 价叠加了公司确定性成本，是全球统一海关前的 CIF 价，包含了成本、保险和海运运费）进行结算，从而清晰地划定了双方责任，以此衡量各自实际创造的价值。

内部结算采用 CIF 成本价切分前、后方的责任，后方（产品线）以这个价格向前方（区域代表处）供货，如此，前、后方就都成了利润中心。由于前方的利润＝售价－CIF 成本价－费用，因此前方（区域代表处）就会维护价格，至少不会为了抢单而轻易降价，同时也会注意控制费用，否则其利润就会受到影响，进而影响其员工的奖金。

后方的利润＝CIF 结算额－实际成本。因为随着销售规模的扩大和熟练程度的提高，后方的实际成本会下降，从而后方就有了利润，所以成本降得越多，后方的利润就越多。这样后方就有动力降低产品的成本了。

当然，实现经营简化不能仅靠产品结算定价，华为通过"产品结算价、运营资产包、合规与内控、中央集权"多措并举的方式，构筑了代表处自主经营的边界，将代表处的风险约束在了一个范围内，为总部"放开手"奠定了基础。以"产品结算价＋粮食包"为基础的定价充分激活了代表处的活力，为一线"放开手"奠定了基础。

合同在代表处审结意味着代表处有更大的价格决策权，但这并不代表总部和地区部对价格授权不再有管控权。当模式、价位超越代表处授权时，代表处决策仍需要上升到地区部和总部机关。

总的来讲，产品结算定价的核心价值在于：

（1）高效决策。应通过产品结算定价，拉通项目"四算"，促进产品和解决方案竞争力的提升，让代表处的经营管理团队能够高效地对当地的项目进行自主决策。

（2）提高软件价值。应促进软件在市场售出价值的提升，提高其配置合理性，体现出代表处对软件价值的重视。

（3）促使代表处制定好市场价格、管好价位模式，做好自主经营。

（4）统一结算成本（结算单价），鼓励高卖多得。对于超额利润，可以让一线参与分配，从而对一线产生激励效果。

以 CIF 价为例，CIF 价作为一种典型的产品结算价，改变了代表处的销售决策行为和经营思维，使得代表处可在 CIF 价的基础上高效决策。在使用 CIF 价之前，项目"四算"没有拉通，概算采用基准成本，预算、核算和决算采用设备和物料成本，决策效率低。使用 CIF 价之后，可以直接拉通项目"四算"，代表处将 CIF 价作为结算成本，从而更有动力管控好代表处的产品成交价格。

◆ **资源结算定价**

对于一线的项目而言，其给客户提供的服务是综合性的，一线除了向机关"购买"产品之外，还需要向资源部门"购买"资源，共同服务好客户。这里的资源主要包括人力、公共服务等资源。在"购买"资源的过程中，需要就资源结算进行定价，这就是内部资源市场化的体现。

华为在内部管理中区分了利润中心、成本中心、费用中心、投资中心等责任中心，对不同的责任中心有着不同的管理诉求：利润中心对有效增长负责；成本中心对服务质量和成本竞争力负责；费用中心对能力发展和服务质量负责；投资中心对战略产出、投资回报负责。区域组织和产品线都实现利润中心运作后，华为参照产品结算定价的思路，将内部其他资源的结算逐渐推向职能部门，按照它们的成本中心、费用中心等性质，做得更加精细化，实现了划小经营、激发组织活力的效果。职能部门主要通过向项目组织提供资源获取预算，职能部门根据组织成熟度和改进要求，形成当年的成本费用预算基线。

华为的责任中心在财务集中管理的前提下，确立以项目为核心的经营单元，即经营管理的最小颗粒度是项目。责任中心对经营结果负责，资源部门要服务业务部门。华为建立了一套结算机制，"买卖"双方需签订内部结算协议，确保责任中心掌握预算权，也便于资源部门根据需求准备资源。当责任中心呼唤"炮火"的时候，其就需要花费预算去购买"炮火"。内部资源买卖交易模式既保证了前线可调动资源，又便于后方资源部门根据项目预算提供资源并进行结算。

至于内部资源怎么定价，华为制定了一套"价格听证制度"，即资源的结算价格需要接受来自第三方或行业管理部门的评审，尽量保持客观、公允，确保对资源价值的准确评估。

华为的区域组织是能力和资源中心，以区域牵引公司职能部门、研发部门、BG，实现"机关资源化、资源市场化"，有利于前后方相互制衡，降低前线作战的盲目性，同时明确了对后方的供应能力的需求。

◆ 产品结算价与集团成本、成交价的关系

产品结算价可以将集团成本和成交价有效联动起来，因此通过调节产品结算价可以驱动集团成本和成交价的改善，也可以主动改善集团成本，促进产品结算价和成交价优化，进而影响经营的结果。了解这三者之间的关系（如图7-3所示）可以让管理者站在公司整体的视角去理解经营，进而帮助管理者做出更加合理的产品结算定价决策。

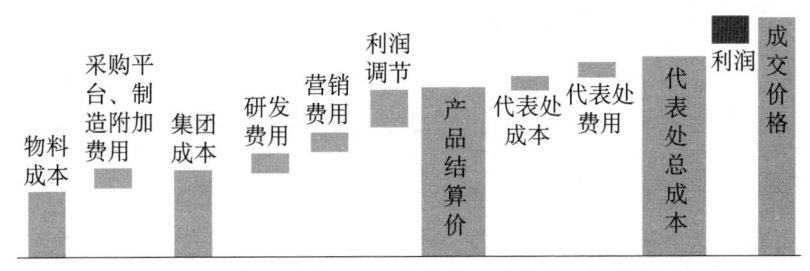

图7-3 集团成本、产品结算价、成交价之间的关系

集团成本是集团财务核算成本，即在物料成本的基础上加上采购平台及制造附加费用；产品结算价是公司给代表处的批发价，是代表处向公司要货的成本，也是内部经营管理的工具；成交价是华为客户界面的合同成交价格，比较灵活，一般按市场价值定价，注重对模式、价位、价格的管理。

产品结算价和成交价的关系如下：产品结算价是内部结算价，并不改变客户界面的交易价格/成交价。同样，客户界面的交易价格/成交价也不影响内部结算成本，即不影响产品结算价。

代表处对产品结算价基础上的利润负责，在产品结算价的基础上进行核算。BG和产品线对端到端的集团成本基础上的利润负责，公司以产品集团成本为基础进行核算。代表处和公司形成两级经营循环，循环的交汇点就是产品结算价。

因此，产品结算定价要平衡，以使公司整体利润最大。

◆ **产品结算定价的基本原则**

产品结算定价的基本原则主要包括以下 4 个。

（1）单价统一。产品结算价是批发价，产品结算单价应保持全球统一。产品结算单价承载了产品相关成本和费用，按目标价×分摊率计算。

（2）结算简单、交易灵活。产品结算定价既要确保客户界面灵活，也要确保内部结算简单，可支持代表处快速概算和高效决策。

（3）考虑软件成本。要增强代表处对软件价值和成本的意识。考虑软件成本后，商务好的回归经营的本质，商务差的现出经营亏损的原形，经营结果导向明确。

（4）覆盖刚性成本，留出利润空间。产品结算价制定不仅要覆盖产品相关的成本和费用，还要考虑给代表处留出合理的利润空间。产品结算价的留利空间小，代表处的销售动力就弱，配置的资源就少，这会对产品线销售产生反向制约作用。

◆ **产品结算定价的步骤**

产品结算定价主要包括以下 3 个步骤。

（1）确定产品结算价对象和量纲。此步骤的责任主体是 BG。

产品结算价对象为 PCI 或 S－Part；PSP 量纲应与 PCI 或 S－Part 的量纲保持一致；确定费用分摊基准（如基本价、公允价）。

（2）管理各种费用，驱动成本效率改进。此步骤的责任主体是产品线、供应链。

制造成本：按年初的标准成本，基于 BOQ 卷积。

开发费用：费用分摊基准×产品开发费率。

营销费用：费用分摊基准×产品营销费率。

一次物流成本：产品体积×单位体积一次物流费率。

（3）利润调节。此步骤的责任主体是 BG、总部集团。

利润调节主要考虑的因素有市场策略调整、战略牵引、各产品的盈利预留诉求。

7.2 关联交易定价

关联交易是关联企业之间所发生的销售商品、劳务以及转让无形资产等交易行为。转让定价（Transfer Pricing，TP）是关联交易的内部定价机制，又叫关联交易定价，是企业内部转移价格的制定和应用方法。要理解转让定价首先要搞清楚内部转移价格的定义。

《管理会计应用指引第 404 号——内部转移定价》指出："内部转移价格，是指企业内部分公司、分厂、车间、分部等责任中心之间相互提供产品（或服务）、资金等内部交易时所采用的计价标准。责任中心，是指企业内部独立提供产品（或服务）、资金等的责任主体。"

关联交易比较常见于一些大型企业，特别是跨国公司。这些公司利用不同国家或地区间的税率差异，或是免税条件，将利润从本应缴纳高额税款的地区转移到低税率甚至是免税的地区，从而实现税额的整体降低。

华为《关联交易管理政策》指出：要基于外部法规，结合行业实践规范有效地开展关联交易活动。所有关联交易活动均应符合外部法规的要求，包括关联交易发生主体所适用的税务法规，以及在全球普遍适用的专业指引，如：经济合作与发展组织（Organisation for Economic Co-operation and Development，OECD）和联合国的相关转让定价指引、税基侵蚀和利润转移（Base Erosion and Profit Shift，BEPS）等。公司应参考当地税务局的执法实践，以及相同行业的实际运营情况，并分析未来的发展趋势，做出相对合理的关联交易安排。

华为《BEPS 法规解读和关联交易专题讨论纪要》指出：为了应对 BEPS 行动计划对国际税务法规环境产生的影响和公司关联交易管理面临的各种复杂挑战，华为全面推进关联交易变革，建立清晰的关联交易架构，明确关联交易管理的规则，支撑公司业务合规、高效运作。

华为要求关联交易的设计基于业务实质展开，结合子公司所承载的功能，以及在价值创造中的角色来设计关联交易留利水平。关联交易定价须遵循独立交易原则，以可比的、独立的第三方在类似交易中的定价作为关联交易定价设计的参照。

独立交易原则是指完全独立的、无关联关系的企业或个人，依据市场条件下所采用的计价标准或价格来处理其相互之间的收入和费用分配的原则。独立交易原则目前已被世界大多数国家接受和采纳，成为税务当局处理关联企业间收入和费用分配的指导原则。

关联交易的设计应根据各方在价值创造过程中履行的功能、承担的风险以及投入的资产，来判定各方在关联交易活动中的功能风险定位。

关联交易的设计应基于业务实质，建立清晰的、全局性的集团交易架构，以灵活、有效地应对 BEPS 挑战。关联交易的设计不应以"短期成本节约"为目标，而应符合集团的长期利益和外部遵从要求，尽量清晰、简化。

2014 年，华为成立关联公司账务共享服务中心（Shared Service Centre，SSC），将其作为关联交易核算的流程责任部门。SSC 的核心职能是：

（1）建立全球统一的关联交易核算细则，搭建账务处理平台，提供高效、高质量的账务服务，确保集团关联交易政策得到执行。

（2）保证关联交易业务的外部遵从，监控关联交易全流程的执行，保证关联交易环节的资金资产安全及合规。

（3）作为集团报告的流程责任部门，根据公司内外会计及核算政策，设计合并抵消的方法，搭建集团财务报告、管理报告平台，实施合并处理规则，及时、准确地还原集团业务的实质。

华为在 2015 年将税务规划团队、关联交易团队整体搬迁到英国伦敦，目的是更加方便地吸纳这两个领域的高端人才。比如，葛兰素史克全球关联交易的主管以顾问身份参与华为的税务变革项目，其所主导的关联交易架构的技术方案完全处于行业领先水平。

华为的关联交易定价需要基于其关联交易路径，并且需要做好关联交易文档，因此笔者在此分别介绍华为的关联交易路径、关联交易定价、关联交易文档及关联交易定价案例。

◆ **关联交易路径**

关联交易路径是华为基于业务开展而确定的相关子公司之间的业务交易路径。比如，华为意大利代表处作为本地分销商，从中国香港华为子公司和华为国际子公司采购了大量产品。全球大部分客户都是跟华为国际子公司签订买卖合同，而华为国际子公司跟华为技术有限公司之间签订关联协议。

华为在合同签订之前会规定签约业务所对应的签约主体、签约路径。如果偏离签约主体，那么在合同评审环节就会产生相应的风险项。

华为设置的关联交易路径主要是通过几个子公司实现（如图7-4所示），其中设置了中国香港华为子公司、华为国际子公司，主要目的有两个：

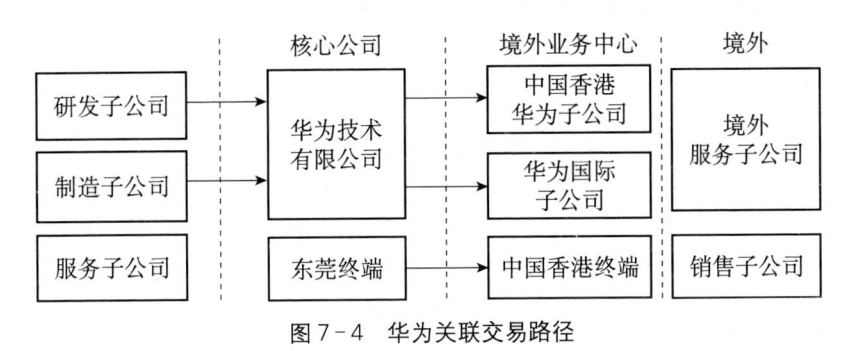

图 7-4 华为关联交易路径

一是方便业务结算。中国香港等金融贸易港对外汇的管制没有内地严格（内地要求提供每笔交易的明细），所以如果在内地进行业务结算，那么很多历史关联交易问题就难以解决。

二是享受税收优惠政策。华为充分利用中国香港和新加坡的税收政策，进一步降低税负。中国香港作为避税地的优势在于其无股息和资本利得税，且对来自海外的收入免税；距离内地近，相对容易建立商业实质，可满足税务局的商业实质认定和检查要求。新加坡作为避税地的优势在于其整体税负低，为满足条件的企业提供了丰富的税收优惠政策，税收协定网络广泛。

华为的母公司是华为投资控股有限公司，最终控制方为华为投资控股有限公司工会委员会。华为投资控股有限公司旗下有华为技术有限公司、深圳慧通商务有限公司、哈勃科技创业投资有限公司等100%控股的子公司。华为在全球有两百多家子公司,华为2022年年报披露了所占权益比例为100%的主要子公司(共19家),如表7-1所示。其中,华为技术有限公司是华为集团的主要业务平台,因此其也成为华为关联交易的核心公司之一。

表7-1 华为集团主要子公司

子公司名称	注册地	主要业务
华为技术有限公司	中国内地	通信产品及其配套产品的开发、生产、销售,技术支持及维护服务
华为终端有限公司	中国内地	通信电子产品及配套产品的开发、生产和销售
华为机器有限公司	中国内地	通信产品的制造
上海华为技术有限公司	中国内地	通信产品的开发
北京华为数字技术有限公司	中国内地	通信产品的开发
华为技术投资有限公司	中国香港	物料购销
香港华为国际有限公司	中国香港	通信产品的购销
华为国际有限公司	新加坡	通信产品的购销
华为技术日本株式会社	日本	通信产品的开发、销售及相关服务
德国华为技术有限公司	德国	通信产品的开发、销售及相关服务
华为终端(深圳)有限公司	中国内地	通信电子产品及配套产品的开发、生产和销售
华为终端(香港)有限公司	中国香港	通信电子产品及配套产品的销售及相关服务
华为技术服务有限公司	中国内地	通信产品及配套产品的安装、技术服务及维修服务,包括咨询
华为软件技术有限公司	中国内地	云产品及服务的销售
深圳市海思半导体有限公司	中国内地	半导体产品的开发及销售
上海海思技术有限公司	中国内地	半导体产品的开发及销售
海思光电子有限公司	中国内地	信息技术领域光电子技术与产品的开发、制造及销售
华为数字技术(苏州)有限公司	中国内地	逆变器产品的开发及销售
华为技术有限责任公司	荷兰	海外子公司投资主体

华为设立具有不同业务功能的子公司,使各子公司从事不同的业务,从关联交易和经营的角度看,主要是为了享受当地的税收优惠政策及防范风险,降低集团整体税负。

比如，华为技术有限责任公司的注册地在荷兰，它是华为欧洲区域的控股公司，也是欧洲区域子公司的投资主体。华为之所以在荷兰设置投资主体，是因为将欧洲区域各子公司的股息分派给华为在荷兰的投资主体，可以享受荷兰的几项税收优惠政策。

（1）荷兰已同美国、英国、中国等近 50 个国家签订了全面税收协定，对丹麦、瑞典、芬兰、英国、美国等国家的股息预提所得税税率为零。

（2）荷兰作为欧盟成员国，可以享受欧盟法令的有利条款，即欧盟内关联交易公司之间的利息和特许权使用费预提所得税税率为零。

（3）荷兰税法规定，居民企业取得的股息和资本利得按 35% 的企业所得税课征，但对符合一定条件的外资部分所取得的股息和资本利得按所占比例全额免征企业所得税。

◆ 关联交易定价的方法

关联交易定价主要是关联交易子公司之间对交易对象的内部定价。关联交易定价本质上是确定如何进行价值创造与价值分配，主要包括四个要素：定价主体、定价客体、定价基准和定价单元。简单地说，定价主体就是有权参与定价的主体；定价客体是定价对象，比如有形产品、无形服务；定价基准是关联交易定价的参考和标准，包含定价客体中某些费用和成本，及外部相同产品或服务的价格；定价单元是定价的范围，反映了一个组织的市场化程度。

关联交易定价的方法主要有：总成本加成法、变动成本加成法、市场参考价法、协议约定法、双重定价法。这几种方法无优劣之分，可以在实际业务场景中灵活选择，并判断其是否合适。

采取总成本加成法或者变动成本加成法进行关联交易定价的，主要关注的是平均加成率，通过加成规则来约定。这里的成本是指标准成本，而非实际成本。华为的标准成本和实际成本的偏差一般控制在 4% 以内。总成本加成法简单易行，资料易得，且不依赖于外部市场，可与市场导向的定价形成互补。但是，按照总成本加成进行关联交易定价不利于企业参与竞争。

市场参考价法一般适用于完全竞争的情况，具体做法是参考同类企业同类产品的价格进行关联交易定价。此方法适合经常对外销售且比例较大的部门，其所提供的产品和服务有外部可靠报价的，可将外销价或活跃市场报价作为内部关联交易价格。

采取协议约定法进行关联交易定价的具体做法是：子公司之间签订协议，约定具体的交易价格。协议约定价格的取值范围一般较大，不高于市场价，不低于变动成本。

采用双重定价法进行关联交易定价的具体做法是：交易双方各自使用不同的定价来记录交易，由集团来承担两种价格之差。

影响内部关联交易定价的因素主要有产业环境、产业所处成长阶段、企业战略导向、企业文化等。产业环境和产业所处成长阶段是客观因素，企业战略导向和企业文化是可调节因素。

◆ 关联交易文档

关联交易文档是支持华为各子公司间关联交易定价的重要技术文件。《OECD跨国企业与税务机关转让定价指南》明确规定：企业在发生关联交易的当期，有义务准备同期资料文档，文档内容包括关联交易的价格、费用制定标准、计算方法和说明等，以证明企业关联交易符合独立交易原则。

关联交易文档内容庞杂，涵盖主体文档、本地文档、国别报告、特殊事项文档等诸多文件。其中主体文档、本地文档、国别报告是BEPS设计的三类关联交易定价文档。这三类文档主要完成三个目标：为全球税务局进行企业关联交易定价风险评估提供相关及可靠的信息；为全球税务局进行税审夯实基础；促使纳税人的关联交易定价合规。

主体文档

主体文档（Master File）主要披露最终控股企业所属企业集团的全球业务的整体情况，如集团关联交易定价政策、价值链分析、各公司承担的职能等，主要包括以下内容。

（1）组织架构。原则上应以图表形式说明企业集团的全球组织架构、股权结构和所有成员实体的地理分布。成员实体是指企业集团内任一营运实体，包括公司制企业、合伙企业和常设机构等。

（2）企业集团业务。其核心内容包括：企业集团业务描述，包括利润的重要价值贡献因素；企业集团营业收入前五位以及占营业收入超过5％的产品或劳务的供应链及其主要市场地域分布情况，供应链情况可以采用图表形式进行说明；企业集团除研发外的重要关联劳务及简要说明，说明内容包括主要劳务提供方提供劳务的胜任能力、分配劳务成本以及确定关联劳务价格的转让定价政策；企业集团内各成员实体主要价值贡献分析，包括执行的关键功能、承担的重大风险，以及使用的重要资产；企业集团会计年度内发生的业务重组，产业结构调整，集团内功能、风险或者资产的转移；企业集团会计年度内发生的企业法律形式改变、债务重组、股权收购、资产收购、合并、分立等。

（3）无形资产。其核心内容包括：企业集团开发、应用无形资产及确定无形资产所有权归属的整体战略，包括主要研发机构所在地和研发管理活动发生地及其主要功能、风险、资产和人员情况；企业集团对转让定价安排有显著影响的无形资产或者无形资产组合，以及对应的无形资产所有权人；企业集团内各成员实体与其关联方的无形资产重要协议清单，重要协议包括成本分摊协议、主要研发服务协议和许可协议等；企业集团内与研发活动及无形资产相关的转让定价政策；企业集团会计年度内重要无形资产所有权和使用权关联转让情况，包括转让涉及的企业、国家以及转让价格等。

（4）融资活动。其核心内容包括：企业集团内部各关联方之间的融资安排以及与非关联方的主要融资安排；企业集团内提供集中融资功能的成员实体情况，包括其注册地和实际管理机构所在地；企业集团内部各关联方之间融资安排的总体转让定价政策。

（5）财务与税务状况。其核心内容包括：企业集团最近一个会计年度的合并财务报表；企业集团内各成员实体签订的单边预约定价安排、双边预约定价安排以及涉及国家之间所得分配的其他税收裁定的清单及简要说明；报送国别报告的企业名称及其所在地。

本地文档

本地文档（Local File）主要披露企业关联交易的详细信息，包括企业概况、关联关系、关联交易、可比性分析、转让定价方法的选择和使用五部分内容。

（1）企业概况。其包括组织结构、管理架构、业务描述、经营策略、财务数据、涉及本企业或者对本企业产生影响的重组或者无形资产转让情况以及对本企业的影响分析。

（2）关联关系。其内容包括3个方面：第一方面是关联方信息，包括直接或者间接拥有企业股权的关联方，以及与企业发生交易的关联方，内容涵盖关联方名称、法定代表人、高级管理人员的构成情况、注册地址、实际经营地址，以及关联个人的姓名、国籍、居住地等情况。第二方面是上述关联方适用的具有所得税性质的税种、税率及相应可享受的税收优惠。第三方面是本会计年度内企业关联关系的变化情况。

（3）关联交易。其核心内容包括关联交易概况、价值链分析、对外投资、关联股权转让、关联劳务以及与企业关联交易直接相关的，中国以外其他国家税务主管当局签订的预约定价安排和做出的其他税收裁定。

关联交易概况：①关联交易描述和明细，包括关联交易相关合同或者协议副本及其执行情况的说明，交易标的的特性，关联交易的类型、参与方、时间、金额、结算货币、交易条件、贸易形式，以及关联交易与非关联交易业务的异同等。②关联交易流程，包括关联交易的信息流、物流和资金流，与非关联交易业务流程的异同。③功能风险描述，包括企业及其关联方在各类关联交易中执行的功能、承担的风险和使用的资产。④交易定价影响要素，包括关联交易涉及的无形资产及其影响，成本节约、市场溢价等地域特殊因素。地域特殊因素应从劳动力成本、环境成本、市场规模、市场竞争程度、消费者购买力、商品或者劳务的可替代性、政府管制等方面进行分析。⑤关联交易数据，包括各关联方、各类关联交易涉及的交易金额。分别披露关联交易和非关联交易的收入、成本、费用和利润，不能直接归集的，按照合理比例划分，并说明该划分比例的依据。

价值链分析：①企业集团内业务流、物流和资金流，包括商品、劳务或者其他交易标的从设计、开发、生产制造、营销、销售、交货、结算、消费、售后服务到循环利用等各环节及其参与方。②上述各环节参与方最近会计年度的财务报表。③地域特殊因素对企业创造价值贡献的计量及其归属。④企业集团利润在全球价值链条中的分配原则和分配结果。

对外投资：①对外投资基本信息，包括对外投资项目的投资地区、金额、主营业务及战略规划。②对外投资项目概况，包括对外投资项目的股权架构、组织结构，高级管理人员的雇佣方式，项目决策权限的归属。③对外投资项目数据，包括对外投资项目的营运数据。

关联股权转让：①股权转让概况，包括转让背景、参与方、时间、价格、支付方式，以及影响股权转让的其他因素。②股权转让标的的相关信息，包括股权转让标的所在地、出让方获取该股权的时间、方式和成本，股权转让收益等信息。③尽职调查报告或者资产评估报告等与股权转让相关的其他信息。

关联劳务：①关联劳务概况，包括劳务提供方和接受方，劳务的具体内容、特性、开展方式、定价原则、支付形式，以及劳务发生后各方受益情况等。②劳务成本费用的归集方法、项目、金额、分配标准、计算过程及结果等。③企业及其所属企业集团与非关联方存在相同或者类似劳务交易的，还应当详细说明关联劳务与非关联劳务在定价原则和交易结果上的异同。

（4）可比性分析。其核心内容包括：①可比性分析考虑的因素，包括交易资产或者劳务特性，交易各方功能、风险和资产，合同条款，经济环境，经营策略等。②可比企业执行的功能、承担的风险以及使用的资产等相关信息。③可比对象搜索方法、信息来源、选择条件及理由。④所选取的内部或者外部可比非受控交易信息和可比企业的财务信息。⑤可比数据的差异调整及理由。

（5）转让定价方法的选择和使用。其核心内容包括：①被测试方的选择及理由。②转让定价方法的选用及理由，无论选择何种转让定价方法，均须说明企业对集团整体利润或者剩余利润所做的贡献。③确定可比非关联交易价格或者利润的过程中所做的假设和判断。④运用合理的转让定价方法和可比性分析结果，确定可比非关联交易价格或者利润。⑤其他支持所选用转让定价方法的资料。

国别报告

国别报告（Country by Country Report）是跨国企业集团按照规定应该向税务机关报告的信息，包括最终控股企业所属跨国企业集团所有成员实体的全球所得、税收和业务活动的国别分布情况等。

国别报告就像一个数据库，对跨国企业集团在不同国家/地区的收入、利润、纳税、员工数量等信息进行统计，同时收集跨国企业每一家组成企业的注册地、税务居民地、财务等信息。

如果主体文档及本地文档是对关联交易定价的定性分析，那么国别报告就是定量分析。税务机关拿到了这些信息后就能进行关联交易定价风险及其他避税风险评估，也能对相关数据进行经济及统计分析。

国别报告对跨国企业集团的实质影响比主体文档和本地文档大，因为税务机关可以利用数据进行多维度的分析，从而发现转移至避税地的利润额，转移至所谓的非避税地而在当地有"经济实质"的利润额，以及人员数量等。除了税务机关，还有很多不同的机关可以利用这些数据进行剖析，这促进了全球反避税的进程。

随着上述文档信息被披露给税务机关的程度越来越深，企业的透明度越来越高，避税的难度越来越大。对税务机关来说，起诉企业偷税不难，难的是拿到实质证据，而国别报告就是证据。

特殊事项文档

特殊事项文档包括成本分摊协议特殊事项文档和资本弱化特殊事项文档。企业签订或者执行成本分摊协议的，应当准备成本分摊协议特殊事项文档。企业关联债资比例超过标准比例需要说明符合独立交易原则的，应当准备资本弱化特殊事项文档。

◆ 关联交易定价案例

比较经典的一个关联交易定价案例就是苹果公司，其设计的关联交易结构被称为"三明治结构",如图 7-5 所示。所谓的"三明治",就是"双层爱尔兰夹荷兰"。美国苹果公司（Apple Inc.）在爱尔兰和荷兰成立了苹果国际运营公司（Apple Operations International，AOI）、苹果欧洲运营公司（Apple Operations Europe，AOE）和苹果国际销售公司（Apple Sales International，ASI）三家全资子公司。

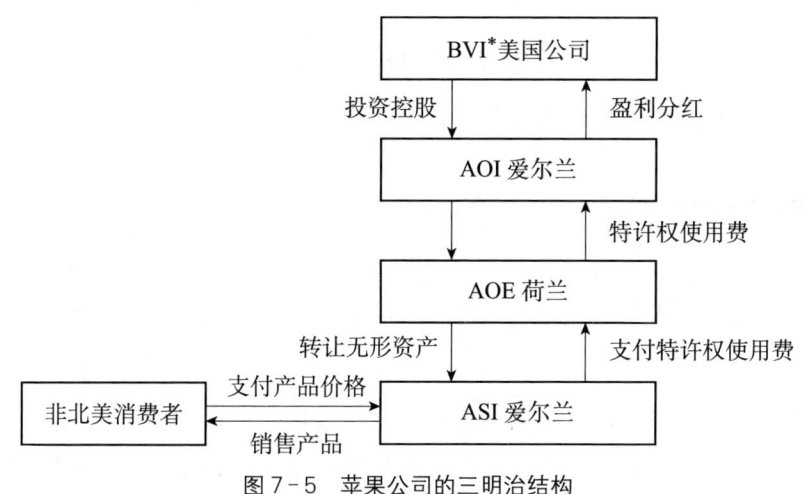

图 7-5 苹果公司的三明治结构

* 在英属维尔京群岛（The British Virgin Islands）注册的公司。

在这些爱尔兰子公司成立后的几年内，Apple Inc. 与 AOE、ASI 签订了成本分摊协议。成本分摊协议是企业之间为分摊开发无形资产的成本、风险和收益而达成的框架协议。

根据成本分摊协议，AOE 和 ASI 获得了在美洲以外开发 Apple IP 的经济权利。AOE 和 ASI 购买了当时存在的 Apple IP，但 AOE 和 ASI 无权就 Apple IP 或成本分摊协议作出决定。

这些子公司的控股公司 AOI 拥有苹果大部分离岸经营实体。自公司成立以来，公司一直在没有员工的情况下运作。AOE 在爱尔兰设有实体店，负责生产专门的电脑系列，以及提供组装服务。

在爱尔兰设有实体店的 ASI 聘请与之无关的内容制造商组装产品，然后将产品卖给欧洲和亚洲的分销子公司。在大多数情况下，产品转运不经过爱尔兰。

AOE 和 ASI 并不是爱尔兰居民公司，但它们确实在爱尔兰有实体店。正因为如此，它们在爱尔兰提交的公司税申报表只与其在该国的经营状况有关。

AOE 和 ASI 都与爱尔兰税务管理局签署了"预约定价"协议，这是转让定价领域的税务裁决，目的是将利润分配给其爱尔兰分支代表处。这正是关联交易定价规则发挥作用的地方。根据现有的由欧盟委员会调查的资料，这些协议降低了这两家公司在爱尔兰的实际税率。

AOE 和 ASI 在经济上拥有所有与欧洲和亚洲市场有关的苹果知识产权，因此它们有权获得苹果公司在这些市场上赚取的所有额外利润。

7.3 合同拆分定价

合同拆分定价是华为内部经营管理的一种规则。合同拆分问题的存在，是由华为的多维组织架构及经营管理诉求决定的。一线代表处签订了一个大合同，就好比拿了一个大蛋糕，但是要来分蛋糕的人却很多，且合同涉及产品线、BG 的利益，如何切蛋糕、如何分蛋糕也会影响他们的利益。如果分配不合理，则会影响相关部门之间的配合度，打击其积极性。因此这个问题在华为内部也很重要，为了确保各方的利益，公平起见，华为对跨产品线业绩拆分设置了一个基本规则，就是同亏同盈。具体的规则由投资评审委员会（Investment Review Board，IRB）在《关于组合销售拆分原则的相关决议》和《关于组合销售合同商务拆分方案的相关决议》中明确，包括合同下产品间金额拆分规则、产品下配置间金额拆分规则、合同更改下金额拆分规则等方面的内容。

华为在内部做合同拆分定价的出发点主要是更好地分配公司内部价值，驱动内部改进，激发一线活力，支撑盈利提升。

华为很多用于产品研发的资源都是内部共享的。比如，服务产品提供的是一套整体解决方案，使用了服务器产品（服务器可单独销售，但是服务产品所使用的服务器是经过特殊包装的，有自己的规格、型号），相当于服务器是服务产品的一个部件。再如，无线产品线使用了能源产品线的电源模块（电源模块可单独销售）。

（1）内部结算。双方约定结算金额，服务产品通过内部结算付款给服务器，即服务器的结算价是服务产品的成本，也是服务器的收入（内部结算金额：①服务器产品的历史成交均价；②服务器产品的独立销售价格）。

（2）在管理报表维度双算服务产品、服务器两个产品线的业绩。管理报表反映的是公司经营诉求，双算有利于提升两个产品线之间合作的动力，对公司整体发展有利。

（3）不对收入做内部划分，但服务产品的销售成本包含服务器的成本（服务产品线下服务器的采购单）。

2017年，华为主要采用的合同拆分方法有四种：

（1）按客户界面实际成交价拆分。成交价相对比较客观，是首选的公允价格。

（2）按基本价比例拆分。基本价是目标成交价格，并非实际情况，为非客户界面成交价，并不是首选的公允价格。

（3）按平均成交价的比例拆分。平均成交价波动性大，交易极值（极大值/极小值）不易识别。

（4）指定拆分。由于人为影响因素较多，决策者未必能做到公平公正，因而公允价值无法保证。企业BG大约有8%的合同是指定拆分，运营商BG大约有3%的合同是指定拆分。

正是因为内部拆分的规则存在各种不足，所以华为优化了合同拆分规则：用独立销售价格（Stand-alone Selling Price，SSP）替换基本价，让目录价/基本价回归业务本质；用SSP替换平均成交价；SSP制定考虑极值的影响；减少人为因素干扰，提供系统自动拆分的比例，减少指定拆分。

为什么要制定SSP？这得从《国际财务报告准则第15号》（IFRS 15）的发布说起。2014年5月，国际会计准则理事会（IASB）与财务会计准则委员会（FASB）联合发布了IERS 15，旨在为客户合同收入的确认、计量及披露提供一个综合完善的框架。IFRS 15自2018年1月1日起生效。

IFRS 15对收入确认模型提出基于单独售价确认履约义务的收入，提供满足IFRS 15要求的价格基准。

IFRS 15 的核心原则是，确认收入的方式应体现企业向客户转让商品或服务的模式，确认收入的金额应反映企业预计因交付商品或服务而有权获得的金额。

IFRS 15 的收入确认有五个步骤：

第 1 步，识别合同。该合同是双方或多方之间签订的可强制执行的权利和义务的协议，对形式上是多份但实质上是一份合同的，应将多份合同合并核算。

第 2 步，识别履约义务。如果客户能够从单独使用该商品或服务，或同时使用该商品或服务与客户易于获得的其他资源中获益，并且企业向客户转让该商品或服务的承诺可以与合同中的其他承诺区分开来，那么企业向客户转让的商品或服务就是可明确区分的履约义务，应单独核算。

第 3 步，确定交易价格。交易价格是指企业预计因交付合同所承诺的商品或服务而有权获得的对价金额，可以是固定金额，也可以是可变金额（折扣、抵免、退货、奖励、罚款等项目的存在会产生可变对价）。如果合同中包含重大融资成分，那么交易价格还需考虑货币的时间价值。

第 4 步，分摊交易价格。如果单项合同内识别出多项履约义务，那么交易价格应当基于单独售价的比例分摊至每一项单独的履约义务。如果无法直接观察单独售价，则企业需要对其做出估计，估计的方法有经调整的市场评估法、预计成本加毛利法、余值法等。

第 5 步，在主体履行履约义务的时点（或过程中）确认收入。当客户获得商品或服务的控制权时，企业针对这一项履约义务确认收入，控制权可在某一时点转移或某一时间段内转移，从而确认相应收入。控制权在某一时间段内转移的，企业需使用恰当的方法确认收入，以体现履约义务的完成进度。

第 4 步要求基于 SSP 把客户界面交易价格分配到履约义务单元，并支撑最后的收入确认。SSP 是企业向类似客户单独出售的产品或服务的价格水平，具有客观性和公平性。

如果要做到客观公正，那么制定 SSP 的部门就需要保持中立。2018 年，华为定价中心与 BG 联合启动 SSP 制定工作，制定出来的 SSP 于 2019 年投入使用，主要用于内部订货和收入拆分。

SSP 的制定方法是什么呢？可以基于外部直接观察到的价格数据制定 SSP；

如果无法获得此价格数据，那么也可以基于内部合理评估的价格数据制定 SSP。制定 SSP 时应优先使用基于外部直接观察到的市场公允价。市场公允价来自客户界面的成交价，不受主观因素影响，且同时考虑了区域、行业、产品、客户等特性。

当然，SSP 的应用场景有很多，除了支撑合同拆分之外，还广泛应用在企业内部经营管理中。

（1）支持内部结算，比如，子公司对母公司的采购结算、云 BG 对各业务 BG 的云服务内部结算、网络能源产品（公共产品）对其他 BU 的结算。

（2）支持税务管理，比如，软件关联交易定价、软件清关、通过 SSP 历史数据确定软件清关时的价值。

（3）支持预算测算，比如，收入预测、基于 SSP 拆分到 S-part 价格、提供基础数据支撑业财转换的收入预测。

本章小结

产品结算定价是华为总部给代表处的批发价。利用产品结算定价，代表处可以完整地进行项目概算、预算、核算、决算，这就简化了一线（销售与服务公司）和机关（产品公司）的关系。

关联交易的设计必须基于业务实质展开。华为的关联交易重点关注三个方面：关联交易路径、关联交易定价、关联交易文档。

合同拆分定价的目的是分配内部价值，驱动内部改进，激发一线活力，支撑盈利提升。独立销售价格作为内部合同拆分的依据，具有客观性和公平性。

第三部分
如何学习华为定价法

　　华为在定价中总结出的经验和教训是一笔巨大的精神财富，值得我们不断挖掘。当然，华为定价法还在随着华为业务的不断发展而变化，业界也在实践各种新的定价方法，不断提出新的定价理论，唯有以发展的眼光去看待并加以正确的实践，才能跟上时代的步伐，掌握定价的精髓。

　　这一部分将围绕如何学习华为定价法展开，重点讲述华为定价法的运用场景、理念、落地等内容。

　　笔者将从实践和认知两个层面来介绍如何学习华为定价法。定价是一个系统，华为的管理是一个更大的系统，如果脱离了华为这个大的体系，不加分辨地运用，可能难以达到预期的效果。只有理解了其背后运作的深层逻辑，才能知其然并且知其所以然。

　　从实践层面来看，企业需要提升组织的定价能力，这种能力需要组织和流程的支撑、系统的保障。在不同的定价场景中运用华为定价法时，需要根据规模调整，根据业务类别适配。

　　从认知层面来看，定价是为企业战略服务的，采取价值定价、成本定价还是竞争定价取决于企业的定价理念。价格本质上是价值的反映，同时也是市场竞争的"调节器"。企业制定价格战略和策略需要以企业的战略为基础，具体还需要结合产品战略、市场战略等诸多因素。本部分的两章将对此分别进行介绍。

第八章　华为定价法的运用

经过持续的管理变革，华为建立起了非常完善的管理体系，这一管理体系成为华为持续获得竞争力的一把利器。定价管理作为华为管理体系中的一部分，起着非常关键的作用。但如果只关注定价，不关注其他业务环节的协同，可能会"只见树木，不见森林"。

因此，在借鉴华为丰富的实践经验之前，需要了解定价在华为整个管理体系中的位置。只有搞清楚定价的相关业务及流程，才能厘清定价的来龙去脉，真正学到华为定价法的精髓。

学习华为定价法，就要了解华为的研发、营销、销售等流程。笔者在前面的章节中已经介绍过华为定价的相关流程。

不同规模的企业在构建定价管理体系的过程中，不能只看当下，还需要洞察华为业务及定价发展变化背后的逻辑，并根据自身发展所处的阶段，进行适当调整。

无论什么规模的企业，其都是一个系统，有自身的特点。华为定价法未必适合所有企业，而是需要辩证地看待。如果本书能够解答企业在定价中的疑惑，给企业带来一些启发，那也算是本书播下了一颗"种子"。企业需要结合自身发展情况，以及所处行业情况，辩证、理性地学习与运用。

8.1　根据规模调整

企业在规模较小，即还是一个小微型企业的时候，需要解决的是短期的价格竞争力与中长期的盈利问题。这时候专业的定价组织不是特别重要，往往公司的CEO、总经理就是定价的最高决策者。他们需要思考的是如何定价变现才能够快速抢占市场，以及当环境变化的时候其制定的价格策略是否能够快速调整以满足市场竞争需要。华为在成立初期，以"农村包围城市"的策略求得生存，并凭借自主研发的产品的高性价比获得了大量的采购订单。

当企业有了一定规模，变成了一个中型企业，在市场上有了一定的地位，但是还不够强大，还没有成为行业的领先者时，定价决策者需要解决的是市场扩张的问题。这时候企业可以通过进入新市场、开发新产品、寻找新客户等方式实现扩张，因此定价需要配合销售来实现扩张的目标。华为在这一阶段开启了"从农村市场向城市市场"的进攻。华为1993年的销售额只有几亿元，历经一年多的时间研发推出C&C08数字程控交换机后，在定价上采取低价策略，该产品由于品质高、可靠性强大获成功，这为华为后续发展奠定了基础。

当企业规模进一步增大，变成大型企业，所拥有的资源增多，综合实力大大提升时，企业在定价方面可以做的就更多了，以下是定价工作中几个重要的着力点。

（1）构建价格管理体系。中高层管理人员要考虑全面体系化的价格管理，形成定价模式、价位、价格综合的管理结构。定价模式是产品价值变现的方式。提供更加丰富的定价模式就可以提高产品变现竞争力。价位是中长期的交易价格，也是牵引客户成交的目标价。建立目标价格管理机制能够更好地驱动企业达成经营目标。价格是企业当期享受优惠后的成交价格。企业需要制定与模式、价位相匹配的价格优惠政策。与客户的交易价格不仅仅影响企业当下的经营，而且也会影响企业中长期的经营，这就需要企业管理好价位，为未来的长期盈利做好铺垫。

（2）进行商业模式创新。企业可以利用商业模式创新增强客户对其产品的认可，降低交易成本，从而超越竞争对手。企业要站在客户的角度，根据行业和客户的主流模式，尽量让报价变得简洁明了，让客户在交易过程中感到舒服、可预测。就像人们乘坐高铁一样，高铁背后的技术实现过程虽然复杂，但乘客永远也不用去了解复杂的技术原理，只要选择目的地，按照简单的流程就能到达。

（3）开展产品组合定价。客户的需求永远是多维的，单一的产品和服务是很难满足行业内所有客户的需求的，只有利用产品组合才能增强竞争力，才能在不同细分市场争取更多客户。产品组合定价使得不同细分市场的客户可以根据预算自由选择产品。

（4）建立产品定价权。加强行业标准与品牌建设，尽量避免同质化竞争。在满足客户需求方面，企业应积极主动进行产品技术创新，获取专利保护，构建行业标准，让产品在功能、性能、客户体验、个性上超越竞争对手。如果能够让企业的产品在这些方面更具稀缺性，企业就更容易建立产品定价权。

8.2 根据业务类别适配

华为的产品形态既有软件又有硬件，既有服务又有解决方案，既有 2B 产品又有 2C 产品。因此，华为在对不同类型的产品进行定价的时候，会区分场景采用不同的方法。企业学习华为定价法时，需要注意使产品形态与商业模式适配、业务类型与价格策略适配。

一方面，2B（企业组织级别的客户）的业务与 2C（个人用户、消费者）的业务天然存在差异，很难用同一套定价方法，因此企业在选择定价方法时，需要考虑 2B 业务、2C 业务的特点。另一方面，软件产品、硬件产品、服务的成本结构存在差异，采取何种商业模式、定价模式对企业变现的结果也会产生重大影响，所以要根据产品类别区别对待。下面根据企业级产品定价和消费级产品定价展开讨论。

◆ **企业级产品定价**

企业级产品一般面向企业客户，即面向一个团体或者组织。2B 产品采购方主要考虑产品的功能实效化以及专业化，要求产品能够产生实实在在的价值和效用。2B 产品的决策权主要集中在企业管理层，由管理层做出最终决定。此种产品的盈利模式一般比较直接,即向企业直接收取费用。

企业级产品根据价位不同,可分为低端产品、中端产品和高端产品。不同价位的产品背后的定价逻辑差异很大。

低端产品所面对的客户预算有限,价格是其做出购买决策的前提条件。低端产品的品质未必就低,关键是确定客户可接受的产品价值水平。

中端产品所面对的客户更追求性价比,品牌对其来说非常重要,所以企业的品牌、质量保障、形象需要具有代表性。企业在制定中端产品的价格策略的时候需要维持稳定的价格水平,重视特价和折扣频率及程度。

对高端产品所面对的客户来说,产品价值是必备条件,创新是实现产品价值的基石。因此,企业需要确保产品与服务的品质始终如一,高端产品在行业中具有强大的品牌影响力。只有具备这些条件,高端产品的高价格才能长期维持。高端产品所面对的客户除了关注产品与服务质量之外,还会考量企业的经营状况,以保证产品与服务供应的长期稳定性,因此对供应商的价格不是很敏感。

以高端芯片为例,高端芯片设计行业是典型的高投入、高收益行业,同时也是高风险的行业。万一设计的芯片达不到预期,那么巨额投入就"打了水漂"。

芯片的成本包括芯片的硬件成本和芯片的设计成本。芯片的硬件成本包括晶片成本、掩膜成本、测试成本、封装成本四部分,影响芯片的硬件成本的另一重要因素就是最终成品率。用一个公式来表示芯片的硬件成本,就是:芯片的硬件成本=(晶片成本+掩膜成本+测试成本+封装成本)/最终成品率。

从二氧化硅到市场上出售的芯片,要经过制取工业硅,制取电子硅,再进行切割、打磨,制取晶圆等几个过程。晶圆是制造芯片的原材料,晶片成本可以理解为每一片芯片所用的材料(硅片)的成本。

掩膜成本就是采用不同的制程工艺所需要的成本。在先进的制程工艺问世之初,掩膜成本颇为不菲。

测试可以鉴别出每一个处理器的关键特性,比如最高频率、功耗、发热量等,并决定处理器的等级。如果芯片产量足够大的话,那么测试成本可以忽略不计。

封装是将基片、内核、散热片堆叠在一起,形成大家日常见到的中央处理器

(Central Processing Unit，CPU)。封装成本就是这个过程所需要的资金。

芯片的成本投入巨大，要降低芯片的成本，扩大产量至关重要。像苹果公司这样的巨头采用台积电、三星等公司最先进、最贵的制程工艺，依旧能赚"大钱"，因为集成电路（Integrated Circuit，IC）设计具有"赢者通吃"的特性。

设计成本比较复杂，因为这当中既包括工程师的工资、电子设计自动化（Electronic Design Automation，EDA）等开发工具的费用、设备费用、场地费用等，还包括知识产权费用。不同公司的设计成本差别巨大，如联发科技股份有限公司要向高通公司缴纳巨额的专利使用费，所以其成本就比高通高很多。

芯片的销售有直销、委托代理分销等方式，因此需要按照渠道类型制定不同的价格策略。国际上通用的芯片定价策略是"8∶20定价法"，也就是说，在硬件成本为8的情况下，定价为20。当然每家芯片企业在制定具体价格策略的时候，除了考虑成本之外，考虑更多的还是客户和竞争。

再以SaaS软件产品为例。SaaS产品的定价模式一般包括买断模式、订阅模式、按需模式。在买断模式下，客户一次性支付许可费并获得软件的永久使用权，但是后续需要按年度支付经常性支持费。买断模式主要用于本地部署产品。在订阅模式下，客户基于估计使用情况支付年度订阅费，其中包括支持服务。按需付费是按实际使用量付费，客户在难以预估使用量的情况下更愿意选择这种付费方式，尽管这种模式下的单价可能要高于订阅模式下的单价。

SaaS软件产品的定价项可以是将某些功能特性打包而成的云，也可以是某个单独的特性，这取决于企业如何对产品打包。由于SaaS软件产品是提供给企业员工使用的，而软件产品最常用的定价量纲就是用户数，因此当企业员工数增加时，客户就需要增加购买用户数。SaaS软件产品的定价主要是基于市场竞争和产品价值做出的，这里面包含了价格、折扣方式等。

◆ **消费级产品定价**

消费级产品定价不同于企业级产品定价。消费级产品面向的是个人消费者，其定价受个人主观感受与行为的影响较大，其盈利模式也是多样化的，可能向消费者收费，也可能向第三方收费。

消费级产品的范围很大，包括衣食住行、吃喝玩乐等 C 端相关产品和服务，几乎涵盖了人们日常生活的方方面面。为了便于理解，这里以消费品来说明。消费品的定价主要分为快速消费品定价、耐用消费品定价和奢侈消费品定价三类。

(1) 快速消费品定价。快速消费品是消费者高频率购买的产品，如个人护理品、家庭护理品、品牌包装食品、饮品、烟酒等。快速消费品的使用时限短，拥有广泛的消费群体，对于消费的便利性要求很高；渠道种类多且复杂，传统业态（百货商场）和新兴业态（连锁店、超市、大卖场）等多种渠道并存。

由于快速消费品的分销渠道众多，因此其定价并不只是确定一个终端的价格，而是涉及成本、利润构成、出厂价、分销价（二级、三级分销）、终端零售价、特通、团购等整个价格体系的综合价格。

以瓶装水为例，从瓶装水的价位区间来看，2 元一直是纯净水与天然水的市场，在此价位的如怡宝与农夫山泉；3~4 元是矿泉水的必争市场，在此价位的如百岁山；4~5 元价位的有昆仑山，恒大冰泉在 4 元左右的价位卖了 2 年，但是卖不动，于是其将终端价直接降到 2.5 元；价位再高一些的则有依云等高端产品，其价格常年稳居 10 元以上。

以一瓶 550ml 在社区零售店售价为 1.5 元的瓶装水为例，其价格和成本构成如图 8-1 所示。水成本约为 0.01 元，占比 0.67%；瓶子＋瓶盖＋喷码＋胶带成本约为 0.17 元，占比 11.3%；厂家利润约为 0.2 元，占比 13.3%；厂家成本＋营运费＋广告费约为 0.22 元，占比 14.7%；以上总费用是 0.6 元，占比 40%；经销商预留利润约为 0.4 元，占比 26.7%，最关键的利润点预留给零售商，约为 0.5 元，占比 33.3%。经销商平均以每瓶 0.6 元的出厂价（经销商进货价）拿货，再以平均每瓶 1 元的价格（零售商进货价）批发给社区零售店，零售店再以每瓶 1.5 元的价格（零售商零售价）出售。

(2) 耐用消费品定价。耐用消费品是指那些价值较高、使用寿命较长、一般可多次使用的消费品。由于购买次数少，因而消费者对于耐用消费品的购买行为和决策较慎重。耐用消费品的典型适用产品有家用电器、家具、汽车等。

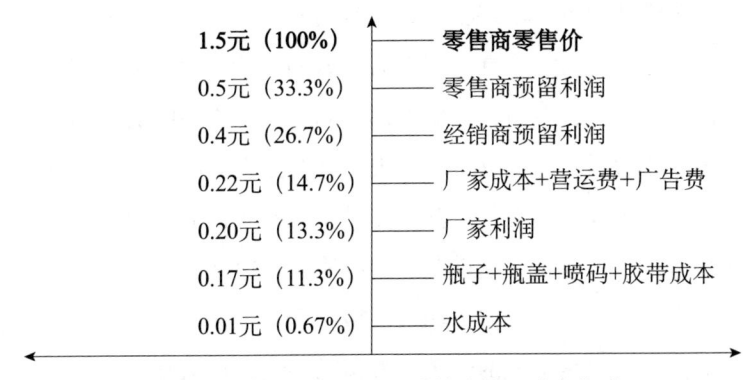

```
1.5元（100%）─────── 零售商零售价
0.5元（33.3%）─────── 零售商预留利润
0.4元（26.7%）─────── 经销商预留利润
0.22元（14.7%）────── 厂家成本+营运费+广告费
0.20元（13.3%）────── 厂家利润
0.17元（11.3%）────── 瓶子+瓶盖+喷码+胶带成本
0.01元（0.67%）────── 水成本
```

图 8-1　一瓶 550ml 瓶装水的价格及成本构成

资料来源：成本控第 3 期：一瓶矿泉水的价格秘密. 网易财经，2013-05-08.
注：不同省市的渠道结构和政策不同，上述数据以北京市为例。

由于这类消费品的使用时间比较长，因此消费者在购买前往往要做充分的准备，如对商品进行各方面的调查、研究和比较，不会轻易做出购买决策。此类商品的质量、信誉和服务是消费者做出购买决策的关键因素，因此消费者不是就近购买，而是到规模较大的、同类产品集中的大商场进行购买，在购买之前也会货比三家。

对于新上市的耐用消费品品牌，相关企业应注重产品价格的竞争力，且一开始就要着手维持价格的相对稳定，防止终端价格混乱。经销商的单件产品利润模式相对成熟，消费者对品牌的认可度也较高，企业一般预留多级经销价格体系，保证各级渠道均有足够的利润空间。

成熟的耐用消费品品牌的价格透明度较高，品牌的认知度、美誉度较高，因此相关企业在制定销售策略时，就可以让经销商投入更多的资金，加大其压货量，"强迫"其提高销售额，同时制定更多对经销商压货的奖励政策。

在耐用消费品产品的定价中，品牌是一个较为重要的变量，品牌的价位决定了产品价格的大致范围。运用华为定价法来分析，首先就是要确认产品是一次性销售还是租赁；其次要确定品牌的价位；最后要根据价位确定产品价格。考虑到耐用消费品更多的是 2C 产品，所以其零售建议价格很关键，企业定价往往是从确认零售价开始到确认落袋价结束，然后再一层层制定其分销价格。

（3）奢侈消费品定价。奢侈消费品（简称"奢侈品"）是超出人们生存与发展需要，具有独特、稀缺、珍奇等特点的消费品。相信大家都听说过LV、香奈儿、卡地亚、劳力士、巴宝莉、劳斯莱斯等品牌，这些品牌的产品都属于奢侈消费品。以劳斯莱斯为例，其拥有百年历史，具有强大的品牌号召力和美誉度，不断推动技术创新，改进生产工艺，其产品采用最高质量的零配件，每个细节都经过精细雕琢和打磨。这些奢侈品最明显的特质就是价格高。

奢侈品的价格具有门槛效应。如果价格低于某个值，客户可能就不认为其是奢侈品。价格是产品交换价值的体现。奢侈品的交换价值在于它的"象征价值"。

奢侈品不是根据成本加成定价法进行定价的，相反，是根据价格来构建品牌的，产品的功能、"梦想价值"和"象征价值"都需要考虑进去。

奢侈品的价格总是节节攀升，最有效的做法就是从价格范围的底线开始设定，然后逐渐上涨，并对产品做适当的改进，直到在销量和利润之间找到一个平衡点。之所以这么做，是因为我们不可能预先知道奢侈品的"象征价值"（消费者在"梦想价值"之外愿意为商品支付的价值），只有在最初设定一个相对较低的价格，然后逐渐上涨，一直到销量停止增长，才能确定产品的"梦想价值"。

奢侈品不宜随便使用特价，即使要使用，也需要给出合理的解释。奢侈品相关企业也不要因为某些客户从特价商品中占了便宜，就降低服务质量，奢侈品需要始终保持它的价值。

对于奢侈品，企业要严格控制产品的生产、发行，避免举办促销活动。

奢侈品也分档位，不同档次的奢侈品具有不同的战略诉求。比如，入门级奢侈品用来吸引新客户，高档奢侈品用来维持品牌形象，而企业真正赚钱的则是中等档次的奢侈品。

总之，无论什么类型的企业、什么形态的产品，其定价策略都需要结合客户需求、市场竞争和企业成本的动态变化而变化。

本章小结

小微型企业定价需要解决的是短期的价格竞争力与中长期的盈利问题。中型企业的定价需要配合销售策略来实现扩张的目标。大型企业则需要构建价格管理体系，进行商业模式创新，开展产品组合定价。

2B（企业组织级别的客户）的业务与2C（个人用户、消费者）的业务天然存在差异，企业在选择定价方法、定价策略的时候，需要考虑2B业务、2C业务的特点。

第九章　学习华为定价法需要知行合一

> 知者行之始，行者知之成。
>
> ——王阳明《传习录·卷上·门人陆澄录》

知是人们对事物的认识，行是人们的实际行为。践行"知行合一"的关键在于洞悉事物的发展规律，将理念与实践相结合。定价也是有规律的，学习华为定价法就是要学习标杆企业定价背后的规律。

在定价方面，华为是业界的一个标杆，但外界对华为定价法却知之甚少。实际上，华为在定价领域有多年的积累，华为通过不断实践总结、向先进同行学习、向管理咨询公司购买咨询服务等方式，形成了一套非常实用的定价方法论。本书只是选取了一些片段，浓缩了一些精华供大家学习。华为有非常专业的定价团队、十分完善的定价流程、高效可靠的定价系统。这些构筑了华为强大的定价能力，助力华为从一家默默无闻的小企业发展为一家集2B业务与2C业务于一身的全球性跨国企业。其中有许多成功的经验，也有一些失败的教训，非常值得各行各业的企业借鉴与学习。

尽管不同企业的成长路径不同，成功的原因不尽相同，采取的定价方法也不同，但华为定价的理念、规则、体系能够给其他企业指明方向、提供启发。如果能从中吸取营养，将其有益的要素融入企业自身的发展中去，那么笔者相信，企业一定能获得更好、更快的成长。

9.1　理念学习：从竞争定价走向价值定价

人们对事物的认识会形成很多观念，其中有正确的观念，也有错误的观念。只有上升到理性高度的观念才被称为理念。定价的理念来自企业对市场的认知、标杆的启发以及客户的反馈等。企业如果想搞清楚定价是怎么一回事，那么可以通过很多途径去探索、研究、提升。但是如何正确定价？只有在学习、实践中才能找到答案。

有很多企业一听到定价，就认为是计算成本，然后预估一个利润，简单加成就得到了产品的价格。这种定价方式在很多年前曾非常流行，在商品稀缺的时代可能行得通。但是，现在大部分行业都经过了充分的竞争和发展，如果企业还仅仅按照成本加成去定价，那么其制定出来的价格就会缺乏竞争力，结果很可能是产品难以销售出去。

随着市场竞争的加剧，商品不再稀缺，有的行业甚至供过于求，于是各行各业都"内卷"得厉害，现在流行的定价方式是市场竞争定价，即参考竞争对手的定价模式确定价格。这也引发了一个问题：产品同质化竞争严重，最后拼的是价格。于是，各种"价格战"层出不穷，导致企业的利润越来越薄，难以投入资金进行创新，进而陷入恶性循环。当然，也有企业通过"价格战"实现了行业地位的提升，这是另外一种经营战略，需要企业有强大的成本控制能力。

如何打破同质化竞争这个怪圈呢？笔者从华为定价法中得到的启示就是：企业要积极进行研发和创新，并采取价值定价方式进行变现。只有进行产品创新，才能更好地满足客户需求。价值定价主要是基于客户对产品或服务的价值的感知，而不是基于企业花费的成本或者竞争对手的价格来定价。客户对价值的感知主要体现在几个方面：提高收入、提高效率、降低成本、提高质量、提升体验、降低风险、加强关系等。

在价值定价中，需要解决产品价值创造和价值传递两个关键问题，这就需要真正做到产品创新和技术创新，而技术创新不能脱离产品，否则将成为"无源之水"，最后还是会陷入同质化竞争。

产品创新依赖技术创新，需要企业坚持长期主义，持续对产品研发、品牌营销进行投入，将这个过程中所形成的成果变成企业的知识产权，包括专利技术、外观设计等。知识产权会对产品的价值形成保护，这在高科技等行业尤为重要。

技术创新不仅是企业构筑核心竞争力的重要手段，也是推动新质生产力发展的关键举措，是新发展理念的内在要求。而技术创新的源头在于科学基础理论的不断发展与突破，这需要我们更加重视基础教育及科技人才的培养。

在国家提倡大力发展新质生产力的当下，加强科技创新，尤其是加强原创性、颠覆性科技创新，打好关键核心技术的攻坚战，实现产业链转型升级、自主可控、安全可靠，能够让经济增长获得新的动能。

如果将时间拉长来看，那么近代以来的几次大的科技革命，无一不是技术创新推动的，并且随之会诞生新的科技企业，催生新的产业、新的业态、新的模式。比如，在第一次科技革命中，蒸汽机的发明推动了棉纱纺织业、钢铁冶金业、交通运输业、全球贸易业等产业的发展；在第二次科技革命中，发电机、内燃机的发明推动了化学工业、石油工业、电力行业的发展；在第三次科技革命中，电子计算机的发明推动了信息技术、互联网等产业的发展。这些新技术的出现大大提升了整个社会的生产力，促进了商业及整个社会的发展。商业进化的底层逻辑实际上就是技术的持续创新，用新技术取代旧技术，推动商业世界更新换代。

华为很早就意识到了这一点，并规定按销售额的 10% 拨付研发经费，有必要且可能时还将加大拨付比例。华为将这个对研发的硬性投入要求写入了《华为基本法》中。华为在很多产品上的成功都是因为通过产品创新获得了客户的认可，进而形成了产品的价值溢价。比如，华为的数字交换机、分布式基站、SingleRAN 无线解决方案、Mate 系列智能手机等不同类型的产品及解决方案，背后都有大量产品创新的痕迹，这些产品创新是华为用几十年如一日的产品研发投入换来的。

现在很多企业本末倒置，重营销、轻研发，将过多资源投入营销之中，导致其营销虽然做得很好，但是产品品质却跟不上，带来的问题就是虽然产品知名度高，但是美誉度不高，因此经常可以看到大量品牌因营销过度"现场翻车"。

营销是产品的"放大器",好的产品有时候自己会"说话",但如果产品这个根基没做好,则可能适得其反。在一些企业,通过营销吸引过来的客户流失率很高,这是为什么?一方面,这是因为营销所吸引的客户并非都是真正的目标客户;另一方面,产品的根基不牢,客户体验不好,买了一次就不想再购买了。如果没有客户复购,企业就需要不断去吸引新客户,那么企业的获客成本就会不断提高,利润都被"销售费用"吃掉了,经营将变得难以持续。相反,如果产品本身给客户带来了巨大的价值,则客户不仅会持续复购,而且还可能会推荐,形成口碑。这样企业就会有更高的客户忠诚度,从而形成可持续的经营闭环。

只有将产品作为坚实的基础,价值定价才能长期持续。价值的实质是客户从产品中所获得的利益和客户为之所支付的价格之间的平等交换。价值定价更关注企业的产品和服务给客户提供的价值,以及客户能够感知到的价值。因此,企业的经营管理人员需要拥有价值思维,需要明白如何分析价值、如何构筑价值、如何衡量价值、如何分享价值、如何传递价值等。

定价工作有时候也需要结合矛盾论的一些原理,如客户的需求涉及多方面,企业选择满足客户的哪些需求,给客户创造出相应的产品价值,并把价值传递和交付给客户,才是企业存在的意义。价值是如何被衡量的?又是怎么被传递给客户的呢?关键是价格!价格围绕价值上下波动,这是价值规律的表现形式。没有价值的产品是很难卖出好价格的。俗话说,一分钱一分货,也就是这个道理。

践行价值定价,管理者需要始终关注客户,而不是竞争对手。管理者要与客户频繁互动,主动走近客户,这样才能深入了解客户的痛点,通过产品和服务帮助客户解决问题,并且让客户知道问题的"价值"大小,让客户觉得花费的钱"物有所值"。

笔者这里举一个价值定价的例子。随着国内物流公司对运输时效、运输安全以及运营成本的重视,越来越多的物流企业开始加强货车的售后,而轮胎售后是其中的一个重要部分。据统计,每年40%左右的货车交通事故是轮胎故障引起的,轮胎作为货车的"快速消费品",每年消费约1 500亿元,占据整个商用车售后消费市场的50%左右。

在这个售后消费细分市场中,轮胎的采购、养护和翻新变成了各物流企业的新痛点。"以单公里成本为核算方式"的轮胎租赁服务模式应运而生。这种模式能够很好地解决物流企业的痛点，下面介绍这种新模式的运作方式。

轮胎供应商或者服务商与客户约定轮胎使用的单位公里价格，客户不再以条为单位购买轮胎，而是按公里数购买轮胎使用权。这样客户就能清晰且有效地控制自身的轮胎费用。在成本下降的同时，供应商还提供线下保养、道路救援、轮胎智能感知芯片及SaaS管理系统等增值服务，让客户对轮胎实现全程可视化监控，达到降低轮胎成本与保证车辆行驶安全的目的。

在卡客车领域，青岛双星是将轮胎销售模式由一次售卖转变为"卖公里数"的典型代表。青岛双星在行业内率先成立橡胶工业互联网的子平台——胎联网"智慧云"业务平台，重构了用户与企业之间的关系，使企业与用户之间的连接更直接、黏性更强，用户体验更好。青岛双星通过在轮胎中嵌入芯片实现了对轮胎胎温、胎压、行驶路线、路况、载重、磨损数据的实时在线更新，这些信息被与芯片相连的车载接收器收集，上传到胎联网"智慧云"业务平台，可以实现轮胎的全生命周期管理。

在这种模式下，物流企业也从一次性购买轮胎转变为根据公里数分期支付轮胎费用，按照公里数收费降低了物流企业在采购轮胎时一次性投入的资金成本。物流企业不再需要配备采购、仓储、维修、救援等服务与管理人员，而是由青岛双星提供全流程、全生命周期的维保服务。

根据青岛双星2023年披露的数据，胎联网"智慧云"业务平台在线运营的轮位已超过60万个，服务超过500家物流企业，为企业节省轮胎使用成本10%～20%，提升附加值20%以上。

9.2 体系落地：将定价能力构筑在组织、流程与系统中

一家成功的企业之所以能够穿越经济周期，持续立于不败之地，不是靠一两款爆款产品，也不是靠几个英雄人物，而是要构建持续满足客户需求的组织体系，提升组织能力，让企业能够持续获得发展。在商业世界中，产业政策、经济环境、技术与文化等都在不断变化，企业稍不留神就会被市场无情地淘汰。有太

多的企业曾经红极一时，发出璀璨的光芒，又如烟花般快速消失，根本原因就在于没有构建起获得持续竞争力的组织体系，没有提升组织能力。

什么是组织能力？杨国安教授在《组织能力的杨三角：企业持续成功的秘诀》一书中对组织能力的定义如下：组织能力指的不是个人能力，而是一个团队（不管是10人、100人还是100万人）所发挥的整体战斗力，是一个团队（或组织）竞争力的DNA，是一个团队在某些方面能够明显超越竞争对手、为客户创造价值的能力。

定价能力是最为关键的一种企业组织能力，是企业实现收入和利润最重要的因素之一。定价能力是企业根据客户需求、自身情况、市场变化以及竞争对手等因素来决定其产品和服务价格的能力，是企业在确定经营战略、赢得竞争优势的过程中最关键的变量之一。经营管理者要让企业形成强大的定价能力，就需要提供定价组织、定价流程和定价系统方面的保障。

◆ 定价组织

随着越来越多的企业开始意识到价格管理的重要性，构建专业的定价组织就变成了一种新的趋势。定价组织的主要职责就是分析、制定、执行企业产品和服务的定价策略。当企业规模还不大的时候，企业的定价策略多数是由一把手制定的。当企业的规模变大、业务变复杂时，企业就需要成立专门的定价组织，提升专业定价能力，支撑企业一把手进行定价决策、授权。随着定价能力的积累，企业还需要将这种能力沉淀到整个组织中，并且不断传承下去。

在专业化的定价组织中，需要有专门的部门或者团队负责产品定价、上市定价、交易定价，比如成立产品定价委员会、商务管理部门、"铁三角"等专业组织团队来制定、执行价格策略。虽然不同公司对定价团队及岗位的叫法不同，但是它们承担的定价职责和目标是相似的，都是为了匹配公司的经营战略，以合理的价格实现交易，满足客户需求，进而获得利润和现金流。

对定价足够重视的企业还会设定专门的定价管理部门对价格进行精细化管理，以提升利润。在一些规模较大的2B企业中，企业的价格决策机制正在发生改变，它们加大了对一线作战团队的价格授权，以提升价格决策效率。

◆ **定价流程**

一家公司成长到一定规模，流程体系建设就成了不得不重视的事项。企业到了一定阶段，通过不断加大投入来提高产出会变得越来越难。我们经常看到有些企业增收不增利，主要原因就在于内部管理效率低。一个低效的企业管理体系的内部资源的利用率不高，这导致其经营管理成本很高。企业内部资源的管理效率是一家企业发展的瓶颈之一，只有提高了企业内部资源的利用效率，企业才能降低管理成本，面对竞争时才更有底气。大量企业的实践经验表明，内部的流程体系建设可以提高运营效率，降低运营风险。

流程就是优秀实践经验的总结，即通过流程建设把最优秀的实践经验沉淀到组织里面，让组织不再依赖个别突出的人才，也不再受限于某个环节，进而形成标准化、职业化的队伍，提高业务运行的质量，降低运营风险。

定价流程建设中最为关键的是需要将定价业务对象标准化、定价操作规范化、支撑体系数字化。管理的本质是要让管理的业务对象在经营过程中可复制，这样才能提升运营效率，降低成本。公司的运营效率提高了，同样的投入就可以获得更大的产出，或者获得同样的产出只需要更少的投入，这是公司整体竞争力的体现，最后也可以反映在价格竞争力上。

华为现在被公认为具有卓越的管理水平：在全球多个国家/地区开展业务，同时涉及2B业务与2C业务，仍可以做到高效运营，且保持强大的竞争力。这也是华为几十年不断进行管理变革的成果。

华为秉持着长期主义价值观，通过持续的管理变革，已经建设了较为完善的流程管理体系，包括产品研发领域的IPD、销售领域的LTC、售后服务领域的ITR三个核心流程，以及供应链领域的ISC、财经领域的IFS等使能类、支撑类流程。这些专业领域的管理流程变革都经历数年甚至十余年才达到变革的目标。因此，对于任何企业而言，没有耐心与恒心，是很难做到这一点的，没有丰厚的实力，也难以坚持下去。

企业通过构建流程化定价体系，让专业的人干专业的事情，将风险管理融入定价流程，确保整个定价体系高效运作、风险可控。从产品定价到交易定价，企业需要构筑端到端拉通的价格闭环管理流程。很多企业往往只重视某一个定价流程，比如只关注 IPD 流程建设，使定价模式、定价项、定价量纲、目录价的输出质量很高；或者只关注 LTC 流程建设，提升了合同签约质量，便于管理价位、模式、条款。这样做虽然局部看起来是最优的，但是未把流程拉通，导致流程存在断点，因而一定会影响整体的运作效率。

当然，有时候好的定价结果很难一步到位，建立定价流程可以确保企业朝着目标快速迭代优化。

◆ 定价系统

定价系统的建立目的是支撑定价组织的决策及业务改进，让定价流程更加规范地落地执行。企业可以通过打造实时、高效的定价管理系统，将成本（物料成本、制造成本、总成本、基准成本）、价格（目录价、基本价、成交价）、价位、折扣、优惠等数据集成到定价管理系统中，支持定价业务绩效监控、分析和改进、谈判和决策，以实现管理效率的提升。

然而，很多企业习惯于凭借经验进行价格决策，不擅长"用数据说话"，也没有建立相关的数据系统。对于大多数企业而言，其需要在产品立项的早期就进行报价模式的规划，确定报价方向，尽量减少企业在后续价格决策中的"拍脑袋"行为。这就需要企业有一套强大的数据支撑系统，能够有效监控产品价格的执行状态，通过数据分析来引导决策。

随着数字化技术的飞速发展，企业可以购买到各种技术成熟、性能稳定的配置报价软件。国内外的企业管理、销售管理软件公司也推出了对应的报价软件，比如 SAP、Oracle、Salesforce 都推出了功能强大的 CPQ（Configure，Price，Quote，配置、定价、报价）系统，国内的金蝶、纷享销客也推出了类似的价格管理软件。国外还有很多专业从事定价系统研发与销售的公司，比如 Pricefx、PROS、Vendavo、Competera、Verenia、Zilliant 等，这类公司专门开发 CPQ 系统，帮助卖方企业对复杂的、可配置的产品进行报价。

CPQ 系统在 LTC 流程中连接了商机和订单，发挥承上启下的作用。企业运用 CPQ 系统可以大大提高申请报价、修改报价、更新报价过程的速度和准确性。CPQ 系统对企业和客户的价值主要体现在三个方面：提高销售和工程生产的效率；提供面向客户的引导式销售；提高销售人员和客户的满意度。

企业上线 CPQ 系统等数字化系统，可以实现价格管理的数字化。在实现价格管理的数字化之后，价格策略制定变得更加灵活多变。基于数据、算法、AI 驱动的动态定价策略已经成为企业必备的商业竞争新技术与手段。越来越多的企业开始利用动态定价系统来抢占市场，促进销售，提升利润率。

现在，很多消费者在购物之前用手机进行比价的行为已经司空见惯。为了应对这一趋势，零售商也开始利用消费者的行为数据随时改变价格，吸引消费者下单购买。要做到适当和及时地改变价格，就需要一个先进的价格监控系统，而现在各种互联网平台本身就是一个超级软件系统。部分平台已经实行动态定价机制，这些平台根据不同消费者的特点，采取不同的价格策略。以打车平台为例，在上下班高峰期、雨雪天气、偏远地区等供需不平衡的出行场景下，其会通过动态调价来平衡供需关系，提高交易成功率。这么做的好处在于，在供小于需的场景下，通过对价格进行合理的动态上浮，平台可以迫使部分非刚需乘客放弃用车，也可以有效地吸引其他区域的空车司机前来接单，从而更好地满足刚需乘客的用车需求。

本章小结

价值定价主要是基于客户对产品或服务的价值的感知，而不是基于企业花费的成本或者竞争对手的价格来定价。要做好价值定价，关键是要在产品价值创造和价值传递上进行创新。

定价能力是最为关键的一种企业组织能力，是企业实现收入和利润最重要的因素之一。经营管理者要让企业形成强大的定价能力，就需要提供定价组织、定价流程和定价系统方面的保障。

参考文献

[1] 陈伟君. 华为规模营销法[M]. 北京：中国人民大学出版社，2023.

[2] 程东升，刘丽丽. 华为真相：在矛盾和平衡中前进的"狼群"[M]. 北京：当代中国出版社，2004.

[3] 符志刚. 三环定价法[J]. 清华管理评论，2021（12）.

[4] 赫尔曼·西蒙. 定价制胜：大师的定价经验与实践之路[M]. 蒙卉薇，孙雨熙，译. 北京：机械工业出版社，2019.

[5] 华为发展历程[EB/OL]. https://www.huawei.com/cn/corporate-information，2024-03-18.

[6] 华为. 华为创新与知识产权白皮书（2019）[EB/OL]. https://www.huawei.com/cn/ipr/，2023-09-01.

[7] 华为年报[EB/OL]. https://www.huawei.com/cn/annual-report，2024-03-29.

[8] 华为是谁[EB/OL]. https://xinsheng.huawei，2019-12-16.

[9] 黄卫伟，殷志峰，成维华，等. 价值为纲：华为公司财经管理纲要[M]. 北京：中信出版社，2017.

[10] 汤姆·纳格，约瑟夫·查莱，陈兆丰. 定价战略与战术：通向利润增长之路（第五版）[M]. 龚强，陈兆丰，译. 北京：华夏出版社，2012.

[11] 田涛，殷志峰，曹轶，等. 黄沙百战穿金甲[M]. 北京：三联书店，2017.

[12] 田涛，殷志峰. 迈向新赛道[M]. 北京：三联书店，2019.

[13] 田涛. 华为访谈录[M]. 北京：中信出版社，2021.

[14] 田涛. 制度·理念·人：华为组织与文化的底层逻辑[M]. 北京：中

信出版社，2020.

［15］吴建国，冀勇庆. 华为的世界［M］. 北京：中信出版社，2006.

［16］夏忠毅. 从偶然到必然：华为研发投资与管理实践［M］. 北京：清华大学出版社，2019.

［17］谢宁. 华为战略管理法：DSTE实战体系［M］. 北京：中国人民大学出版社，2022.

［18］杨爱国，高正贤. 华为财经密码：商业成功与风险制衡［M］. 北京：机械工业出版社，2021.

［19］杨国安. 组织能力的杨三角：企业持续成功的秘诀［M］. 北京：机械工业出版社，2015.

后　记

通过定价不断提升盈利水平

日本"经营之圣"稻盛和夫在其著作《经营十二条》中指出,"定价即经营"。稻盛和夫先生强调,定价是否合理直接体现经营者的人格,可见定价之重要。稻盛和夫先生坚信"定价定生死","定价即经营"。

在企业经营管理工作中,定价是一项极为重要的工作,最终应该由经营者做出判断。而经营者在制定定价策略时是采取低价、薄利多销策略,还是高价、厚利少销策略,体现了经营者的经营管理思想。适合的定价应该是客户乐意接受且公司能盈利的定价。选择不同的定价策略,企业就会走上不同的经营之路。

在平常工作之余,我也常与业内相关定价从业者交流,发现他们对于定价有很多困惑。我深知定价对于企业经营的重要意义,因此我下定决心要将华为优秀的定价实践经验总结出来,让更多的企业界人士能从中获得启发。

在从事定价工作的十多年里,我参与过不同类型的定价工作,踩过无数的坑,也取得过一些成绩,这些都是我写作本书的实践基础。

根据我的观察,很多企业在定价工作中缺乏经验或者经验不足,它们不知道如何利用定价不断提升盈利水平。在这里,笔者想介绍一下我对定价工作的三个关键总结:

第一,企业要构建合理的价格管理体系。很多企业在定价上犯的错误就是没有构建起合理的价格体系和相应的管理机制。一旦市场有变,需要企业进行价格调整,而不同的部门之间没有充分协同,就会产生价格策略的冲突,最终影响客户的满意度。

第二,企业要重视对模式和价位的管理。曾经很多企业只关注当下的价格竞争力，却不关注模式和价位。如今，企业的发展环境已经不同于过往，在一个VUCA（volatile, uncertain, complex, ambiguous，易变的、不确定的、复杂的、模糊的）经营环境中，对模式和价位的有效管理，将使企业能够在中长期的发展中掌握价格竞争的主动权。

第三，企业要重视对成本的控制。企业不可孤立地进行定价，而要考虑降低原料的采购价格、生产制造成本、服务成本等。也就是说，企业在定价的同时，要考虑如何努力改善经营以削减成本，以便在较低的价格水平上仍能获得利润。

定价从来不是一件容易的事情，因为与定价相关的因素很多，但这并不意味着企业在定价时无从下手。我认为，只需要"以终为始"，就能达成目标。企业的目的是持续地盈利，只有盈利的企业才能持续、健康地运营和发展。合理且稳定的模式、价位、价格是绝大多数企业盈利的基础，而华为作为一个优秀的标杆，正好给了我们行动的方向和参考坐标。

一千个人眼中有一千个哈姆雷特。华为是复杂的，也是独特的，研究华为的书不下百本，本书是从定价的角度去研究华为，希望能让读者认识到不一样的华为，也认识到不一样的定价。

经过本书对华为定价体系的总结，笔者相信未来会有更多的企业从定价中获得收益，中国也会涌现出更多像华为一样的企业，不断走向世界，攀登一座座高峰，书写中国经济的奇迹。

如果您在定价过程中还有疑虑，笔者也建议您不妨及时行动起来。俗话说，道阻且长，行则将至。定价管理是一门实践的学问，无论多么复杂的问题，只要行动起来，或许在实践的过程中就能找到问题的答案。

最后，本书能够顺利出版，首先要感谢中国人民大学出版社罗钦女士的独到眼光与大力支持，是她的专业建议及耐心指导，让我在写作遇到困难时找到写作的方向，在不断修订中打磨文本内容。其次要大力感谢我的家人的默默支持，是他们的鼓励和支持，让我能坚持在工作之余写完这本《华为定价法》。

图书在版编目（CIP）数据

华为定价法 / 符志刚著. -- 北京：中国人民大学出版社，2024.10. -- ISBN 978-7-300-33059-4
Ⅰ.F274
中国国家版本馆CIP数据核字第2024UL6235号

华为定价法

符志刚　著

Huawei Dingjiafa

出版发行	中国人民大学出版社		
社　　址	北京中关村大街31号	邮政编码	100080
电　　话	010 - 62511242（总编室）	010 - 62511770（质管部）	
	010 - 82501766（邮购部）	010 - 62514148（门市部）	
	010 - 62515195（发行公司）	010 - 62515275（盗版举报）	
网　　址	http://www.crup.com.cn		
经　　销	新华书店		
印　　刷	涿州市星河印刷有限公司		
开　　本	720 mm×1000 mm　1/16	版　次	2024年10月第1版
印　　张	17.75 插页1	印　次	2024年10月第1次印刷
字　　数	284 000	定　价	89.00元

版权所有　　侵权必究　　印装差错　　负责调换